W0349256

ELMAR TERNES

EINFÜHRUNG IN DIE PHONOLOGIE

DIE SPRACHWISSENSCHAFT

Einführungen in Gegenstand, Methoden und Ergebnisse
ihrer Teildisziplinen und Hilfswissenschaften

WISSENSCHAFTLICHE BUCHGESELLSCHAFT
DARMSTADT

ELMAR TERNES

EINFÜHRUNG IN DIE PHONOLOGIE

2., verbesserte und erweiterte Auflage

WISSENSCHAFTLICHE BUCHGESELLSCHAFT
DARMSTADT

Einbandgestaltung: Neil McBeath, Stuttgart.

1. Auflage 1987

Die Deutsche Bibliothek – CIP-Einheitsaufnahme

Ternes, Elmar:
Einführung in die Phonologie / Elmar Ternes. –
2., verb. und erw. Aufl. – Darmstadt :
Wiss. Buchges., 1999
(Die Sprachwissenschaft)
ISBN 3-534-13870-8

Bestellnummer 13870-8

2., verbesserte und erweiterte Auflage

Gedruckt auf säurefreiem und alterungsbeständigem Offsetpapier
Satz: Setzerei Gutowski, Weiterstadt
Druck: Frotscher Druck GmbH, Darmstadt
Einband: Fikentscher Großbuchbinderei GmbH, Darmstadt
Printed in Germany
Schrift: Linotype Garamond, 10/12

ISSN 0724-5009
ISBN 3-534-13870-8

Es mußte demnach das menschliche Geschlecht zur gegenseitigen Mitteilung seiner Gedanken irgendein sowohl vernünftiges wie sinnliches Zeichen haben. Denn da es von der Vernunft etwas zu empfangen hatte und in die Vernunft zu bringen, so mußte es vernünftig sein. Und da von einer Vernunft in die andere etwas übertragen werden kann nur im Weg der sinnlichen Vermittlung, so mußte es sinnlich sein. Denn wenn es allein vernünftig wäre, könnte es nicht hinüber gehen. Wenn bloß sinnlich, hätte es weder etwas von der Vernunft empfangen noch in die Vernunft niederlegen können. Dieses Zeichen also ist eben der edle Gegenstand, von dem wir sprechen. Denn von Natur sinnlich ist er, insofern er Laut ist. Vernünftig dagegen, insofern er nach Wunsch etwas bezeichnet.

Dante Alighieri, Über das Dichten in der Muttersprache (De vulgari eloquentia, um 1304), I, III, 2–3.

INHALT

VORWORT ZUR ZWEITEN AUFLAGE

Als abzusehen war, daß die erste Auflage des vorliegenden Werkes bald vergriffen sein würde, waren sich Verlag und Autor einig, daß eine zweite Auflage wünschenswert sei. Positive Rückmeldungen verschiedener Provenienz – in Form von Rezensionen und in persönlichen Gesprächen – ebenso wie meine eigenen Erfahrungen bestärkten mich in dieser Absicht. Die Grundkonzeption des Werkes scheint sich bewährt zu haben. Es scheint auch weiterhin ein Bedarf zu bestehen an einer Einführung in die strukturbezogene phonologische Denkweise in einem allgemein sprachwissenschaftlichen Rahmen. Es ist heutzutage viel von 'vernetztem Denken' die Rede. Ich bin der Meinung, daß die hier vermittelten Gedankengänge zu einer solchen Denkweise auch in anderen Lebensbereichen beitragen können.

Gesamtanlage und Gliederung des Werkes wurden nicht geändert. Ich habe jedoch die Gelegenheit ergriffen, eine Reihe von Verbesserungen und Präzisierungen vorzunehmen sowie einige Abschnitte zu erweitern. Bei der Lautschrift und in der phonetischen Terminologie wurde die neueste Fassung des *International Phonetic Alphabet* (1993, mit Korrekturen 1996) berücksichtigt. Dies äußert sich z. B. in der konsequenten Ersetzung des Begriffs 'Halbvokal' durch 'Approximant'.

Am stärksten überarbeitet wurden die Kapitel 7.3 'Tonbewegung' (über Tonsprachen) und 8. 'Verschiedene Phonemsysteme', in welches sieben weitere Sprachen (drei europäische, vier außereuropäische) aufgenommen wurden. Dabei habe ich – wie schon zuvor – versucht, eine Balance zu halten zwischen Originalität des Phonemsystems und Bekanntheitsgrad der Sprache. Durch meine Lehr- und Forschungstätigkeit habe ich seit dem Erscheinen der Erstauflage viele neue Erkenntnisse gewonnen. Einiges davon konnte hier verarbeitet werden. Vieles verdanke ich Gesprächen mit Studentinnen und Studenten, Doktorandinnen und Doktoranden verschiedener Muttersprachen. Obwohl eine Auswahl schwerfällt, möchte ich folgende Personen namentlich erwähnen und ihnen auch an dieser Stelle herzlich danken: Đỗ Tú-Anh (Vietnamesisch), Uwe Guth (Japanisch), Dénia Hertel (Pfälzisch), Dimitrios Karagiannakis (Neugriechisch) sowie Jan Henrik Holst für verschiedene wertvolle Hinweise. Ich danke Martin Rakow für Hilfe beim Korrekturlesen und beim Erstellen der Indizes. Selbstverständlich ist keine der genannten Personen für die hier vorgenommenen Interpretationen verantwortlich. Die Verantwortung liegt allein bei mir.

Die Aufnahme von Aufgaben mit Lösungen war von Anfang an nicht in Erwägung gezogen worden. Das Werk soll nicht allein der didaktischen Schulung von Studienanfängern dienen, sondern nach Möglichkeit Vertretern aller sprachwissenschaftlichen Disziplinen und der verschiedensten Philologien phonologische Kenntnisse vermitteln. Dabei hat sich in der zweiten Auflage ein verstärkter Ansatz zu typologischen Fragestellungen niedergeschlagen. Ich habe mich noch mehr als zuvor um ein breites Sprachenspektrum bemüht.

Wer Interesse an Problemstellungen mit Lösungsstrategien und fortgeschrittenen methodologischen Reflexionen hat, sei (nur zur Phonologie des Deutschen) auf das Werk von Kertész (1993) verwiesen. Neuere Entwicklungen in der Phonologie, die über die klassischen Verfahren hinausgehen, beschreiben Vennemann (1986) und Ramers (1998). Schließlich sei auf Ternes (i. Dr.) hingewiesen: Darin erfolgt eine verkürzte Wiedergabe des vorliegenden Werkes, wobei allerdings Fragestellungen und Exemplifizierungen überwiegend auf romanische Sprachen zugeschnitten sind, so daß Phonemsysteme und weitere Beispiele zitiert werden, die über diese 'Einführung' hinausgehen.

Ich danke der Wissenschaftlichen Buchgesellschaft und besonders Frau Petra Glockner für die langjährige vertrauensvolle Zusammenarbeit. Dem Werk selbst wünsche ich weiterhin eine gute Aufnahme.

Hamburg, im Februar 1999 Elmar Ternes

VORWORT ZUR ERSTEN AUFLAGE

Diese Einführung soll mit den Aufgabenstellungen und methodischen Verfahrensweisen der Phonologie vertraut machen, und zwar im Gegensatz zu denjenigen der Phonetik. Phonologie heißt: die Behandlung von Sprachlauten im Rahmen eines Sprachsystems. Die Laute einer Sprache werden dabei nicht nur für sich als ein System betrachtet, sondern auch in ständigem Bezug auf die Struktur der betreffenden Sprache insgesamt, d. h. unter Einschluß morphologischer, syntaktischer, semantischer u. a. Kategorien. Nach meinen Erfahrungen bereitet Studierenden gerade diese Denkweise besondere Schwierigkeiten, da die Loslösung von den primär physiologischen und/oder physikalischen Eigenschaften der Sprachlaute einerseits, von den Buchstaben der Orthographie andererseits schwerfällt. Nach zahlreichen Phonologieseminaren glaube ich zu wissen, wo die gedanklichen Schwierigkeiten liegen. Ich habe versucht, mich in der Beschreibung darauf einzustellen. Um dem Leser die für die Phonologie typischen gedanklichen Abstraktionsprozesse nahezubringen, habe ich in den Kapiteln 4 bis 6 eine überwiegend induktive Vorgehensweise eingehalten. Zusammenfassend möchte ich den Titel des Bandes als eine „Einführung in die phonologische Denkweise" verstanden wissen.

Die Einführung folgt dem Beschreibungsmodell des klassischen Strukturalismus. Damit soll nicht zum Ausdruck gebracht werden, daß ich den Strukturalismus als eine 'Schule' betrachte, die anderen 'Schulen' vorzuziehen sei. Vielmehr ist die Fähigkeit zu strukturalistischer – d. h. *strukturbezogener* – Denkweise die Voraussetzung für jede Art von sprachwissenschaftlicher Tätigkeit. Ob sich jemand im weiteren Verlauf lieber der generativen Grammatik oder der Dependenzgrammatik zuwendet oder gar ein neues Grammatikmodell 'erfindet': Er/sie wird in jedem Fall die hier beschriebenen strukturbezogenen Denk- und Verfahrensweisen in bezug auf die lautliche Substanz der Sprache integriert haben müssen. Die strukturalistische Phonologie ist also eine Voraussetzung für alles Weitere. Daher war auch nicht die puristische Befolgung eines bestimmten Modells mein Ziel, sondern die Verarbeitung verschiedener strukturalistischer Elemente europäischer und amerikanischer Herkunft.

Zum inhaltlichen Verständnis dieses Werkes werden gute Kenntnisse in artikulatorischer Phonetik und phonetischer Transkription vorausgesetzt, außerdem die Vertrautheit mit den wichtigsten allgemein-sprachwissenschaftlichen Grundbegriffen (z. B. diachron – synchron, Suffix, homonym).

Verschiedene Lektüreerlebnisse der letzten Zeit (darunter auch Rezensionen) veranlassen mich schließlich zu den folgenden prophylaktischen Bemerkungen: Ich bin mir der Problematik von Sexualität und Sprache bewußt und habe in meinen Lehrveranstaltungen mit Studentinnen und Studenten ausführlich darüber diskutiert. Bestehende Diskriminierungen oder Unterprivilegierungen von Frauen müssen – in welchem Bereich auch immer – beseitigt werden. Es ist jedoch unrealistisch, wenn nunmehr teilweise schon auf dem Verordnungswege bestimmt wird, grundsätzlich alle grammatisch männlichen Formen durch die entsprechenden weiblichen zu ergänzen. Was bei Behördenformularen und in Stellenausschreibungen angebracht ist, das ist bei längeren Texten (Aufsätze, Bücher, auch mündliche Rede) einfach unerträglich. Ich habe im folgenden beim pronominalen Bezug in der Regel *er/sie* verwendet (wobei ich hoffe, daß kein eventueller kindlicher Leser das fehlende *es* bemängeln wird). Beim substantivischen Gebrauch habe ich es jedoch bei der grammatisch maskulinen (aber semantisch unmarkierten!) Form belassen: der Hörer, der Grammatiker usw. Auch habe ich mich nicht gescheut, das Pronomen *man* zu verwenden. Der ausschließliche Bezug dieses Pronomens auf männliche Personen stellt eine unzulässige Vermischung von diachroner und synchroner Betrachtungsweise dar. Aber all dies könnte Gegenstand einer weiteren Monographie sein.

Hamburg, im Oktober 1985 Elmar Ternes

1. EINLEITUNG: PHONETIK UND PHONOLOGIE

Sowohl der Begriff *Phonetik* als auch der Begriff *Phonologie* sind von griech. φωνή 'Laut, Ton, Stimme' abgeleitet. Daher bedeuten beide von der Etymologie her soviel wie 'Lautlehre'. Auch der Begriff *Lautlehre* selbst ist gebräuchlich und findet sich in vielen Grammatiken und sonstigen sprachwissenschaftlichen Werken. In der Tat befassen sich Phonetik *und* Phonologie mit den lautlichen Erscheinungen der menschlichen Sprache. Während der gebildete Laie im allgemeinen eine ungefähre Vorstellung vom Gegenstandsbereich der Phonetik besitzt (sie untersucht 'Sprachlaute' oder die 'Aussprache' von Sprachen), sind entsprechende Kenntnisse über das Wesen und die Aufgaben der Phonologie in der Regel nicht vorhanden. Dabei ist die Phonologie aus der heutigen Sprachwissenschaft nicht mehr wegzudenken, ja sie war als Denkweise implizit schon lange *avant la lettre* vorhanden, zumindest seit der Erfindung der Buchstabenschrift durch die Phönizier im 12. Jahrhundert v. Chr. Es wird zu den Hauptaufgaben dieser Einführung gehören, nicht nur das Wesen und die Verfahrensweisen der Phonologie vorzustellen, sondern auch die prinzipiellen Unterschiede in der Betrachtungsweise der Phonetik gegenüber derjenigen der Phonologie herauszuarbeiten.

An vielen Universitäten überall in der Welt – auch in der Bundesrepublik Deutschland – gibt es ein *Phonetisches Institut*, *Institut für Phonetik* (oder ähnliche Bezeichnungen). Diese Institute oder Seminare gehören in der Regel zu der Philosophischen Fakultät der jeweiligen Universität bzw. – bei Universitäten mit einer neueren Organisationsstruktur – zu einem Fachbereich, der aus der ehemaligen Philosophischen Fakultät hervorgegangen ist. Im Falle der Einteilung in Fachbereiche, welche ja kleinere Organisationseinheiten darstellen als die alten Fakultäten, befindet sich ein vorhandenes Institut für Phonetik in der Regel im Verein mit Einrichtungen, die ausgesprochen sprachwissenschaftliche (eventuell sprach- und literaturwissenschaftliche) Disziplinen vertreten. Wir halten insbesondere fest, daß ein Institut für Phonetik niemals der Naturwissenschaftlichen Fakultät bzw. dem Fachbereich 'Physik' oder einem ähnlichen Bereich der jeweiligen Universität angehört.

Andererseits gibt es weder im deutschsprachigen Bereich noch vermutlich sonst irgendwo auf der Welt ein *Phonologisches Institut*, *Institut für Phonologie* oder ähnliches. Daraus folgt nun keineswegs, daß die Phonologie keine eigene Disziplin sei. Vielmehr gehört sie zu jenen Disziplinen, die aus wissenschaftsgeschichtlichen und wissenschaftspolitischen Gründen nicht das Glück hatten, in einer eigenen nach ihnen benannten Einrichtung etabliert zu werden. Sie müssen daher von einer anderen Institution mitvertreten werden.[1] Im Falle der Phonologie liegt dafür das *Institut für Phonetik* zweifellos fachlich am nächsten.

Tatsächlich sind Phonetik und Phonologie sehr eng miteinander verknüpft, da beide Disziplinen dieselben Phänomene – nämlich die Laute der menschlichen Sprache – zum Gegenstand ihrer wissenschaftlichen Betrachtung haben, nur unter jeweils anderen Gesichtspunkten. Man muß sogar feststellen, daß eine phonetische Untersuchung ohne Kenntnis phonologischer Grundsätze ebenso sinnlos und methodisch verfehlt wäre wie umgekehrt eine phonologische Untersuchung ohne exakte phonetische Kenntnisse. Daher ist es in der Tat am sinnvollsten, Phonetik und Phonologie am selben Institut zu betreiben. Wenn dies in der Praxis bedeutet, daß die Phonologie von einem Institut für Phonetik mitvertreten wird statt umgekehrt die Phonetik von einem Institut für Phonologie, da ein solches ja nirgendwo existiert,[2] so folgt daraus keineswegs, daß der phonetische Gesichtspunkt der zentrale sei und die Phonologie gewissermaßen ein Anhängsel. Beide Gesichtspunkte sind gleichrangig und gleich wichtig und – das betonen

[1] Dies gilt z. B. auch für Disziplinen wie *Morphologie*, *Syntax*, *Semantik* u. a., für welche ebenfalls keine eigenen Institute existieren und die daher von der Allgemeinen Sprachwissenschaft, der Vergleichenden Sprachwissenschaft oder – mehr einzelsprachlich ausgerichtet – den einzelnen Philologien mitvertreten werden müssen.

[2] Auch das Studienfach heißt in der Regel 'Phonetik' und nicht 'Phonologie', nur selten 'Phonetik und Phonologie'.

wir noch einmal – gleichermaßen unerläßlich für eine erschöpfende Untersuchung der lautlichen Substanz der Sprache. Wenn dennoch die Begriffe 'Phonetik, phonetisch' geläufiger und auch umfassender zu sein scheinen als 'Phonologie, phonologisch', so hat dies einen doppelten wissenschaftsgeschichtlichen Grund[3]:

1. Der Begriff 'Phonetik' ist älter als der Begriff 'Phonologie'. Ersterer wird seit Anfang des 19. Jahrhunderts intensiv verwendet (zum ersten Mal 1797 bei dem dänischen Altertumswissenschaftler und Ägyptologen Georg Zoega), letzterer kommt erst um die Mitte des 19. Jahrhunderts allmählich auf (erste Verwendung 1841 bei dem Deutschen Max Wocher). Dabei wurde der Begriff 'Phonologie' zunächst teilweise synonym mit 'Phonetik' verwendet, teilweise auch in einer leicht abweichenden Bedeutung, die aber noch nicht der heutigen Definition entsprach. In jedem Fall stand der Begriff 'Phonologie' zunächst ganz im Schatten des Begriffes 'Phonetik'. Der Begriff 'Phonem' wurde erstmals 1873 von dem französischen Sprachwissenschaftler A. Dufriche-Desgenettes verwendet (Koerner 1976).

2. Die Betrachtungsweise, welche wir *heute* 'phonologisch' nennen, etablierte sich erst ab den 20er Jahren des 20. Jahrhunderts, und zwar besonders aus dem Wirken der Prager Schule heraus. Einer ihrer wichtigsten Vertreter, der Russe Fürst Nikolai S. Trubetzkoy (1890–1938), gilt – von Vorläufern abgesehen[4] – als der eigentliche Begründer der Phonologie. Daher war auch erst ab diesem Zeitpunkt die Notwendigkeit gegeben, zwei verschiedene Betrachtungsweisen mit zwei verschiedenen Begriffen definitorisch auseinanderzuhalten. Was zuvor an lautlichen Untersuchungen ('Lautlehre') betrieben worden war, ließ sich, trotz gewisser Nuancen in der Betrachtungsweise, leicht unter einem einzigen Begriff subsumieren. Dabei war der Begriff 'Phonetik' als der zuerst entstandene bei weitem vorherrschend. Der Begriff 'Phono-

[3] Eine ausführliche wissenschaftsgeschichtliche Darstellung soll hier nicht versucht werden. Zur Geschichte der Phonetik vgl. Zwirner und Zwirner (^{3}1982, S. 25ff., identisch mit ^{2}1966, S. 17ff.). Zur Geschichte der Phonologie verweisen wir auf Krámský (1974) und Fischer-Jørgensen (1975).

[4] Siehe Kap. 3.3.

logie' existiert in der Bedeutung, die heute mit ihm verbunden wird, also erst seit den 20er Jahren dieses Jahrhunderts.

Aus den geschilderten Umständen ergibt sich eine auf den ersten Blick nicht leicht zu erkennende Mehrdeutigkeit des Begriffs 'Phonetik', die häufig eine gewisse Unschärfe in seiner Verwendungsweise zur Folge hat. Genaugenommen bedeutet 'Phonetik' dreierlei:

1. jede Art von 'Lautlehre' in vorphonologischer Zeit (d. h. vor den 20er Jahren des 20. Jahrhunderts),
2. nach dem Aufkommen der Phonologie eine in dichotomischem Gegensatz zur Phonologie stehende Betrachtungsweise,
3. ein Oberbegriff für die phonetische (nach 2.) *und* phonologische Betrachtungsweise, also wiederum eine Art von 'Lautlehre' im weitesten Sinn (ähnlich wie unter 1.), diesmal jedoch unter bewußtem Einschluß des neu entstandenen dichotomischen Gegensatzes.

Dies läßt sich graphisch folgendermaßen darstellen (Abb. 1):

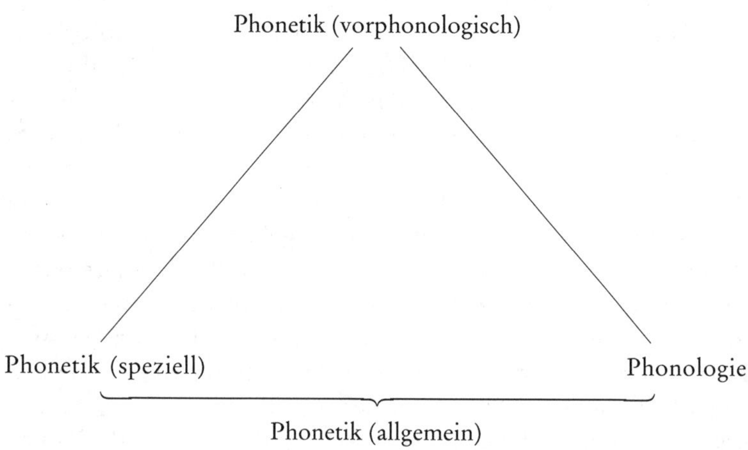

Abb. 1: Phonetik und Phonologie.

Da die vorphonologische Epoche als abgeschlossen zu betrachten ist, haben wir es zur heutigen Zeit im wesentlichen noch mit den beiden letzteren Bedeutungen zu tun, d. h. mit 'Phonetik' in einem engeren (speziellen) Sinn und mit 'Phonetik' in einem weiteren (allgemeinen) Sinn. In Bezeichnungen wie 'Institut für Phonetik' oder 'Studienfach Phonetik' ist Phonetik immer im allgemeinen Sinn zu verstehen, d. h., an einem Institut für Phonetik müssen sowohl die phonetische (im engeren Sinn) als auch die phonologische Betrachtungsweise gepflegt werden bzw. ein Studium der Phonetik muß beide Betrachtungsweisen umfassen.

Neben dem Begriff *Phonologie (phonologisch)* existieren auch die Begriffe *Phonemik (phonemisch)* und *Phonematik (phonematisch)*.[5] Im wesentlichen können diese drei Begriffe als bedeutungsgleich betrachtet werden, wenn auch gelegentlich gewisse Bedeutungsnuancen, die z. T. von Land zu Land verschieden sind, impliziert sein können. Im deutschsprachigen Bereich kann *Phonemik* teilweise als ein Anglizismus (engl. *phonemics*) angesehen werden. Teilweise entspringt die Verwendung dieses Begriffes auch dem Bemühen, den Gegensatz zur *phonetischen* Betrachtungsweise besonders deutlich zu machen, da der Begriff *Phonologie* (engl. *phonology*) schon in vorphonologischer Zeit in einer etwas anderen Verwendungsweise vorhanden war, und zwar besonders im angelsächsischen Raum. Mitunter versteht man unter *Phonologie* eine mehr der europäischen (Prager) Schule, unter *Phonemik* eine mehr der amerikanischen Schule folgende Betrachtungsweise. Von den genannten Begriffen ist *Phonematik* der am wenigsten verbreitete. Eine strenge definitorische Unterscheidung der drei Begriffe ist kaum möglich und in diesem Zusammenhang auch nicht erforderlich.[6] Sie stehen *en bloc* der *phonetischen* Betrachtungsweise (im speziellen Sinn) gegenüber.

In der vorliegenden Einführung ist eine Unterscheidung um so weniger erforderlich, als es uns primär weder um eine wissenschaftsgeschichtliche Abhandlung noch um die puristische Darstellung der Methoden einer bestimmten Schule geht. Vielmehr soll zunächst der prinzipielle Gegensatz zwischen phonetischer

[5] Die beiden letzteren aus griech. φώνημα, welches eine Ableitung von griech. φωνή 'Laut, Ton, Stimme' und mit diesem gleichbedeutend ist.

[6] Eine zusammenfassende Darstellung der Begriffe *Phonetik*, *Phonologie*, *Phonemik*, *Phonematik* bezüglich ihrer Entstehung und ihrer verschiedenen Verwendungsweisen im Laufe der Zeit und in verschiedenen Ländern steht noch aus und wäre sehr verdienstvoll.

(im speziellen Sinn) und phonologischer Betrachtungsweise herausgearbeitet werden. Sodann soll gezeigt werden, worin im einzelnen die phonologischen Verfahrensweisen bei der Behandlung lautlichen Materials bestehen. Dabei werden Elemente verschiedener phonologischer 'Schulen' verarbeitet. Im folgenden verwenden wir nur noch den Begriff *Phonologie*, der uns – gerade bei einem Ausgleich zwischen verschiedenen Schulen – der allgemeinste zu sein scheint. Desgleichen verwenden wir im folgenden *Phonetik (phonetisch)* immer im speziellen Sinn, d. h. im Gegensatz zu *Phonologie (phonologisch)*.[7]

[7] Wir betonen ausdrücklich, daß diese engere Verwendungsweise von *Phonetik* im Hinblick auf die Zwecke der vorliegenden Einführung erfolgt und die weitere Bedeutung dieses Begriffes außerhalb dieser Einführung (z. B. in 'Studienfach Phonetik') nicht ausschließt. Es scheint nie ein Versuch gemacht worden zu sein, einen eigenen Terminus für *Phonetik* (im speziellen Sinn) zu schaffen, um diese Mehrdeutigkeit zu beseitigen.

2. WAS IST SPRACHE?

2.1 Sprache als gesellschaftliche Konvention

Phonetik und Phonologie sind sprachwissenschaftliche Disziplinen. Auch die Phonetik beschreibt nicht irgendwelche Geräusche wie z. B. Donner, Wasserrauschen oder Glockengeläute. Beide Disziplinen befassen sich mit *Sprachlauten* als Gegenstand ihrer Untersuchung, d. h. mit Lauten, wie sie von Menschen mit Hilfe der Artikulationswerkzeuge zum Zwecke der Verständigung mit ihren Mitmenschen hervorgebracht werden.

Wir verstehen hier *Sprache* im Sinne von 'natürlicher menschlicher Sprache'; gemeint sind also Sprachen wie Deutsch, Englisch, Französisch, Russisch, Arabisch, Chinesisch u. v. a., aber auch Dialekte, wie z. B. Westfälisch, Rheinisch, Fränkisch, Bairisch, auch die Dialekte einzelner Orte (unabhängig von ihrer Größe), wie z. B. der Städte Berlin, Leipzig, Köln, Frankfurt, München oder der Gemeinde Wewelsfleth an der Unterelbe (Landkreis Steinburg, Schleswig-Holstein). Ausgeschlossen werden Erscheinungen wie Tiersprache, Körpersprache, Blumensprache u. a. In diesen letzteren Begriffen wird 'Sprache' im erweiterten Sinne von 'Kommunikationssystem' verwendet. Die (natürliche menschliche) Sprache im eigentlichen Sinn ist nur *ein* Kommunikationssystem neben vielen anderen, allerdings eines von einer ganz besonderen und einzigartigen Struktur.

Die Sprache ist – wie gesagt – in erster Linie ein Kommunikationsmittel, d. h., sie dient der *Verständigung zwischen Menschen*.[8] Die Sprache unterscheidet den Menschen vom Tier und von allen

[8] Neben diesem etwas mechanistischen Gesichtspunkt der Kommunikation sollte man andere Gesichtspunkte nicht ganz außer acht lassen. So kann die Sprache z. B. auch der Identifikation (Zugehörigkeit zu einer Gruppe), der Entfaltung der Persönlichkeit, der Selbstbestätigung, der ästhetischen Befriedigung, 'zum Lobe Gottes' usw. dienen.

anderen Lebewesen. Wenn ein Mensch z. B. einem Hund den Befehl „bei Fuß!“ erteilt, handelt es sich dabei strenggenommen bereits um einen Fall, der außerhalb dessen liegt, was wir im Rahmen der phonologischen Betrachtung untersuchen. Für das Tier hat eine menschliche Äußerung keine grammatische oder lexikalische Bedeutung. Man könnte einen Hund ebensogut darauf dressieren, auf den Befehl „bei Fuß!“ anzugreifen oder auf den Befehl „sitz!“ zu apportieren, ohne daß dem Tier der inhaltliche Widerspruch bewußt würde.

Die Sprache ist also Teil unseres ‘Menschseins’. Sie ist ein gesellschaftliches Phänomen wie andere gesellschaftliche Handlungen, z. B. Essen, Trinken, Arbeiten, Schlafen, Geschlechtsverkehr. Wie diese spielt sich auch die Sprache nach bestimmten Konventionen – d. h. gesellschaftlichen Regeln – ab.[9] So wie eine Mahlzeit aus Vorspeise, Hauptgericht und Nachtisch besteht, setzt sich ein Gespräch aus Begrüßung, Mitteilung (oder Frage – Antwort) und Verabschiedung zusammen. So wie in einer bestimmten Kultur der Eßtisch in einer bestimmten Weise gedeckt wird (indem z. B. das Messer rechts vom Teller, die Gabel links zu liegen hat), so stehen in einer bestimmten Sprache die Satzglieder im Satz in einer festgelegten Reihenfolge (indem z. B. das Subjekt *vor* und nicht hinter dem Verb zu stehen hat). Viele dieser Regeln sind relativ. Während auf dem europäischen Kontinent die Gabel beim Essen mit der Innenseite der Krümmung nach oben weist, hält man sie in England mit der Außenseite der Krümmung nach oben. Die Speisen werden dabei auf die konvexe Seite der Zinken geschoben, aus kontinentaler Sicht also auf die ‘Unterseite’. Ähnlich steht in manchen Sprachen das attributive Adjektiv vor dem Substantiv, in anderen nach dem Substantiv. Es ist wenig sinnvoll, ergründen zu wollen, welche von beiden Möglichkeiten die ‘logischere’ ist. Beide Möglichkeiten sind sinnvoll und in sich konsequent. Wir halten also fest, daß die Sprache sich wie viele andere menschliche Tätigkeiten nach bestimmten Konventionen abspielt, die von Kultur zu Kultur, von Sprache zu Sprache verschieden

[9] Siehe hierzu ausführlich Pike (1967) mit dem charakteristischen Titel ›Language in relation to a unified theory of the structure of human behavior‹.

– sogar einander entgegengesetzt – sein können und daher letztlich relativ sind.

Eine Sprache besteht aus Einheiten unterschiedlicher Größe, die hierarchisch geordnet sind. Die kleinsten Einheiten sind die Laute, die sich zu größeren Einheiten, den Wörtern, zusammensetzen. Die Wörter ihrerseits setzen sich wiederum zu größeren Einheiten zusammen, den Sätzen. Mehrere Sätze bilden einen Text. Dies sind die jedermann geläufigen Grundeinheiten, die daher Bezeichnungen tragen, die auch umgangssprachlich gebräuchlich sind: Laut, Wort, Satz, Text. Zwischen diesen 'Grundeinheiten' gibt es weitere Größenordnungen, die weniger geläufig sind und daher Bezeichnungen tragen, die unmittelbar der grammatischen Terminologie angehören und außerhalb dieser nicht gebräuchlich sind. Zwischen Laut und Wort gibt es das *Morphem*. Das Wort *geben* besteht aus zwei Morphemen *(geb-en)*, von denen jedes aus mehreren Lauten besteht. Zwischen Wort und Satz gibt es das *Syntagma*. So ist z. B. *in diesem Haus* ein Syntagma innerhalb des Satzes *In diesem Haus wohnen meine Eltern*. Ein Syntagma besteht aus mehreren Wörtern, ohne jedoch einen vollständigen Satz zu bilden. Bis auf die Laute haben alle genannten Einheiten eine *Bedeutung*. Ein Wort (z. B. *Haus*) hat eine Bedeutung, ebenso ein Satz (z. B. *Ich habe Hunger*) und ein Text (z. B. eine Rede). Auch Morpheme haben eine Bedeutung: *geb-* hat eine lexikalische Bedeutung (den Vorgang des 'Gebens'), *-en* hat eine grammatische Bedeutung ('Infinitiv'). Natürlich haben Syntagmen (z. B. *in diesem Haus*) auch eine Bedeutung. Nur Laute, wie z. B. [p, t, s, l, a, i, u], haben keine Bedeutung. Dennoch können auch die Laute einer Sprache in einer bestimmten Beziehung zur Bedeutung stehen. Dies wird einer der zentralen Gesichtspunkte bei der Definition des *Phonems* sein (vgl. u. 61).

Außer Einheiten verschiedener Größe enthält die Sprache *Regeln*, welche u. a. die Reihenfolge der Elemente der verschiedenen Größenordnungen festlegen. Die Laute betreffend besagt z. B. eine Regel, daß im Deutschen Wörter existieren, welche mit einem Konsonanten beginnen, mit einem Konsonanten enden und zwischen diesen beiden Konsonanten einen Vokal (der auch ein Diphthong sein kann) haben, z. B. *lauf*. Durch Vertauschung der beiden Konsonanten ändert sich die Wortstruktur entsprechend der genannten Regel nicht: Wir erhalten *faul*. Wir können die Konsonanten des Wortes *lauf* noch weiter umstellen, indem wir z. B. den auslautenden Konsonanten an die Spitze des Wortes stellen. Dann erhalten wir ebenfalls ein Wort der deutschen Sprache: *flau*. Dies entspricht nun nicht mehr der obigen Strukturregel, sondern repräsentiert eine andere Regel, nach der ein deutsches Wort auch gebildet werden kann, indem man zwei Konsonanten an den Anfang stellt und sie von einem Vokal gefolgt sein läßt (vgl. *froh*, *Stau* u. v. a.). Eine weitere Umstellung der Konsonanten im Wort *lauf*, nämlich **lfau*, ergibt hingegen eine Form, welche im Deutschen nicht existiert und auch gar nicht existieren kann. Die letztgenannte Regel ist also noch nicht genau genug. Sie läßt sich aber so präzise formulieren, daß von ihr nur die im Deutschen tatsächlich möglichen Wörter erfaßt werden (vgl. Kap. 9 Phonotaktik).

Bezüglich Einheiten anderer Größenordnungen wollen wir uns kürzer fassen. Auf der Ebene der Morpheme wird im Deutschen z. B. festgelegt, daß das Zeichen des Infinitivs auf den Verbstamm folgt und ihm nicht vorausgeht (vgl. *geb-en*). Diese Regel ist ohne jede Ausnahme. Auf der Ebene des Satzes legt eine Regel z. B. fest, daß im Deutschen im Falle einer Aussage das Subjekt normalerweise vor dem Prädikat steht *(Das Kind schläft)*, während die Umkehrung dieser Reihenfolge (Inversion) eine Frage ergibt: *Schläft das Kind?*

Eine andere Aufgabe der Regeln besteht darin, gewisse Beziehungen zwischen den einzelnen Elementen der Sprache, ebenfalls aller Größenordnungen und auf verschiedenen Ebenen, herzustellen. Eine solche Regel besagt z. B., daß im Deutschen Artikel und attributives Adjektiv an das grammatische Geschlecht (Genus) des Substantivs angeglichen werden müssen: *ein junger Mann* (mask.), aber *eine junge Frau* (fem.). Man nennt diese Erscheinung *Kongruenz*. Die Morpheme und gleichzeitig die Laute betreffend besagt eine andere Regel, daß bei Anfügen des Pluralsuffixes *-er* der Stammvokal in bestimmten Fällen verändert wird *(Mann/Männer, Land/Länder)*. Es besteht also eine unmittelbare Beziehung zwischen dem Pluralsuffix und dem Stammvokal Diese Erscheinung ist als *Umlaut* bekannt (vgl. Kap. 12 Morphophonem).

Alle genannten Regeln sind jedem Deutschsprachigen, auch ohne spezifische sprachwissenschaftliche oder phonetische/phonologische Ausbildung, unmittelbar einsichtig, auch wenn er/sie sie nicht explizit formulieren kann. Jeder Deutschsprachige verfügt über diese Regeln und wendet sie automatisch richtig an. Für viele Regeln existieren in der grammatischen Terminologie fest etablierte Termini, von denen wir einige aufgeführt haben.

Wir stellen zusammenfassend fest: Eine Sprache besteht aus Lauten, Wörtern, Sätzen und anderen Einheiten verschiedener Größenordnungen. Alle diese Einheiten haben entweder direkt eine Bedeutung (Morpheme und größere Einheiten als Morpheme) oder stehen indirekt in Beziehung zu ihr (Laute). Außerdem besitzt eine Sprache Regeln, welche die Reihenfolge der verschiedenen Einheiten festlegen und Beziehungen zwischen ihnen herstellen. Die Sprache ist also ein vielfach gegliedertes, äußerst komplexes System.

2.2 Kommunikationsmodell und Zeichenbegriff

Zu den Charakteristika der Sprache gehört weiterhin, daß sie einerseits etwas *Materielles*, andererseits etwas *Geistiges* darstellt. Sprache ist in erster Linie *hörbar*. Sie besteht aus Lauten, die von den Sprechwerkzeugen des Sprechers erzeugt, in Form von Schallwellen durch die Luft übertragen, vom Ohr des Hörers wahrgenommen und in auditive Eindrücke umgewandelt werden. All dies bietet sich der Beschreibung wie eine Naturerscheinung dar, im Prinzip nicht anders als das Wetter oder die Wirkung des Sonnenlichts auf die Pflanzen. Im Falle der gesprochenen Sprache ziehen wir die Anatomie, die Physiologie, die Akustik, die Audiologie und andere naturwissenschaftliche Disziplinen heran.[10] Dies ist die materielle Seite. Andererseits hatten wir festgestellt, daß sich die Laute zu Einheiten zusammensetzen, welche eine Bedeutung haben. Bedeutungen sind natürlich etwas evident Geistiges.

[10] Für die *geschriebene* Sprache gilt Entsprechendes. Die Form der Buchstaben kann mit Hilfe der Geometrie, die Wirkung auf das Auge im Rahmen der Optik beschrieben werden usw.

Dieses Partizipieren sowohl an materiellen wie an geistigen Phänomenen macht insbesondere diejenigen sprachwissenschaftlichen Disziplinen, die sich unmittelbar mit den Sprachlauten befassen (eben Phonetik und Phonologie), zu typischen *Grenzwissenschaften.*

Die Sprachwissenschaft ist eine empirische Wissenschaft. Sie kann in ihrer Gesamtheit als eine zwischen den 'typischen' Naturwissenschaften (z. B. Physik, Geologie) und den 'typischen' Geisteswissenschaften (z. B. Philosophie, Logik) stehende Grenzwissenschaft, welche an den methodischen Vorgehensweisen beider Seiten teilhat, angesehen werden. Innerhalb der Sprachwissenschaft lassen sich die einzelnen sprachwissenschaftlichen Disziplinen auf einer Skala anordnen, welche von den am stärksten naturwissenschaftlich orientierten bis zu den am stärksten geisteswissenschaftlich orientierten reicht. Dabei nimmt die Phonetik (im speziellen Sinn, vgl. Abb. 1) das naturwissenschaftlich orientierte, die Semantik ('Bedeutungslehre') das geisteswissenschaftlich orientierte Extrem ein.[11] Die Phonologie schließt sich unmittelbar an die Phonetik in Richtung auf die Geisteswissenschaften hin an, ist also, wie wir noch genauer sehen werden, schon etwas stärker geisteswissenschaftlich orientiert. Dies kommt in Abb. 2 zum Ausdruck:

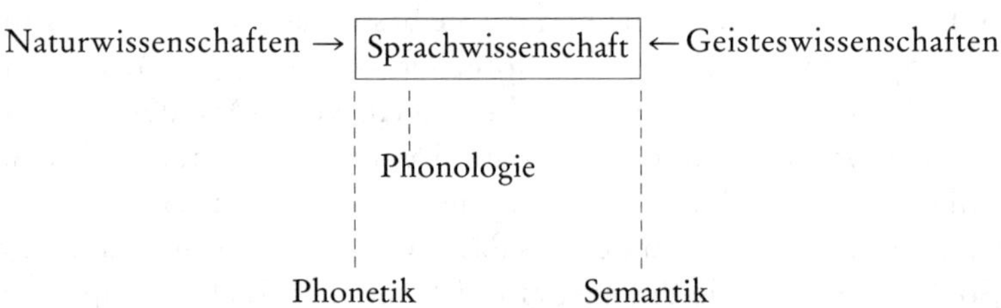

Abb. 2: Die Sprachwissenschaft zwischen Natur- und Geisteswissenschaften.

Wir kommen noch einmal auf den Gesichtspunkt zurück, daß die Sprache der Kommunikation, also der Verständigung zwischen

[11] Die Sprachphilosophie würde in einem solchen Modell als ein Bindeglied zwischen der eigentlichen Sprachwissenschaft und den 'typischen' Geisteswissenschaften erscheinen.

Menschen dient. Wir definieren *Kommunikation* folgendermaßen: *ein Informationsaustausch zwischen zwei Einheiten, wobei die eine Einheit Information abgibt und die andere Information aufnimmt*. Diese Definition trifft nicht nur für die Sprache, sondern auch für andere Kommunikationssysteme zu. Die Einheit, welche Information abgibt, bezeichnen wir allgemein als *Sender* (im Falle der Sprache als *Sprecher*). Die Einheit, welche Information aufnimmt, bezeichnen wir als *Empfänger* (im Falle der Sprache als *Hörer*).

Zwischen Sender und Empfänger besteht eine materielle Verbindung, die wir *Kanal* oder *Medium* nennen. Im Prinzip kann das Medium jeden der fünf Sinne ansprechen. So gibt es auch taktile (z. B. Blindenschrift) oder olfaktorische (z. B. Duftmarken bestimmter Tiere) Medien mit kommunikativer Funktion. Im Falle der *gesprochenen* Sprache wird natürlich der Gehörsinn angesprochen, das Medium hat die Form von Schallwellen.[12] Das Medium nimmt zum Zwecke der Übertragung einer Information ganz bestimmte konkrete Formen oder Zustände an. Im Falle eines optischen Kommunikationssystems sind es z. B. bestimmte Farben in einer bestimmten Anordnung (wie bei der Verkehrsampel) oder bestimmte geometrische Figuren (wie bei den Buchstaben und Ziffern der geschriebenen Sprache). Im Falle der gesprochenen Sprache werden ganz bestimmte, mit den Artikulationswerkzeugen hervorgebrachte Schallgebilde (meßbar z. B. nach der Frequenz) von einer bestimmten Dauer und in einer bestimmten Reihenfolge übertragen. Solche konkreten materiellen Zustände des Mediums heißen *Signale*. Je nach Art des Kommunikationssystems sprechen wir von akustischen (so im Falle der gesprochenen Sprache), optischen, taktilen usw. Signalen.

Ein solches Signal ist noch nicht eigentlich Träger von Information, höchstens ein potentieller Träger. Damit es auch wirklich zum Träger von Information wird, muß das Signal einen *Verweischarakter* annehmen, d. h., es muß auf ein (tatsächliches oder auch nur in der Phantasie existierendes) Phänomen der Wirklichkeit *verweisen*. Indem es dies tut, erhält es eine *Bedeutung* oder einen

[12] Im Falle der *geschriebenen* Sprache wird der Gesichtssinn angesprochen.

Inhalt. Diese Verbindung von (materiellem) Signal und (geistiger) Bedeutung nennen wir *Zeichen.* Bevor wir den Zeichenbegriff näher erläutern, soll das bisher Gesagte graphisch dargestellt werden: Der Sprecher (Sp) sendet an den Hörer (Hö) ein Zeichen (Z), welches in ein (akustisches) Medium eingebettet ist (Abb. 3).

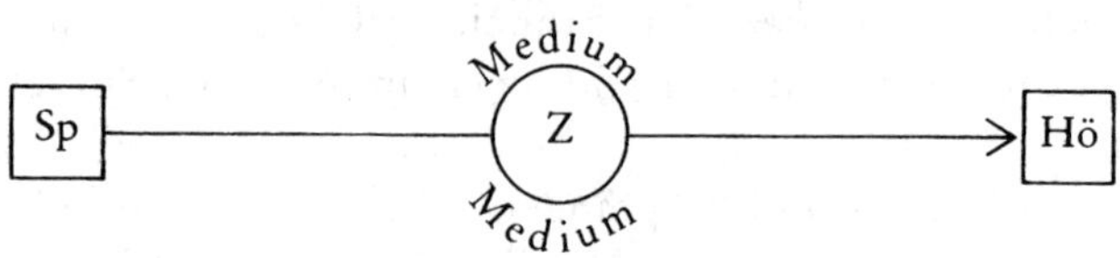

Abb. 3: Kommunikationsmodell (gesprochene Sprache).

Das *Zeichen* definieren wir folgendermaßen: *eine Einheit, in der einem Signal ein bestimmter Inhalt zugeordnet ist.* Bezogen auf die gesprochene Sprache ergibt sich folgende Definition: *Ein sprachliches Zeichen ist eine Einheit, in der einem akustischen Signal ein bestimmter Inhalt zugeordnet ist.* Nehmen wir als Beispiel das akustische Signal [haụs]. Dieser Lautkette ist im Deutschen eine ganz bestimmte Bedeutung zugeordnet, nämlich „als Unterkunft od. Arbeitsstätte dienendes Gebäude mittlerer Größe“[13], eben ein ‘Haus’. Die Verbindung zwischen Signal und Bedeutung ist sehr eng und funktioniert in beiden Richtungen. Sobald die Lautkette [haụs] hörbar wird, stellt sich beim Hörer automatisch die Vorstellung des Gegenstandes ‘Haus’ ein. Umgekehrt stellt sich einem Deutschsprachigen, sobald er/sie sich des Anblickes eines Hauses bewußt wird oder die Vorstellung von einem Haus hat, automatisch die Lautkette [haụs] ein. Dies ist in Abb. 4 dargestellt.[14]

Für den Zweck dieser Einführung ist besonders darauf hinzuweisen, daß das Zeichen eine materielle und eine geistige Seite hat,

[13] Nach Gerhard Wahrig, Deutsches Wörterbuch, Gütersloh u. a. (1974: Spalte 1671).

[14] Das *semiotische Dreieck* von Ogden und Richards schildert diesen Sachverhalt noch differenzierter, indem es zwischen Ausdruck ([haụs]), Inhalt (Bedeutung ‘Haus’) und Denotat (konkretes Haus) unterscheidet, vgl. Charles K. Ogden/Ivor A. Richards, The meaning of meaning, London 1923.

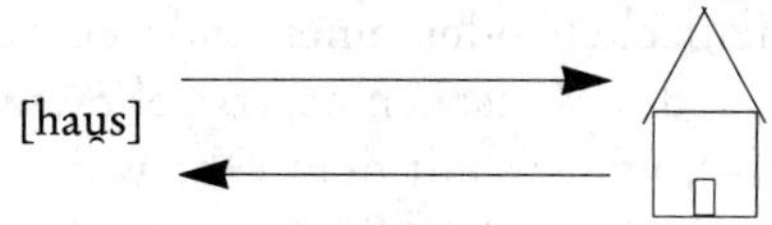

Abb. 4: Das sprachliche Zeichen.

die in einem engen wechselseitigen Verhältnis zueinander stehen. Im sprachlichen Zeichen kristallisiert sich also *in nuce* die oben beschriebene Situation der Sprachwissenschaft als ganzer in ihrer Ambivalenz zwischen Geistes- und Naturwissenschaften (Abb. 2). Das sprachliche Zeichen ist einer der zentralen Begriffe der modernen Sprachwissenschaft. Für die beiden Aspekte, die wir bisher als *Signal* und *Bedeutung* bezeichnet haben, existiert eine Reihe weiterer Bezeichnungen, die in etwa gleichbedeutend sind. Wir fassen sie im folgenden zusammen:
Signal: Ausdruck, signifiant, Signifikant, Bezeichnendes;
Bedeutung: Inhalt, signifié, Signifikat, Bezeichnetes.

Die französischen Bezeichnungen *signifiant* und *signifié* stammen aus dem ›Cours de linguistique générale‹ von Ferdinand de Saussure (1857–1913, der ›Cours‹ erstmals postum erschienen 1916). In Anlehnung an de Saussure stellen wir den beschriebenen Sachverhalt noch einmal schematisch in einem dyadischen (zweiteiligen) Zeichenmodell dar (Abb. 5). Dabei verwenden wir diejenigen Begriffe, die uns den Sachverhalt am anschaulichsten wiederzugeben scheinen, nämlich *Ausdruck* und *Inhalt*.

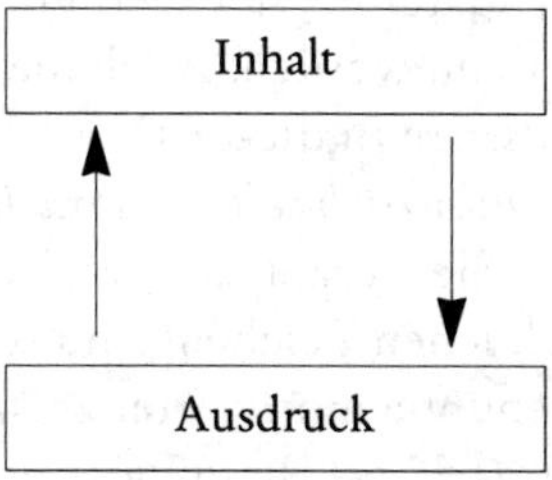

Abb. 5: Dyadisches Zeichenmodell.

Die Ausdrucksseite des sprachlichen Zeichens, also der *lautliche Ausdruck*, wird von der *Phonetik* (im speziellen Sinne) beschrieben. Sie untersucht, wie z. B. die Lautkette [haus̯] oder jede andere

Lautkette der deutschen oder einer anderen Sprache mit den Sprechwerkzeugen des Menschen hervorgebracht wird (artikulatorische Phonetik), wie sie mit dem Ohr wahrgenommen wird (auditive Phonetik) oder welche Struktur die dieser Lautung entsprechenden Schallwellen haben (akustische Phonetik). Mit der *Bedeutung* einer solchen Lautkette hat die Phonetik nichts zu tun.

Andererseits besteht die erwähnte enge Verbindung zwischen Lautgestalt und Bedeutung, sei es einer lexikalischen, sei es einer grammatischen Bedeutung. Die Ersetzung des Lautes [h] in *Haus* durch den Laut [m] ergibt das Wort *Maus*, also ein Wort mit einer ganz anderen Bedeutung. Oder die Ersetzung des Lautes [o:] in *Vogel* durch den Laut [ø:] ergibt den Plural desselben Wortes *(Vögel)*. Solche Beobachtungen transzendieren die Möglichkeiten der Phonetik (im speziellen Sinne), da diese sich auf die reine Ausdrucksseite beschränkt. Hier ist einer der Ansatzpunkte für die Aufgaben der *Phonologie*. Die Phonologie schafft also das methodische Bindeglied (in neuerer Terminologie: die Schnittstelle) zwischen dem von der Phonetik zu beschreibenden lautlichen Ausdruck und den – je nachdem – von der Morphologie, Syntax oder Semantik zu beschreibenden Bedeutungen, welche eben keinen anderen Ausdruck als im Lautlichen finden können. Die Phonologie ermöglicht die Beschreibung der *lautlichen* Regularitäten, welche zu morphologischen, syntaktischen oder lexikalischen Bedeutungsunterschieden führen.

Wir müssen hier noch kurz auf eine andere Erkenntnis zu sprechen kommen, da wir später bei der Definition des *Phonems* (vgl. u. 61 f.) darauf rekurrieren werden. Auch diese Erkenntnis wurde besonders von de Saussure in dieser Deutlichkeit formuliert. Es handelt sich um die *Willkürlichkeit des sprachlichen Zeichens* (frz. *l'arbitraire du signe*). Sie besagt, daß zwischen dem lautlichen Ausdruck eines sprachlichen Zeichens und seiner Bedeutung kein wesenhafter oder irgendwie motivierter Zusammenhang besteht. In dem deutschen Wort *Haus* [hau̯s] weisen also weder das [h], noch das [s], noch der Diphthong [au̯], noch die Reihenfolge dieser Elemente in irgendeiner Form auf die Bedeutung 'Haus' oder seine einzelnen Bedeutungselemente hin. Dies läßt sich leicht nachweisen, indem man die lautlichen Ausdrucksformen verschiedener Sprachen für ein Wort gleicher Bedeutung miteinander vergleicht. Im folgenden geben wir eine kleine Sammlung von Wörtern mit der Bedeutung 'Haus' in mehreren Sprachen:

dt.	*Haus*	[hau̯s]	pers.	*xāne*	[xɑ'ne]
frz.	*maison*	[me'zõ]	finn.	*talo*	['talo]
span.	*casa*	['kasa]	türk.	*ev*	[ɛv]
griech.	*spíti*	['spiti]	arab.	*bayt*	[bai̯t]
russ.	*dom*	[dɔm]	chines.	*fáng zi*	[/faŋ tsə][15]

Alle diese Formen sind von ganz unterschiedlicher lautlicher Gestalt und bezeichnen doch denselben Gegenstand, nämlich ein 'Haus'. Umgekehrt lassen sich identische oder fast identische Lautketten in verschiedenen Sprachen mit jeweils ganz unterschiedlicher Bedeutung feststellen. So bedeutet die Lautfolge *burro* ['burro] in nahezu identischer Aussprache im Italienischen 'Butter', im Spanischen 'Esel'. Weitere Fälle: Rumän. *cald* bedeutet 'warm', schott.-gäl. (Kap. 8.11) *cú* (gesprochen wie dt. *Kuh*) bedeutet 'Hund', finn. *kuu* (ebenfalls gesprochen wie dt. *Kuh*) bedeutet 'Mond', schwed. *öl* bedeutet 'Bier', bulgar. *bog* (gesprochen wie dt. *Bock*) bedeutet 'Gott', türk. *kaplan* bedeutet 'Tiger' u. v. a. Auch Homophonie und Homonymie belegen die Willkürlichkeit des sprachlichen Zeichens: Die deutschen Wörter *Lerche* (Vogelart) und *Lärche* (Baumart) bezeichnen bei identischer Aussprache ganz unterschiedliche Lebewesen. Entsprechend verhält es sich mit dt. *Bremse* in der Bedeutung 'Hemmvorrichtung' und in der Bedeutung 'Art Stechfliege' u. v. a.

Der Nachweis läßt sich noch anders führen: Die deutschen Wörter *Haus* und *Laus* bezeichnen zwei denkbar unterschiedliche Objekte und stimmen dennoch im größten Teil ihres lautlichen Ausdrucks, nämlich in der Lautkette [au̯s], vollkommen überein. Es wäre unsinnig zu behaupten, das Typische eines 'Hauses' käme in dem Laut [h], das Typische einer 'Laus' in dem Laut [l] zum Ausdruck. In dem Wortpaar [hant] *Hand* – [lant] *Land*, die ebenfalls bis auf den anlautenden Konsonanten lautlich identisch sind, bringt derselbe Gegensatz von [h] und [l] einen ganz anderen Bedeutungsunterschied zum Ausdruck.

15 Der Schrägstrich gibt den steigenden Ton (2. Ton des Chinesischen) an, vgl. u. 135.

3. DAS WESEN DER PHONOLOGIE

Am deutlichsten läßt sich der Unterschied zwischen Phonetik und Phonologie herausarbeiten, wenn wir uns auf ein weiteres auf de Saussure zurückgehendes Begriffspaar, nämlich das Paar *langue – parole* beziehen. Wir gehen dabei zunächst wiederum von der Feststellung aus, daß die Sprachwissenschaft eine *empirische Wissenschaft* ist, d. h., sie gewinnt ihr Untersuchungsmaterial und die Kenntnisse darüber durch Beobachtung der Wirklichkeit, durch Sinneserfahrungen und Experimente. Dies verbindet die Sprachwissenschaft mit den Naturwissenschaften.

Das Ausgangsmaterial für sprachwissenschaftliche Untersuchungen kann gar nicht anders als empirisch gewonnen werden. Dies geschieht, indem man konkrete sprachliche Äußerungen von Menschen beobachtet. Was beim Sprechen oder Verstehen von Gesprochenem im Gehirn vorgeht, entzieht sich weitgehend der direkten Beobachtung. Die Zahl der konkreten sprachlichen Äußerungen, die beobachtet werden können, ist jedoch unendlich groß, auch wenn wir nur eine einzige Sprache betrachten. Wenn wir alles, was die Bewohner einer großen Stadt im Laufe eines einzigen Tages sprechen, in gedruckter Form aneinanderreihen wollten, würde dies eine Bibliothek mit mehreren tausend Bänden füllen.[16] Selbst wenn es uns gelänge, dies zu tun, dann hätten wir doch nur eine Sammlung von Sprechdaten, die nur für einen einzigen Tag (z. B. den 11. 2. 1995) Gültigkeit hätte. Schon am nächsten Tag wäre die Sammlung überholt. Sie würde uns auch nichts darüber aussagen, wie die betreffende Sprache *vor* dem 11. 2. 1995 verwendet wurde.

Die Beschreibung einer Sprache kann also nicht in der Aneinanderreihung von Äußerungen in dieser Sprache bestehen, so um-

[16] Nehmen wir bei einer Einwohnerzahl von 1 Million an, daß jeder Einwohner am Tag das Äquivalent von 10 Druckseiten spricht. Dies ergäbe 20000 Bände zu je 500 Seiten pro Tag.

fangreich eine solche Sammlung auch sein mag. Es kann unter Umständen eine große organisatorische und physische Leistung sein, beispielsweise 60 Stunden Tonbandaufnahmen einer Sprache aufzuzeichnen, etwa wenn die Aufnahmen an einem entlegenen Ort der Erde unter schwierigen äußeren Bedingungen gemacht werden. Aber eine *wissenschaftliche* Leistung sind das bloße Herstellen oder Sammeln von Sprachaufnahmen oder Registrierungen der verschiedensten Art noch nicht. Die wissenschaftliche Arbeit beginnt erst nach dem Registrieren. Die wissenschaftliche Auswertung und Ausarbeitung dauern in der Regel viel länger als das Sammeln, auch wenn letzteres unter widrigen Umständen stattgefunden hat.

Worin besteht also die wissenschaftliche Bearbeitung einer Sammlung von Sprachdaten? Dazu ist zunächst eine wissenschaftliche Fragestellung erforderlich. Wir setzen hier den Fall einer sehr klaren und einleuchtenden Fragestellung: Es liegen 60 Stunden Tonbandaufnahmen einer unbekannten Sprache vor; daraus soll eine Grammatik der betreffenden Sprache erstellt werden. Eine Grammatik ist nicht einfach eine Aneinanderreihung von sprachlichen Äußerungen. Eine Grammatik entsteht (ganz langsam und Schritt für Schritt), indem die sprachlichen Daten einem *Abstraktionsprozeß* unterworfen werden. Im Hinblick auf die Fragestellung wird das Wesentliche vom Unwesentlichen geschieden. Es spielt im vorliegenden Fall z. B. keine Rolle, ob die Sprecher bei der Aufnahme einen Schnupfen hatten oder nicht, ob sie heiser waren oder nicht, ob sie eine hohe oder eine tiefe Stimme hatten, ob sie laut oder leise sprachen o. ä., obwohl alle diese Erscheinungen auditiv deutlich feststellbar sind und phonetisch genau beschrieben werden können. Im Hinblick auf die Erstellung einer Grammatik im üblichen Sinn spielt es auch keine wesentliche Rolle, ob die Sprecher bei der Aufnahme langsam oder schnell sprechen, ob es Kinder, Jugendliche oder Erwachsene oder ob es männliche oder weibliche Personen sind.[17]

[17] Alle diese Erscheinungen können jedoch ihrerseits eine Fragestellung abgeben, z. B. die Unterscheidung phonetischer Sprechstile (Lento – Allegro o. dgl.), die Beschreibung von Kindersprache im Gegensatz zur Erwachsenensprache, die Beschreibung von Frauensprache im Gegensatz zur Männersprache usw.

Nachdem wir diese und ähnliche Gesichtspunkte ausgeschieden haben, unterwerfen wir das Verbliebene und (immer in Hinblick auf die Fragestellung!) als wesentlich Erkannte weiteren Abstraktionsprozessen. Wir versuchen, die sprachlichen Äußerungen in Einheiten zu *zerlegen* und diese Einheiten aufgrund gemeinsamer Eigenschaften zu *klassifizieren* (z. B. nach ihrer Größe, nach ihrer Funktion usw.). Wir erhalten auf diese Weise die früher erwähnten Einheiten verschiedener Größenordnungen, aus denen die Sprache[18] besteht, also Laute, Morpheme, Wörter, Syntagmen, Sätze usw. Innerhalb jeder dieser Einheiten ist eine Klassifizierung in Unterkategorien möglich, bei den Lauten z. B. in Vokale und Konsonanten, bei den Wörtern in Substantive, Verben, Adjektive usw., bei den Sätzen in Aussagesätze, Fragesätze, Hauptsätze, Nebensätze usw. Diese Klassifizierung und Kategorisierung kann sehr vielfältig verzweigt sein. Sie ist aber letztlich doch *begrenzt* gegenüber der buchstäblich unendlichen Zahl von Äußerungen, die in einer Sprache überhaupt möglich sind. Der erwähnte Abstraktionsprozeß besteht also letztlich darin, in sprachlichen Äußerungen immer wiederkehrende gemeinsame Eigenschaften festzustellen und so die unendliche Zahl von Äußerungen auf eine *begrenzte (endliche)* Zahl von Einheiten zu *reduzieren.* Auf diese Weise wird das scheinbar Unüberschaubare überschaubar gemacht.

Es ist evident, daß solche Abstraktionsprozesse möglich sind, denn sonst könnte man nicht eine sprachliche Äußerung mit der begrenzten Zahl der Buchstaben eines Alphabets (im Deutschen 26 Buchstaben) schriftlich festhalten. Der Reduktion der unendlichen sprachlichen Vielfalt auf ca. 30 Buchstaben, einige Satzzeichen und einige weitere Schreibkonventionen (z. B. Zwischenraum zwischen Wörtern) liegt ein ebensolcher Abstraktionsprozeß zugrunde, wie er oben beschrieben wurde.

Die Aufgabe der Phonologie besteht u. a. darin, die Zahl der *Phoneme* einer Sprache zu ermitteln.[19] Die Zahl der Phoneme ist

[18] 'Sprache' als solche und jede Einzelsprache.

[19] Die Zahl der Phoneme einer Sprache stimmt in der Regel nicht mit der Zahl der Buchstaben, die für die Schreibung dieser Sprache benutzt werden, überein; meist ist die Zahl der Phoneme etwas höher. Metho-

begrenzt. Als groben Durchschnittswert kann man ca. 40 Phoneme angeben.[20] Die unendliche Vielfalt der Lautnuancen einer Sprache läßt sich also auf durchschnittlich ca. 40 lautliche Einheiten *(Phoneme)*, in jedem Fall auf eine endliche Zahl, reduzieren. Die Verfahren, welche diese Reduktion ermöglichen, machen einen großen Teil dieser Einführung aus.

Ein weiteres Beispiel, welches die Reduktion einer unüberschaubar hohen Zahl auf eine niedrige Zahl besonders eindringlich zeigt, stammt aus dem nichtlautlichen Bereich der Grammatik. Alle Menschen, die auf dieser Erde leben, je auf ihr gelebt haben oder noch auf ihr leben werden, lassen sich für die Zwecke der grammatischen Beschreibung auf nur *drei* Personen reduzieren: die sprechende Person *(ich)*, die angesprochene Person *(du)* und alle weiteren Personen *(er, sie, es)*. Dies sind die drei *grammatischen Personen*.[21] Alle nur denkbaren mengenmäßigen Gruppierungen dieser Menschen werden in den meisten Sprachen auf nur zwei Möglichkeiten (Singular und Plural: *ich – wir*), in verhältnismäßig wenigen Sprachen auf drei oder vier Möglichkeiten (zusätzlich Dual oder Trial: *wir beide*, *wir drei*) reduziert. Dies sind die *grammatischen Numeri*.

Der erwähnte Reduktions- oder Abstraktionsprozeß bei der Abfassung einer Grammatik besteht also in der Reduktion einer unendlichen oder unüberschaubar hohen Zahl von Möglichkeiten auf eine überschaubare endliche Zahl von Einheiten. Dies geschieht wiederum in den verschiedensten Bereichen, auf den verschiedensten Ebenen und mit Einheiten der verschiedensten Größen. Im lautlichen Bereich erfolgt dieser Prozeß im Rahmen der *Phonologie*.

disch gesehen müssen zuerst die Phoneme einer Sprache ermittelt werden, bevor man an die Schaffung einer Orthographie mit Hilfe einer Alphabetschrift herangehen kann. Vgl. u. 30f.

[20] Manche Sprachen haben eine geringe Phonemzahl, manche eine hohe, die meisten eine mittlere Zahl. Als untere Grenze kann man ca. 15 Phoneme, als oberen Wert ca. 80 Phoneme ansehen.

[21] In manchen Sprachen kann eventuell noch eine weitere 'Person' hinzukommen, z. B. in den keltischen Sprachen ein Impersonale *(man)*.

3.1 Systembegriff

Im nächsten Schritt wird die durch den Abstraktionsprozeß gewonnene endliche Zahl von Einheiten in einem *System* angeordnet. Im Bereich der Phonologie erhalten wir auf diese Weise das *Phonemsystem* einer Sprache. Wir definieren den Begriff *System* folgendermaßen: *eine strukturierte Menge von Einheiten, von denen jede auf jede andere bezogen ist und erst dadurch ihre Funktion (ihren 'Stellenwert') erhält.* Eine Einheit eines Systems wird also nicht nur aus sich heraus definiert, sondern zusätzlich auch aufgrund ihrer Beziehungen zu allen anderen Einheiten des Systems, zu dem sie gehört. Dazu ein anschauliches Beispiel. Wir betrachten zunächst Abb. 6.

II

Abb. 6: Was ist das?

Wenn wir beschreiben wollen, was Abb. 6 darstellt, können wir nichts anderes sagen, als daß es sich um zwei senkrechte parallele gleich lange Striche (geometrisch: Strecken) handelt. Die Länge können wir messen und angeben (in Millimeter), ebenso den Abstand zwischen den Parallelen. Wir können vorläufig nicht sagen, was diese Striche 'bedeuten'. Nicht anders verhält es sich, wenn wir eine Lautkette wie z. B. [fi:] hören. Wir können nicht sagen, was sie 'bedeutet'. Wir können nur *phonetisch* beschreiben, mit welchen Artikulationswerkzeugen diese Lautkette auf welche Weise hervorgebracht wurde und/oder welche akustische Struktur diese Laute haben. Dabei können wir z. B. die Frequenzen von [i:] messen und angeben (in Hertz). Die *Bedeutung* sowohl der zwei senkrechten Striche als auch der Lautkette [fi:] läßt sich erst angeben, wenn wir wissen, welchem *System* diese geometrischen bzw. lautlichen Gebilde angehören.

a) I II III
b) I0 II I2
c) alle

Abb. 7: Funktionsbestimmung im Rahmen eines Systems.

Wenn wir Abb. 7a betrachten, erkennen wir schlagartig, daß die beiden senkrechten Striche im System der römischen Ziffern zu betrachten sind und die Bedeutung 'römisch zwei' haben. Wenn wir die gesamte Abb. 7 betrachten, erkennen wir aber auch, daß *dieselben* Striche, je nachdem zu welchem System sie gehören, ganz verschieden interpretiert werden können. Abb. 7a ist das System der römischen Ziffern (Bedeutung 'römisch zwei'), Abb. 7b das System der arabischen Ziffern (Bedeutung 'arabisch elf'), Abb. 7c das System der lateinischen Buchstaben (Bedeutung 'doppel-*l*' oder 'zwei *l*').

Man beachte, daß wir zur Lösung der Frage nach der Bedeutung von Abb. 6 zunächst nicht das System als solches genannt haben. Wir haben also *nicht* gesagt: „Betrachten Sie Abb. 6 als eine römische Ziffer" usw. Vielmehr haben wir nur einige weitere Einheiten des jeweiligen Systems abgebildet (Abb. 7a–c). Allein dadurch wurden die verschiedenen Bedeutungsmöglichkeiten von Abb. 6 schlagartig und zweifelsfrei geklärt. Hier zeigt sich deutlich, wie die Einheiten eines Systems miteinander verflochten sind und wie die Bestimmung der *Funktion* eines Elementes aufgrund seiner Beziehungen zu den anderen Elementen desselben Systems erfolgt.

Entsprechend können wir mit der Lautkette [fi:] verfahren. Es genügt, diese Lautkette in einen Zusammenhang wie etwa '*das* [fi:] *hüten*' zu stellen, um es als ein Wort der deutschen Sprache *(Vieh)* zu erkennen. Andererseits würde der Zusammenhang '*to charge a* [fi:]' die Lautkette als ein Wort der englischen Sprache erkennbar machen, nämlich *fee* 'Gebühr'. Schließlich würde der Zusammenhang '[fi:] *baytī*' ('in meinem Haus') sie als die arabische Präposition *fī* 'in' erweisen. Dieselbe Lautkette kann also ganz unterschiedliche Funktion und Bedeutung haben, je nachdem zu welchem Sprachsystem sie gehört.[22]

Entsprechend verhält es sich auch mit einzelnen Phonemen. Das Phonem /t/ existiert in sehr vielen Sprachen. Es kann jedoch von Sprache zu Sprache einen ganz unterschiedlichen Stellenwert haben. Dies hängt davon ab, welche anderen Phoneme in dem

[22] Es kann vorkommen, daß man eine Äußerung in seiner eigenen Muttersprache nicht versteht oder sie nicht einmal als solche identifiziert, wenn man – etwa im Ausland – unvermutet darin angesprochen wird und geistig gerade auf ein anderes Sprachsystem eingestellt ist. Vgl. Anm. 30.

Konsonantensystem der jeweiligen Sprache vorhanden sind und in welchen Beziehungen diese Phoneme zueinander stehen. Es kann als 'stimmloser Verschlußlaut' in Opposition zu /d/ stehen (z. B. Französisch, vgl. u. 152), oder es kann als 'unaspirierter Verschlußlaut' in Opposition zu /t^h/ stehen (z. B. Chinesisch, vgl. u. 175), oder es kann als 'stimmloser unaspirierter Verschlußlaut' in Opposition zu /d/ *und* /t^h/ stehen (z. B. Altgriechisch, vgl. u. 166). Die Frage, die uns hier interessiert, lautet also nicht: 'Was ist /t/ für ein Laut und wie wird er gebildet?', sondern sie lautet: 'Wozu steht /t/ im Kontrast und wodurch unterscheidet es sich von anderen Lauten derselben Sprache?'. Kurz, die *Funktion* einer Einheit hängt von der *Struktur* des zugehörigen *Systems* ab.

3.2 Langue – parole

Der Gegensatz, den wir hier herausgearbeitet haben, wurde von de Saussure im ›Cours de linguistique générale‹ unter dem Begriffspaar *langue – parole* gefaßt. Unter *langue* (deutsch auch *Sprache*) versteht man demnach das „abstrakte, überindividuelle System sprachlicher Zeichen"[23], die „Sprache als System von Zeichen, die zueinander in festen Beziehungen stehen"[24]. Demgegenüber versteht man unter *parole* (deutsch auch *Rede*) die „individuelle Anwendung des Systems"[25], die „Realisierung der langue in individuellen Sprechereignissen"[26]. Von de Saussure selbst (1967: 36) stammt der folgende schöne Vergleich: Eine Symphonie repräsentiert die Seite der *langue*, während ihre unterschiedlichen Aufführungen der *parole* zuzurechnen sind.

Die Realisierungen der *langue* können also unterschiedlich ausfallen (im Rahmen der Wiedererkennbarkeit), ohne daß das System der *langue* angetastet wird. So könnten z. B. die Strecken in Abb. 6 etwas länger oder kürzer, ihr Abstand etwas weiter oder enger sein; dessenungeachtet würde man sie in Abb. 7 dem jewei-

[23] Welte (1974, Teilband I, S. 300).

[24] Conrad (1978, S. 150).

[25] Welte (1974, Teilband I, S. 300).

[26] Conrad (1978, S. 191).

ligen System richtig zuordnen. Entsprechend kann im Bereich des Lautlichen eine Lautkette wie z. B. [lant] mit oder ohne Schnupfen, mit oder ohne Heiserkeit, mit hoher oder mit tiefer Stimme, langsam oder schnell, lachend oder weinend, mit vollem oder mit leerem Mund usw. ausgesprochen werden. Durch eine genügend verfeinerte phonetische Transkription könnten wir verschiedene Realisierungen dieser Art auch schriftlich unmittelbar zum Ausdruck bringen. Dies alles ändert jedoch nichts daran, daß es sich immer um dasselbe deutsche Wort *Land* handelt, welches aus 4 Phonemen besteht und nach erfolgter phonologischer Analyse in phonologischer Transkription als /lant/ zu schreiben ist.

Der Unterschied zwischen *Phonetik* und *Phonologie* entspricht genau demjenigen zwischen *parole* und *langue*. Beide Disziplinen befassen sich mit der lautlichen Seite der menschlichen Sprache. Die Phonetik tut dies, indem sie die Laute in ihrer konkreten Realisierung artikulatorisch, akustisch oder auditiv beschreibt, wobei der Anzahl der möglichen Nuancierungen keine Grenzen gesetzt sind.[27] Die Phonologie hingegen tut dies, indem sie die konkreten Lautnuancen auf eine endliche Zahl abstrakter lautlicher Einheiten *(Phoneme) reduziert und* sie in einem *System anordnet*.

Der grundlegende methodologische Unterschied in den Verfahrensweisen zwischen Phonetik und Phonologie wurde auf andere Bereiche ausgedehnt. Von der Grundeinheit der Phonologie, dem *Phonem*, trennte man *-em* als Suffix ab und verwendete es zur Bildung von abstrakten systemhaften Einheiten anderer Beschreibungsebenen, z. B. *Morphem*, *Graphem*, *Lexem*. Pike (1967) ging noch einen Schritt weiter: Ausgehend von engl. *phonemic* (phono-

[27] Dennoch ist auch die Phonetik – wie schon festgestellt – keine naturwissenschaftliche, sondern eine sprachwissenschaftliche Disziplin. Auch die rein phonetische Untersuchung ist nur dann sinnvoll und überhaupt wissenschaftlich, wenn sie die Existenz der Sprache als eines Systems von linguistischen Größen, die der Verständigung dienen, voraussetzt. Vgl. Zwirner und Zwirner ([3]1982): „Eine eigene, auf eigenen Voraussetzungen ruhende wissenschaftliche Methode der Phonetik gibt es nicht" (S. 23 = 2. Aufl. S. 15) und: „denn nirgends soll Sprache oder sollen Sprachen unmittelbar gemessen werden. Es sollen vielmehr die Ergebnisse und Methoden der Sprachwissenschaft durch eben diese Messung und Berechnung ergänzt werden" (S. 22 = 2. Aufl. S. 14).

logisch) und *phonetic* (phonetisch) trennte er die Endungen *-emic* und *-etic* (dt. *-emisch* – *-etisch*) ab und verwendete sie als selbständige Einheiten für die Beschreibung des menschlichen Verhaltens als Ganzes, je nachdem ob dieses im Rahmen eines abstrakten Systems *(emic)* oder in seinen konkreten Realisierungen *(etic)* betrachtet wird. So kann man in bezug auf das gesamte menschliche Verhalten, wozu neben vielen anderen Bestandteilen auch die Verwendung von Sprache gehört, von einer emischen und einer etischen Betrachtungsweise sprechen. Entsprechend bildete Pike (1967: 120ff.) Begriffe wie *behavioreme* („a unit of behavior such as the church service or the football game", ibd. 121) und *uttereme* („a verbal behavioreme", ibd.). In jüngerer Zeit hat Oksaar (1988) den Begriff *Kulturem* geprägt. Diese Unterscheidung von emischer und etischer Betrachtungsweise in den verschiedensten Bereichen und auf den verschiedensten Ebenen hat sich als sehr fruchtbar erwiesen.

3.3 Wissenschaftsgeschichtliches

Die Phonologie ist – wie schon angedeutet – keineswegs eine Erfindung des 20. Jahrhunderts oder gar *einer* bestimmten Person. Trubetzkoy (1890–1938), der allgemein mit seinem Werk ›Grundzüge der Phonologie‹ (erstmals erschienen 1939 als Bd. 7 der ›Travaux du Cercle Linguistique de Prague‹)[28] als Begründer der Phonologie angesehen wird, hatte schon im 19. Jahrhundert Vorläufer, insbesondere den Polen Jan Baudouin de Courtenay (1845–1929) mit seiner Abhandlung ›Versuch einer Theorie phonetischer Alternationen‹ (Straßburg 1895), den Schweizer Dialektologen Jost Winteler (1846–1929) mit seinem berühmten Werk ›Die Kerenzer Mundart des Kantons Glarus in ihren Grundzügen dargestellt‹ (Leipzig und Heidelberg 1876)[29] u. a. Schon im 12. Jahrhundert finden sich phonologische Prinzipien in dem sog. ›Ersten grammatischen Traktat‹ eines anonymen isländischen Verfassers (entstanden auf Island um 1150, ed. Hau-

[28] Trubetzkoy (1989). Siehe auch Trubetzkoy (1958).

[29] Zu Baudouin: Mugdan (1984, 1984a); zu Winteler: Kohrt (1984).

gen ²1972). Letztlich setzt aber schon die Erfindung der Buchstabenschrift, welche als eine der bedeutendsten geistigen Leistungen der Menschheit überhaupt gelten muß, die Prinzipien phonologischen Denkens voraus. Die Entstehung der phönizischen Schrift ist um 1200 v. Chr. anzusetzen, die Entstehung der vervollkommneten, auf Konsonanten *und* Vokale ausgedehnten griechischen Alphabetschrift für das 9. Jahrhundert v. Chr. Entscheidend sind aber nicht diese Daten, sondern ist die Tatsache, daß *alle* Menschen, Schreibkundige und Analphabeten, zu allen Zeiten und in jeder Sprache phonologische Prinzipien anwenden mußten und immer noch müssen, um sich überhaupt sprachlich verständigen zu können. Indem der Sprecher seine Äußerungen gemäß dem Lautsystem seiner Sprache kodiert, richtet er automatisch seine Lautung nach phonologischen Prinzipien aus. Anderenfalls wäre seine Äußerung nicht verständlich. Auf der anderen Seite gilt das gleiche für den Hörer, der bei der Dekodierung ebenfalls nach phonologischen Prinzipien verfahren und die phonologisch distinktiven Einheiten aus der lautlichen Realisierung des Sprechers herauskristallisieren muß. Anderenfalls könnte er die Äußerung nicht verstehen.[30] Dies aber gilt, seit überhaupt eine voll entwickelte menschliche Sprache existiert, also seit mindestens 40000 Jahren (Existenz des *homo sapiens sapiens*). Wenn wir heute von Begründern der Phonologie, von diversen Vorläufern, der Erfindung der Schrift usw.

[30] Das phonologische Hören setzt die Kenntnis der verwendeten Sprache voraus (vgl. das zu Abb. 6 und 7 Gesagte). Das Hören einer gänzlich unbekannten Sprache dagegen kann nur phonetisch, nicht phonologisch sein, da wir (noch) nicht wissen, welchem Rahmen (d. h. Phonemsystem) die Lauteindrücke zuzuordnen sind. Wir können in einem solchen Fall *a priori* nicht entscheiden, ob z. B. eine eventuell hörbare starke Nasalität eine Eigenschaft der Sprache oder eine individuelle Besonderheit des Sprechers, den wir zufällig hören, darstellt. Auch im Falle einer bekannten Sprache ist ein rein phonetisches Hören möglich: Es ist z. B. denkbar, daß ein Arzt bei einem Sprecher seine ganze Aufmerksamkeit auf den Gesundheitszustand des Hals-Nasen-Mund-Bereichs und nicht auf den Inhalt des Gesagten richtet. Es ist auch denkbar, daß ein Phonetiker eine Rede beim Hören im Geiste phonetisch transkribiert und dabei den Inhalt der Rede völlig überhört.

sprechen, so handelt es sich lediglich um eine geschichtliche Einordnung verschiedener Stufen der *Bewußtwerdung* der jederzeit automatisch wirkenden phonologischen Prinzipien der Sprache.[31]

[31] Ein Vergleich aus dem Bereich des Optischen mag dies verdeutlichen. Die Menschen richteten sich sicher zu allen Zeiten nach der Erfahrung, daß ein Gegenstand (z. B. ein Baum) aus der Nähe betrachtet größer, aus der Entfernung betrachtet kleiner erscheint. Die wissenschaftliche Perspektive wurde jedoch erst im Zeitalter der Renaissance (15. Jahrhundert) in die Malerei eingeführt.

4. DIE PHONETISCHE AUSGANGSPOSITION

Die Vorgehensweise bei der *phonetischen* Beschreibung sprachlichen Materials ist im Prinzip immer die gleiche. Am Anfang steht die vorwissenschaftliche Phase der *Registrierung*. Diese kann u. U. einfach darin bestehen, daß das Ohr ein Stück gesprochener Sprache direkt wahrnimmt. Häufig wird man jedoch die gesprochene Sprache auf Tonträger (Tonband oder dgl.) aufnehmen, um das Material in unveränderter Form zu konservieren und es auf diese Weise mit der Möglichkeit beliebig häufiger Wiederholung jederzeit zur Verfügung zu haben. Auch die Sichtbarmachung von Schallstrukturen lautlicher Sprache mit Hilfe geeigneter Geräte, z. B. die Herstellung von Sonagrammen, Oszillogrammen und dgl., gehört noch in die vorwissenschaftliche Phase der Untersuchung. Die wissenschaftliche Arbeit beginnt also erst, *nachdem* ein Stück gesprochener Sprache durch Tonträger oder physikalische Geräte für eine weitere auditive oder optische Wahrnehmung gespeichert bzw. aufbereitet wurde (vgl. o. 18f.).

Die eigentliche wissenschaftliche Untersuchung des lautlichen Materials besteht aus drei Phasen: 1. *Segmentieren* (Zerlegen) des lautlichen Kontinuums, 2. *Beschreiben* der durch die Segmentierung erhaltenen lautlichen Einheiten, 3. *Klassifizieren* (Ordnen) dieser lautlichen Einheiten. Diese drei Phasen sind *mutatis mutandis* für alle drei Teilbereiche der Phonetik gleich. Entsprechend den drei Teilbereichen erfolgen Segmentierung, Beschreibung und Klassifizierung nach artikulatorischen, akustischen oder auditiven Gesichtspunkten. Die Anordnung lautlicher Einheiten nach artikulatorischen Gesichtspunkten (Artikulationsart, Artikulationsstelle usw.) führt zu einer Anordnung in der Art der Lauttabelle der *International Phonetic Association* (IPA).[32]

[32] Vgl. Principles (1949). Abgedruckt in verschiedenen Versionen in zahlreichen allgemein-sprachwissenschaftlichen und phonetischen Werken, s. Ternes (1983a, S. XVIIf.), neueste Fassung der Tabelle von 1996.

Wir wollen nun den Segmentierungsprozeß genauer betrachten. Wir gehen dabei von einem Stück gesprochener Sprache aus. Es ist jedoch keineswegs unmittelbar evident, daß sich die Sprache überhaupt in lautliche Segmente zerlegen läßt (außer denjenigen Abschnitten, die durch Gesprächspausen oder Sprecherwechsel entstehen). Wir müssen uns, um den eigentlichen Ausgangspunkt der Überlegungen einzunehmen, in den Zustand eines Analphabeten bzw. in die Zeit vor der Erfindung der Buchstabenschrift zurückversetzen, da ja – wie schon festgestellt – Erfindung und Anwendung der Schrift bereits phonologische Leistungen darstellen.

Wer des Lesens und Schreibens kundig ist, setzt das Gehörte in der Regel zu den Buchstaben, mit denen man das Gehörte schreiben würde, in Verbindung. Da Buchstaben diskrete Einheiten sind, wird der Betreffende auch die *lautliche* Segmentierung für selbstverständlich halten und sie mit derjenigen in Buchstaben identifizieren. Dies ist jedoch nicht der Ausgangspunkt, den wir einnehmen müssen. Außerdem ergibt sich durch die Identifizierung von Lauten mit Buchstaben in vielen Fällen ein falsches Bild. Zwar ist die Schrift eine phonologische Leistung, aber die heutigen Orthographien entsprechen meist nicht mehr der *ursprünglichen* phonologischen Leistung. Auch die ursprüngliche phonologische Leistung bei der Erfindung einer Schrift kann schon fehlerhaft oder defektiv gewesen sein.[33] Im Laufe der weiteren Entwicklung trat dann in vielen Sprachen eine zunehmende Auseinanderentwicklung der ursprünglichen phonologischen Leistung und der schriftlichen Wiedergabe ein. Dies war bedingt durch vielfältige Umstände. Schon bei der Übernahme einer Schrift für eine andere Sprache können sich zahlreiche Lücken und Inkonsequenzen ergeben. So haben die meisten europäischen Sprachgemeinschaften, soweit sie sich der Lateinschrift bedienen, letztere mehr schlecht als recht an ihre jeweilige Sprache angepaßt

[33] So hatten die semitischen Schriften, in deren Kreis die Buchstabenschrift 'erfunden' wurde, von Anfang an keine Buchstaben für die Schreibung von Vokalen. Die Griechen, welche die phönizische Schrift für ihre Sprache gänzlich neu gestalteten, schufen zwar Buchstaben für Vokale, verzichteten aber darauf, eine graphische Kennzeichnung der Länge bzw. Kürze der Vokale vorzunehmen, usw.

(vgl. Ternes 1979). Ein zweiter wichtiger Grund ist folgender: Die Schrift wurde der lautlichen Struktur einer Sprache zu einem bestimmten Zeitpunkt angepaßt, folgte dann aber den lautlichen Veränderungen dieser Sprache im Laufe der Jahrhunderte gar nicht oder nur teilweise (historische Orthographie). Besonders krasse Fälle dieser Art stellen die englische und französische Orthographie dar, die von der tatsächlichen Aussprache sehr weit entfernt sind. Das Deutsche nimmt in dieser Hinsicht eine mittlere Stellung ein. So ergibt sich durch die Identifizierung von Lauten mit Buchstaben nicht nur ein im gegenwärtigen Stadium unserer Diskussion methodisch unerwünschter, sondern ein in vielfacher Hinsicht geradezu falscher Eindruck.

Wir können dem gewünschten Ausgangspunkt am nächsten kommen, wenn wir einem lebhaften Gespräch in einer gänzlich unbekannten und nicht identifizierbaren Sprache zuhören. Wir stellen uns also vor, daß wir weder etwas vom Inhalt des Gesprochenen verstehen, noch wissen, um was für eine Sprache es sich überhaupt handelt. In einem solchen Fall werden wir kaum in der Lage sein, irgendwelche abgrenzbaren Einheiten herauszuhören. Selbst Satzgrenzen werden kaum feststellbar sein, um so weniger Wortgrenzen oder gar Lautgrenzen.

Eine Äußerung in einer gänzlich unbekannten Sprache erscheint dem Hörer wie eine kontinuierliche Aufeinanderfolge undifferenzierbarer Geräusche. Der auditive Eindruck ist also der eines *lautlichen Kontinuums*. Wir werden bald sehen (vgl. u. 36ff.), daß diesem auditiven Eindruck durchaus eine artikulatorische Wirklichkeit entspricht. Die Aufgabe besteht darin, das lautliche Kontinuum zu segmentieren, d. h. einzelne lautliche Einheiten herauszulösen und zu isolieren. Dies kann – wie schon gesagt – auf artikulatorischer, akustischer oder auditiver Grundlage geschehen. Wir legen hier die artikulatorischen Gegebenheiten zugrunde, da sowohl phonetische Transkriptionssysteme (einschließlich des hier verwendeten IPA-Systems) als auch Beschreibungen von Phonemsystemen in der Regel auf artikulatorischen Parametern beruhen.[34]

[34] Die einzige Ausnahme im Bereich der Phonologie sind die distinktiven Merkmale nach Jakobson/Fant/Halle (1952), vgl. Kap. 13.2.

Eine weitere Forderung besteht darin, daß die zu isolierenden Elemente *möglichst klein* sein sollen. Wir wollen gewissermaßen die Grundbausteine der lautlichen Substanz der Sprache herauslösen. Wir hatten schon festgestellt, daß die Sprache aus Elementen verschiedener Größe besteht (vgl. o. 9). Die kleinsten Elemente der Sprache sind eben die Einzellaute, die zu isolieren im Augenblick unsere Aufgabe ist.[35]

Die kleinsten Segmente, die man aufgrund artikulatorischer Untersuchungen aus dem lautlichen Kontinuum herauslösen kann, sind folgende:

1. Solche Laute, die einer festen Stellung der Artikulationsorgane entsprechen. Die Artikulationsorgane nehmen eine bestimmte Stellung ein und bewegen sich im Verlauf der Artikulation nicht. Das Ergebnis ist ein gleichbleibender Laut, den man beliebig lange (d. h. solange die Luft ausreicht) unverändert anhalten kann *(Dauerlaute)*. Auf diese Weise erhält man die weitaus meisten Laute. Sie lassen sich zu folgenden Lautklassen ordnen[36]:
   a) Monophthonge, z. B. [i, a, u, õ]
   b) Frikative, z. B. [f, v, s, z, ʃ, ʒ, x]
   c) Laterale, z. B. [l, ʎ]
   d) Nasalkonsonanten, z. B. [m, n, ŋ]
   e) Vibranten, z. B. [r][37].

[35] Daraus folgt nicht, daß lautliche Einheiten notwendigerweise klein sind. *Eine* Intonationskontur kann der Länge eines Satzes entsprechen, *ein* dynamischer Spannungsbogen sogar der Länge einer ganzen Rede.

[36] Die Prinzipien, nach denen diese Einteilung erfolgt, sind hier nicht Gegenstand der Betrachtung. Sie wären im Rahmen einer Einführung in die *Phonetik* zu beschreiben.

[37] Vibranten sind nur scheinbar Bewegungslaute. In Wirklichkeit entsprechen sie einer bestimmten Stellung der Artikulationsorgane, die so beschaffen sein muß, daß sie den sog. Bernoulli-Effekt ermöglicht. Die Bewegungen (z. B. der Zungenspitze) bei Vibranten erfolgen nicht aufgrund einer Tätigkeit der Muskeln, sondern durch die besonderen Strömungseigenschaften der Luft (Aerodynamik) und die Elastizität der entsprechenden Artikulationsorgane. Vibranten können beliebig lange angehalten werden. Nach dem Merkmalsystem von Chomsky/Halle (1968: 318) erhält [r] mit eben dieser Begründung die Spezifizierung [+contin-

2. Solche Laute, die einer einheitlichen Artikulationsbewegung entsprechen *(Bewegungslaute)*. Die Artikulationsorgane vollführen einen in sich geschlossenen Bewegungszyklus, z. B. Schließen–Halten–Öffnen des Verschlusses (Okklusive) oder Schließen–Halten–verzögerte Öffnung des Verschlusses (Affrikaten). Laute, die auf solche Weise entstehen, können nicht beliebig lange angehalten, sondern nur wiederholt werden. Sie dauern nur so lange wie die Ausführung eines Bewegungszyklus. Zur Wiederholung setzt der Bewegungszyklus von neuem ein und läuft wieder auf die gleiche Weise ab. Auf diese Weise erhält man Laute, die zu folgenden Lautklassen gehören[38]:
   a) Okklusive, z. B. [p, b, t, d, k, g]
   b) Affrikaten, z. B. [t͜s, t͜ʃ, d͜ʒ]
   c) Diphthonge, z. B. [ai̯, au̯, ɛ̯ɔ].

Wenn also (1) die Artikulationsorgane eine andere Stellung einnehmen oder (2) eine neue Bewegungseinheit beginnt, ziehen wir eine Grenze, die zwei artikulatorische Einheiten voneinander trennt. Auf diese Weise zerlegen wir das lautliche Kontinuum in kleinste lautliche Segmente. Im Hinblick auf die phonologische Analyse, der sie unterworfen werden sollen, nennen wir solche Segmente *Phone*. Ein *Phon* wird folgendermaßen definiert: *ein minimales Segment des lautlichen Kontinuums, das noch nicht in bezug auf seine Funktion im Sprachsystem klassifiziert ist.* Das Phon ist also eine rein materielle Einheit, deren materielle Beschreibung der Phonetik (im engeren Sinne) obliegt. Die Notation von Phonen erfolgt in den bekannten eckigen Klammern ('phonetische' Klammern): [...].

Diese Segmentierung wurde nach rein phonetischen Gesichtspunkten vorgenommen. Auch die genaue Beschreibung der erhaltenen Segmente und ihre Anordnung in einem bestimmten Darstellungsschema (z. B. in der IPA-Tabelle) ist Aufgabe der Phonetik. Die *Phonetik* (im engeren Sinne) wird folgendermaßen definiert (alle drei Teilbereiche der Phonetik umfassend): *die*

uant] (vgl. Kap. 13.2). Auf die gleiche Weise kommen die Schwingungen der Stimmlippen zustande. Daher können Dauerlaute stimmlose *und* stimmhafte Laute umfassen.

[38] Vgl. Anm. 36.

Lehre von den physiologischen Bedingungen der Lautbildung und Lautwahrnehmung und von den akustischen Eigenschaften der Laute, unabhängig von ihrem Systemcharakter.

Demgegenüber nimmt im nächsten Schritt die *Phonologie* die früher schon angedeutete Abstraktion vor. Dabei geht sie von dem in phonetischer Transkription vorliegenden Material aus, also von Ketten von Phonen. Die Phone sollten in möglichst *enger* phonetischer Transkription vorliegen, d. h., es sollten möglichst viele und möglichst feine Lautnuancen gekennzeichnet sein. Bei dem Abstraktionsprozeß darf man grundsätzlich keine Lautnuance unterschlagen oder übergehen. Es ist grundsätzlich nicht vorhersehbar, welche spezielle Lautnuance in dem System einer bestimmten Sprache eine besondere Rolle spielt. Daher müssen alle Nuancen berücksichtigt werden. Man darf z. B. nicht argumentieren, eine bestimmte Lautnuance sei so geringfügig, daß sie keine besondere Rolle in der betreffenden Sprache spielen könne. Ein solcher Eindruck ist relativ, da die artikulatorischen und auditiven Gewohnheiten jedes Menschen sehr stark durch seine Muttersprache beeinflußt sind. Der phonetisch unreflektiert vorgehende Mensch ist daher in seiner Unterscheidungs- und Interpretationsfähigkeit voreingenommen. Es kommt immer wieder vor, daß man fundamentale lautliche Gegensätze in einer unbekannten Sprache einfach überhört, da man auf diese Unterschiede von der Muttersprache her nicht vorbereitet ist. Daher kann man bei der phonetischen Notierung im Prinzip gar nicht genau genug sein.

Natürlich ist eine phonetische Transkription, die alle möglichen lautlichen Details angibt, so überfrachtet, daß sie kaum noch lesbar, ja letztlich technisch gar nicht realisierbar ist. Daher geht man in der Praxis meist von einer *gemäßigt engen* Transkription aus. Gewisse Details werden nicht vermerkt. Dies bedeutet aber nichts anderes, als daß bereits ein Teil des Abstraktionsprozesses vorgenommen wurde (vorausgesetzt, es wurden tatsächlich nur weniger wichtige Details weggelassen). Man würde beispielsweise bei der Beschreibung einer beliebigen europäischen Sprache i. allg. nicht bei allen Konsonanten genau die Stellung der Lippen (gerundet – ungerundet) vermerken, da hinreichend bekannt ist, daß in keiner europäischen Sprache eine Labialisierungskorrelation der Konsonanten existiert.[39] Wenn man es dagegen z. B. mit einer kaukasischen Sprache, wo die Labialisierungskorrelation sehr wichtig sein kann, zu tun hat, wird man die Lippenstellung für jeden Konsonanten genau angeben müssen. Wenn man über diese spezielle Eigenschaft kaukasischer Sprachen nicht informiert ist, wird man solche phonetischen Einzelheiten möglicherweise zunächst überhören bzw. – falls man sie doch bemerkt – eventuell für nicht notierenswert halten. Das gleiche gilt für jede beliebige phonetische Einzelheit bei einer gänzlich unbekannten Sprache. Auch bei bekannteren Sprachen – besonders bei Dialekten – ist man gegen Überraschungen nie ganz gefeit. Deshalb sollte man sehr vorsichtig sein, bevor man eine phonetische Einzelheit gänzlich von der weiteren Betrachtung ausnimmt. Man sollte auch immer mit der Möglichkeit rechnen, gewisse Einzelheiten überhört zu haben.

Andererseits ist es wichtig, sich darüber im klaren zu sein, daß im Grunde *jede* phonetische Transkription – auch eine sehr enge – schon immer ein gut Teil phonologischer Abstraktion enthält, da – wie gesagt – eine phonetische Transkription, die *alle* objektiv vorhandenen phonetischen Einzelheiten angibt, nicht realisierbar ist. Von einer *phonologischen* Transkription sprechen wir allerdings erst dann, wenn die phonologische Analyse *abgeschlossen* ist, d. h., wenn der Abstraktionsprozeß nicht mehr weitergetrieben werden kann. Solange dieses Stadium nicht vollständig erreicht ist, sprechen wir immer noch von *phonetischer* Transkription. Wenn letztere dem phonologischen Endstadium nahe ist, sprechen wir von einer *weiten* Transkription; wenn sie noch ziemlich weit davon entfernt ist, von einer *engen* phonetischen Transkription. Eine scharfe Grenze zwischen 'eng' und 'weit' gibt es nicht (vgl. Ternes 1983a: VIII).

Eine phonetische Transkription, die alle lautlichen Einzelheiten wiedergibt, ist deshalb nicht realisierbar, weil die Zahl der möglichen *Phone* unendlich groß ist. Dies ist vielleicht zunächst nicht so überraschend, wenn man bedenkt, daß es auf der Welt mehrere tausend Sprachen und noch mehr Dialekte gibt. Aber selbst innerhalb ein und derselben Sprache ist die Zahl der möglichen Phone

[39] Über *Korrelationen* vgl. u. 161.

unendlich groß. Auch dies leuchtet ein, wenn man sich vor Augen hält, daß jeder Mensch eine etwas andere Aussprache hat. Daher erkennt man Individuen an ihrer Stimme. Sodann gibt es eine ganze Skala von Ausspracheunterschieden, die sich unter dem Begriff *Paraverbales* zusammenfassen lassen. Dazu gehören emotional beeinflußte Sprechweisen. Erscheinungen wie Freude, Zorn, Trauer, Lächeln, Weinen, Erregung, Müdigkeit, Phlegma, Nervosität, Furcht, Herablassung, Ironie, Unterwürfigkeit, Feierlichkeit, Schmeichelei u.v.a. haben einen lautlichen Einfluß auf das gesprochene Wort und lassen sich phonetisch beschreiben. Zu diesem Bereich gehören auch situationsbedingte Unterschiede wie lautes oder leises Sprechen, Flüstern, langsames oder schnelles Sprechen, Skandieren u.v.a. Schließlich wirken sich vorübergehende oder andauernde körperliche und gesundheitliche Umstände aus, z.B. Schnupfen, Husten, Heiserkeit, Zahnlücken, geschwollene Backe, Verletzungen im Bereich von Mund–Hals–Nase, Speisen im Mund, Kauen, Zigarette zwischen den Lippen u.v.a. Alle diese Dinge hindern nicht am Sprechen, wirken sich aber lautlich auf das gesprochene Wort aus. Wir haben schon oben (19, 25) festgestellt, daß alle diese äußeren Umstände (individuelle Unterschiede, emotional oder situativ bedingte Unterschiede) in dem erwähnten Abstraktionsprozeß ausgeschieden werden. Wir brauchen sie also für die phonologische Untersuchung nicht weiter zu berücksichtigen.[40]

Aber auch nachdem wir diesen ganzen Bereich ausgeschieden und wir es nur noch mit dem rein *Verbalen* zu tun haben, bleibt die Tatsache bestehen, daß die Zahl der Phone unendlich groß ist. Wieso ist dies der Fall? An dieser Stelle beginnt die eigentliche phonologische Bewußtwerdung in dem angestrebten Abstraktionsprozeß.

Die Ursache für die unendlich große lautliche Variation – auch nach Ausschaltung aller externen Faktoren – liegt in dem erwähnten lautlichen Kontinuum[41] begründet. Die Kontinuität des Gesprochenen, ohne erkennbare Einzelsegmente, ist nicht nur ein

[40] Jede dieser Erscheinungen kann aber für sich eine interessante wissenschaftliche Fragestellung abgeben.

[41] Kontinuum = 'lückenlos Zusammenhängendes' (Duden, Bd. 1).

auditiver Eindruck (vgl. o. 31), sondern beruht auf den artikulatorischen Gegebenheiten. Die Artikulation durch die Sprechwerkzeuge erfolgt nicht, indem diese eine exakt definierbare Position für einen Laut einnehmen, um dann ruckartig und übergangslos die Position für den folgenden Laut einzunehmen. Vielmehr ist der Artikulationsvorgang ein kontinuierlicher Prozeß. Die Sprechwerkzeuge vollführen gleitende, fließende, ineinander übergehende Bewegungen, bei denen die Position für bestimmte Laute nicht in einer absolut feststehenden Art und Weise realisiert, sondern eher in relativer Weise *anvisiert* werden. Dies ergibt sich zwangsläufig aus der Trägheit der Masse der einzelnen Artikulationsorgane und der daraus folgenden Ökonomie der Bewegungen. In diesem Bewegungsablauf sind in der Tat keinerlei Abgrenzungen, die einzelne Laute signalisieren könnten, festzustellen.[42] Der Begriff 'Redefluß' beschreibt dies recht schön auf bildliche Weise. Die Tatsache, daß es überhaupt möglich ist, diesen kontinuierlichen Redefluß in einzelne minimale Segmente zu zerlegen, ist das eigentlich Bemerkenswerte.

Das Ineinandergleiten der Artikulationsbewegungen hat zur Folge, daß die Laute sich gegenseitig beeinflussen. Dies soll an einigen Beispielen gezeigt werden.[43] Wenn wir drei deutsche Wörter wie *Kiefer*, *Küfer*, *Kufe* aussprechen, haben wir zunächst den Eindruck, jedesmal denselben Laut [k] zu sprechen. Bei genauerer Untersuchung stellt sich jedoch heraus, daß das [k] jedesmal ein wenig anders artikuliert wird.

Im Fall von *Kiefer* wird das [k] etwas weiter vorn im Mund artikuliert (prävelar) als das, was man als Durchschnittswert für [k] ansehen könnte (velar). Dies geschieht, weil sich das [k] im Wort *Kiefer* bereits auf die Position des unmittelbar folgenden *vorderen* Vokals [i:] einstellt und diese teilweise vorwegnimmt. Demgegenüber wird das [k] in *Kufe* etwas weiter hinten im

[42] Dies gilt für den Bewegungsablauf selbst ebenso wie für die sichtbar gemachten Schallstrukturen, die den Bewegungsabläufen entsprechen, z. B. in Form eines Sonagramms. Auch das Sonagramm zeigt fließend ineinander übergehende Schallstrukturen, keine diskreten Einheiten.

[43] Die folgende Darstellung ist teilweise durch Mangold (o. J., S. 94 f.) angeregt.

Mund (postvelar) als der Durchschnittswert artikuliert, weil sich in diesem Fall das [k] bereits auf die Position des unmittelbar folgenden *hinteren* Vokals [u:] einstellt. Wir machen dies deutlich, indem wir das [k] in *Kiefer* mit einem Pluszeichen (für weiter vorn) und dasjenige in *Kufe* mit einem Minuszeichen (für weiter hinten) versehen: ['k̟i:fɐ] – ['k̠u:fə].

Vergleichen wir nun das [k] in *Kiefer* mit demjenigen in *Küfer*, dann stellen wir fest, daß diese beiden [k]-Laute in bezug auf die Artikulationsstelle etwa die gleiche Position einnehmen, da [y:] ebenso ein vorderer Vokal ist wie [i:]. Wir versehen also das [k] in beiden Wörtern mit dem Pluszeichen für eine etwas nach vorn verlagerte Artikulation. Es besteht jedoch ein anderer Unterschied zwischen den [k]-Lauten in diesen beiden Wörtern. Das [k] in *Kiefer* wird mit gespreizten (ungerundeten) Lippen gesprochen, da das folgende [i:] ein gespreizter Vokal ist. Dies ist der Normalfall und braucht nicht besonders gekennzeichnet zu werden. Es bleibt also bei der genauen Transkription ['k̟i:fɐ]. Im Wort *Küfer* hingegen wird das [k] mit gerundeten Lippen gesprochen, da es die Lippenrundung des unmittelbar folgenden gerundeten Vokals [y:] vorwegnimmt. Wir kombinieren das Zeichen für 'weiter vorn' mit einem diakritischen Zeichen für Lippenrundung und erhalten auf diese Weise ['k̟ʷy:fɐ]. Wir haben durch genaue Beobachung drei verschiedene [k]-Varianten festgestellt, in Abhängigkeit von der Qualität des folgenden Vokals: [k̟], [k̠], [k̟ʷ].[44]

Zur Verdeutlichung haben wir drei extreme Vokalwerte herangezogen. Für die anderen Vokalqualitäten ergeben sich vielfältige Abstufungen. Im Wort *Kehle* mit dem Vokal [e:] tritt ein [k] auf, das ebenfalls gegenüber dem Mittelwert nach vorne verlagert ist, aber nicht ganz so weit wie in *Kiefer*. Im Wort *Käfer* mit dem Volkal [ɛ:] erhalten wir ein [k], das etwas weniger weit nach vorn verlagert ist als in *Kehle*, aber immer noch vor dem Mittelwert liegt. Das Wort *Kohle* mit dem Vokal [o:] enthält ein [k], das ge-

[44] Mit einem geschulten Gehör kann man diese Unterschiede auch *hören*. Ein artikulatorisch geübter Phonetiker kann diese [k]-Varianten *isoliert* vorsprechen, so daß sie auch für weniger Geschulte hörbar werden.

genüber dem Mittelwert deutlich nach hinten verlagert ist, aber nicht ganz so weit wie in *Kufe*. Die Lippenrundung ist bei dem [k] von *Kohle* ebenfalls vorhanden, aber gleichfalls etwas abgeschwächt gegenüber derjenigen in *Kufe*. Im Wort *Koffer* mit dem Vokal [ɔ] haben wir ein [k], das seinerseits etwas weniger weit nach hinten verlagert ist als in *Kohle*, aber doch hinter dem Mittelwert liegt. Die Lippenrundung ist vorhanden, aber wiederum etwas schwächer als in *Kohle*. Im Wort *kahl* mit dem Vokal [a:] können wir ein [k] beobachten, das ungefähr dem Mittelwert entspricht: Es ist weder nach vorn noch nach hinten verschoben, hält sich also etwa in der Mitte der beschriebenen Variationsbreite bezüglich der Artikulationsstelle. Es gibt also genaugenommen ebenso viele [k]-Varianten, wie es verschiedene Vokalqualitäten gibt, die auf [k] folgen können. Dies sind im Deutschen mindestens folgende: [i, ɪ, y, ʏ, e, ɛ, ø, œ, a, u, ʊ, o, ɔ], also 13 verschiedene Vokalqualitäten, denen 13 verschiedene [k]-Varianten entsprechen.

Bei den Wörtern *Kiefer*, *Küfer*, *Kufe* haben wir noch versucht, die einzelnen [k]-Varianten durch diakritische Zeichen zu markieren und so graphisch zu unterscheiden. In den folgenden Beispielen haben wir darauf verzichtet. Es ist leicht einzusehen, daß eine konsequente Kennzeichnung von 13 [k]-Varianten kaum noch praktikabel ist. Aber nicht nur folgende Vokale spielen eine Rolle, auch folgende Konsonanten wirken ihrerseits auf den vorausgehenden Konsonanten ein. In den Wörtern *klug*, *Krug*, *Knute* wird das [k] durch die artikulatorischen Eigenschaften der jeweils folgenden Konsonanten (dentaler Lateral, uvularer Vibrant, dentaler Nasalkonsonant) beeinflußt, und zwar durch die Artikulationsstelle des folgenden Konsonanten ebenso wie durch die Artikulationsart. Der zweite Konsonant wird natürlich seinerseits von dem ihm folgenden Vokal beeinflußt, so daß z.B. in *Krieg* ein weiter vorn artikuliertes [ʀ] erscheint als in *Krug*. Diese Varianten des zweiten Konsonanten färben ihrerseits auch auf den ersten Konsonanten ab, so daß wir in *Krieg* nicht ganz dasselbe [k] haben wie in *Krug*. Auf diese Weise vervielfältigt sich die Zahl der Varianten erneut.

Es ist keineswegs so, daß nur folgende Laute einen Einfluß auf vorausgehende Laute haben. Die Beeinflussung wirkt auch in der umgekehrten Richtung, d. h., vorausgehende Laute wirken auf folgende Laute ein. Auch wenn das [k] in *Kiefer* durch das folgende [i:] nach vorn verlagert wird, so ist es immer noch deutlich weiter hinten als das [t] in *Tiefe*. Daher unterscheiden sich die beiden [i:]-Laute in *Kiefer* und *Tiefe* voneinander, indem das [i:] in *Kiefer* etwas weiter hinten artikuliert wird als in *Tiefe*. Im Wort *Niete* ist das [i:] leicht nasaliert, da es unmittelbar auf einen Nasalkonsonanten folgt. Auch die [i:]-Laute in *Hieb*, *rieb*, *Sieb* sind alle etwas unterschiedlich, in Abhängigkeit von den artikulatorischen Eigenschaften (Artikulationsart und Artikulationsstelle) der vorangehenden Konsonanten. Die Stimmbeteiligung spielt ebenfalls eine Rolle: Das [i:] in *Tier* wird durch das vorangehende stimmlose, stark aspirierte [t^h] anders beeinflußt als das [i:] nach dem stimmhaften, unaspirierten [d] in *dir*.

Das Prinzip ist auf diese Weise deutlich geworden. Alle Laute, die im lautlichen Kontinuum aufeinanderfolgen, beeinflussen sich gegenseitig in bezug auf ihre artikulatorische Hervorbringung. Dies geschieht in beiden Richtungen: Folgende Laute beeinflussen vorausgehende Laute; es findet eine (teilweise) Vorwegnahme lautlicher Eigenschaften statt. *Gleichzeitig* beeinflussen vorausgehende Laute die folgenden Laute; dabei findet eine (teilweise) Beibehaltung lautlicher Eigenschaften statt. Die Beeinflussung erfolgt nicht notwendigerweise nur bei unmittelbar benachbarten Lauten, sondern auch über mehrere Laute hinweg. Die gegenseitigen Beeinflussungen kommen in Abb. 8 schematisch zum Ausdruck. Dabei ist es nicht möglich, mehr als nur einen Teil dieser Beziehungen graphisch anzudeuten.

Krug [k r u: k]

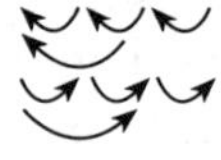

Abb. 8: Gegenseitige Beeinflussung von Lauten.

Was dem 'naiven'[45] Hörer als ein und derselbe Laut erscheint, entspricht in Wirklichkeit einer Unzahl von verschiedenen Lautvarianten. So existieren allein Hunderte von verschiedenen [k]-Va-

[45] NB: 'naiv' heißt hier soviel wie 'unbewußt phonologisierend'.

rianten. Das gleiche gilt für alle anderen Laute. Wenn man alle lautlichen Varianten einer Sprache in allen möglichen Verbindungen miteinander kombiniert, kommt man auf eine Zahl, die in die Hunderttausende geht. Eine solche Zahl ist unüberschaubar groß.[46] Es leuchtet daher ein, daß es nicht möglich ist, alle diese Lautnuancen mit Hilfe phonetischer Transkriptionszeichen einzeln wiederzugeben. Aus diesem Grund haben wir, nachdem wir die ersten drei [k]-Varianten detailliert gekennzeichnet hatten, im weiteren darauf verzichtet.

Für diese physiologisch bedingte gegenseitige Beeinflussung aufeinanderfolgender Laute haben Menzerath und de Lacerda (1933) den Begriff *Koartikulation* geprägt. Diese damals revolutionäre Entdeckung erwies sich als eine der wichtigsten Erkenntnisse für alle Bereiche der Phonetik. Mittelbar ist sie auch für die Phonologie von Bedeutung, da sie uns deutlich macht, wovon wir bei der phonologischen Analyse methodisch auszugehen haben und worin der Unterschied zwischen phonetischer und phonologischer Betrachtungsweise besteht.

Pike (1982: 24f.) beschreibt die gegenseitige Beeinflussung von Lauten unter der Überschrift "The Merging of Sounds in Sequence" und bringt dabei einen treffenden Vergleich zwischen lautlicher und graphischer Ausdrucksform: Gesprochene Sprache gleicht einer ausgeschriebenen Handschrift, bei der die einzelnen Buchstaben viele Varianten aufweisen und nur schwer von vorausgehenden und folgenden Buchstaben abzugrenzen sind. Demgegenüber gleicht das Ergebnis der phonologischen Analyse den Buchstaben im Druck, welche klar voneinander abgegrenzt sind, immer die gleiche Form haben und (innerhalb eines Alphabets) von begrenzter Zahl sind.

Wir wissen bereits, daß wir bei der phonologischen Untersuchung von individuellen, situativen, emotionalen u. ä. Faktoren, die einen lautlichen Einfluß haben können, absehen müssen. Wir schalten bei dem Abstraktionsprozeß, dem wir das Sprachmaterial unterwerfen, nunmehr auch die durch die Koartikulation beding-

[46] Diese artikulatorisch bedingte Variation ist direkt auf den akustischen Manifestationsbereich übertragbar und auch instrumentell nachweisbar.

ten lautlichen Varianten aus. Es ergibt sich ganz automatisch und ist physiologisch unvermeidlich, daß ein [k] vor einem vorderen Vokal weiter vorn artikuliert wird als vor einem hinteren Vokal, daß ein Vokal vor oder nach einem Nasalkonsonanten leicht nasaliert wird usw. usf. Wir brauchen auf diese Selbstverständlichkeiten im weiteren nicht mehr einzugehen und die entsprechenden lautlichen Variationen in der Transkription daher auch nicht mehr zu berücksichtigen.

5. PHONOLOGISCHE VERFAHRENSWEISEN

Die phonologische Behandlung lautlichen Materials stellt einen Abstraktionsprozeß dar, bei dem die unendliche Vielfalt der lautlichen Variationen auf eine endliche Zahl abstrakter lautlicher Einheiten reduziert wird.[47] Dieser Abstraktionsprozeß geschieht unter Berücksichtigung der *Funktion* der Laute im Rahmen des *Systems* der jeweiligen Sprache.

Wir definieren daher *Phonologie* als *die Lehre von der Funktion der Sprachlaute im Sprachsystem*. Etwas salopper könnte man Phonologie auch einfach als 'funktionale Phonetik' oder 'abstrakte Phonetik' bezeichnen. Da Phonetik und Phonologie jedoch, vom gleichen Material ausgehend, prinzipiell verschiedene methodische Verfahrensweisen anwenden, ist es günstiger, zwei verschiedene Begriffe zu verwenden. In dem gemeinsamen Bestandteil *Phon-* kommt deutlich genug zum Ausdruck, daß beide Disziplinen *lautliches* Material als Untersuchungsgegenstand verwenden.

Die abstrakten lautlichen Einheiten als Ergebnis des Abstraktionsprozesses heißen *Phoneme* (Sg. das *Phonem*). Ihre Anzahl ist in jeder Sprache begrenzt. Ein Phonem ist eine abstrakte lautliche Einheit, kein konkreter Laut. Man kann ein Phonem als solches nicht unmittelbar aussprechen. Was man jeweils ausspricht, ist nur *eine* konkrete *phonetische Realisierung* (von unendlich vielen möglichen) eines Phonems. Das Phonem ist eine abstrakte Lautvorstellung, ein idealisierter Laut. Zur Unterscheidung von der

[47] Es wäre daher logischer, von phonologischer *Synthese* statt von phonologischer *Analyse* zu sprechen, da die Aufgabe ja darin besteht, unendlich viele Einheiten auf eine endliche Zahl von abstrakten Einheiten zu reduzieren. In jeder einzelnen abstrakten Einheit sind unendlich viele Varianten eingeschlossen. Leider ist der Begriff 'phonologische Synthese' nicht gebräuchlich. Wir werden daher – dem üblichen Sprachgebrauch folgend – weiterhin von 'Analyse' sprechen.

phonetischen Transkription, welche in eckigen Klammern [...] erfolgt, wurde für die phonologische Beschreibung eine andere Notationskonvention geschaffen, nämlich Schrägstriche /.../.[48] Auf diese Weise ist immer deutlich, ob sich eine Notation auf die konkrete Realisierung oder auf die phonologische Abstraktion bezieht:

[k] = (konkretes) Phon *k*[49]
/k/ = (abstraktes) Phonem *k*

Mit der Ermittlung der Phoneme ist der Phonologisierungsprozeß noch nicht abgeschlossen. Die Phoneme einer Sprache werden nicht einfach in beliebiger Reihenfolge aufgezählt. Es genügt auch nicht, eine lineare (eindimensionale) Reihenfolge festzulegen, wie z. B. die Reihenfolge des Alphabets. Vielmehr werden die Phoneme zu einem im Prinzip n-dimensionalen *Phonemsystem* angeordnet. In der Praxis wird diese Mehrdimensionalität auf zwei oder drei Dimensionen reduziert, wobei auch die Dreidimensionalität in der Regel auf zwei Dimensionen projiziert wird.

[48] Zur Vermeidung gelegentlich auftretender Mißverständnisse betonen wir, daß es sich tatsächlich um Schrägstriche, nicht um senkrechte Striche handelt. In der *generativen Phonologie*, die wir hier nicht behandeln, wurden gelegentlich senkrechte Striche verwendet (z. B. | k |), um die sog. zugrundeliegenden Phoneme des generativen Beschreibungsmodells von den Phonemen des strukturalistischen Beschreibungsmodells, dem wir hier folgen, zu unterscheiden. Diese unterschiedlichen Klammerkonventionen sind allerdings nicht immer beachtet worden. Daher werden auch in der generativen Phonologie häufig Schrägstriche verwendet, umgekehrt jedoch niemals senkrechte Striche in der strukturalistischen Phonologie.

[49] Eine phonetische Transkription kann *eng* oder *weit* sein. Zwischen beiden Möglichkeiten besteht keine scharfe Grenze. Eine enge Transkription ist phonetisch genauer, d. h., sie gibt möglichst viele feine Lautschattierungen wieder. Die weite Transkription ist phonetisch weniger genau. Sie gibt nur gröbere lautliche Unterschiede wieder, d. h., der Abstraktionsprozeß ist gegenüber einer engen Transkription schon weiter durchgeführt, aber noch nicht zum Abschluß gebracht. In bezug auf dasselbe Phon ist [k̟] also 'enger' als [k]. Eine weite phonetische Transkription kann *per definitionem* nicht weiter sein als eine phonologische Transkription derselben Sprachform (siehe Ternes 1983a: VIII), vgl. o. 34f.

Wir betonen noch einmal, daß die Phonologisierung nicht primär eine Tätigkeit für Linguisten ist, sondern von jedem Sprecher und von jedem Hörer jederzeit automatisch vollzogen wird (vgl. o. 27f.). Ohne Phonologisierung wäre Sprache etwas Chaotisches, eine Verständigung wäre unmöglich.

5.1 Funktionale Phonologie

Man kann zwei Varianten der strukturalistischen Phonologie unterscheiden, die Phonologie im Rahmen des europäischen Strukturalismus und diejenige im Rahmen des amerikanischen Strukturalismus. Die europäische Variante geht unmittelbar auf Fürst N.S. Trubetzkoy und die Prager Schule zurück und wird daher auch als Phonologie der Prager Schule bezeichnet. Die amerikanische Variante geht mittelbar ebenfalls auf Trubetzkoy zurück, wurde aber stark von Leonard Bloomfield und anderen Vertretern des amerikanischen Strukturalismus geprägt. Die beiden Schulen unterscheiden sich nicht prinzipiell, sondern nur in einigen Verfahrensweisen bei der phonologischen Analyse und in einigen Begriffen, die sie dabei als zentral herausstellen. Die Ergebnisse je einer nach den Verfahrensweisen beider Richtungen vorgenommenen phonologischen Analyse desselben Materials wären praktisch identisch. Auch die zentralen phonologischen Einheiten (Phonem, Allophon usw.) sind im wesentlichen deckungsgleich. Nur die Definition dieser Begriffe erfolgt bei jeder Schule gewissermaßen aus einem anderen Blickwinkel heraus. Es geht im folgenden nicht um die puristische Anwendung eines 'reinen' europäischen Strukturalismus Prager Schule, sondern lediglich um eine überwiegend an dessen Verfahrensweisen *orientierte* Darstellung.

Die Prager Schule betont die Vorstellung von der *Funktion* sprachlicher Einheiten. Sprachlaute haben eine Funktion innerhalb des Sprachsystems. Ihre Funktion besteht darin, *Wörter verschiedener Bedeutung voneinander zu unterscheiden*. Sprachlaute, die dies tun, werden als *Phoneme* bezeichnet. Lautliche Unterschiede, die nicht dazu dienen, Wörter zu unterscheiden, haben also keine sprachliche *Funktion* und sind daher im Rahmen der Phonologie weniger wichtig.

Bei dem sprachlichen Material, das zur phonologischen Untersuchung ansteht, ist die Segmentierung in *Phone* bereits geleistet. Diese Segmentierung ist kein phonologischer Prozeß, sondern ein phonetischer. Die Phone liegen in phonetisch transkribierter Form vor, und zwar in möglichst enger Transkription. Wir wissen schon, daß wir von individuellen, emotionalen, situativen u. ä. Einflüssen von vornherein absehen können. Wir wissen auch, daß wir die Auswirkungen der Koartikulation nicht mehr zu beachten brauchen, da sie sich aus der Anatomie der Sprechwerkzeuge und der Physiologie der Bewegungsabläufe automatisch ergeben. Dabei ist allerdings eine gewisse Vorsicht geboten. Wir dürfen nur solche lautlichen Erscheinungen als koartikulationsbedingt von vornherein ausscheiden, welche tatsächlich *zwangsläufig* aus den genannten Ursachen entstehen und daher unvermeidbar sind. Wir dürfen nicht sogleich jegliche Form von lautlicher Angleichung diesem Faktor zuschreiben. Wir kommen darauf zurück (vgl. u. 75 ff.).

Nachdem die koartikulationsbedingten Varianten ausgeschieden sind, bleibt immer noch die Frage, wie 'eng' das Übrige zu transkribieren ist. Einerseits sind der Enge der Transkription allein schon durch die technischen Wiedergabemöglichkeiten gewisse Grenzen gesetzt. Andererseits besteht die Gefahr, daß der Untersuchende, beeinflußt durch seine Muttersprache oder andere ihm vertrautere Sprachen, bestimmte lautliche Eigenschaften entweder einfach überhört oder – falls er sie tatsächlich wahrnimmt – für unwesentlich hält. Man tut daher gut daran, auf jeden Fall beim Hören sehr genau zu sein und alle lautlichen Erscheinungen, die nicht eindeutig der Koartikulation zugeschrieben werden können, in der Transkription so lange festzuhalten, bis ihr phonologischer Status geklärt ist. Lautliche Unterschiede, welche eine Funktion in einer Sprache haben, sind prinzipiell für jeden Menschen hörbar (sofern er/sie nicht hörgeschädigt ist).[50] Ande-

[50] Sprachliche Kommunikation erfolgt vom Mund zum Gehör und nicht durch die Betrachtung von Sonagrammen. Instrumentelle Darstellungen können der Illustration dienen. Sie können eventuell sogar eine gewisse Hilfestellung bei der phonologischen Auswertung leisten, besonders dann, wenn die artikulatorischen oder auditiven Fähigkeiten des

rerseits *muß* für lautliche Unterscheidungen von funktionalem Wert eine technische Wiedergabemöglichkeit geschaffen werden, gleichgültig, wie nah oder fern sie unseren eigenen (europäischen oder anderen) Lautsystemen und deren schriftlicher Wiedergabe auch immer stehen mögen.[51]

5.2 Minimalpaarbildung

Wir wollen die phonologische Analyse des Deutschen mit dem Wort beginnen, das in der deutschen Orthographie *Tisch* geschrieben wird. Ausspracheswörterbücher des Deutschen verwenden in der Regel keine phonologische Transkription, da diese wegen der ihr eigenen Abstraktheit für die praktischen Bedürfnisse des Ausspracheunterrichts weniger gut geeignet ist. Sie verwenden also durchweg *phonetische* Transkription. Unter dem Lemma *Tisch*

Untersuchenden in bezug auf eine ihm/ihr fernstehende Sprache nicht ausreichen. Instrumentelle Darstellungen können jedoch niemals ausschlaggebend oder gar allein gültig sein. Auf der *funktionalen* Ebene gibt es keine 'verborgenen' lautlichen Eigenschaften. Was nicht hörbar, sondern etwa nur instrumentell nachweisbar ist, kann keine funktionale Bedeutung und damit keinen phonologischen Wert haben.

[51] Anders ausgedrückt: Die Technik hat sich den Funktionen der Sprache anzupassen. Die umgekehrte Richtung der Anpassung (z. B. bei der Nachrichtenübermittlung durch Fernschreiber) brachte es mit sich, daß viele Namen nur in verstümmelter Form in den Medien erscheinen. Dies gilt für Namen aus Sprachen, welche die Lateinschrift verwenden, deren Orthographie aber über die (z. B. im Englischen oder Deutschen) gebräuchlichen 26 Buchstaben hinausgeht oder zusätzliche diakritische Zeichen verwendet (z. B. Tschechisch, Türkisch, Vietnamesisch u. v. a.). Ähnlich verhält es sich bei schriftlichen Einblendungen im Fernsehen oder bei Videotext, wo im deutschsprachigen Raum häufig nicht einmal die Normen der deutschen Orthographie (z. B. in bezug auf die Umlaute) erfüllt werden. – Beim heutigen Stand der Technik muß es grundsätzlich möglich sein, alles, was in der Sprache phonologisch relevant ist, im Druck oder anderweitig darzustellen. Außerdem muß man von jedem Menschen verlangen können, daß er/sie bereit und in der Lage ist, dies auch handschriftlich festzuhalten.

finden wir z. B. bei Mangold (1990: 719) die Form [tɪʃ].[52] Obwohl eigentlich phonetisch,[53] beinhaltet diese Form doch schon so viel an phonologischer Abstraktion, daß sie weit von der Form entfernt ist, von der wir bei der phonologischen Analyse zunächst auszugehen haben. Das Duden-Aussprachewörterbuch verwendet eine *weite* phonetische Transkription. Eine *enge* phonetische Transkription des Wortes *Tisch* könnte z. B. folgendermaßen aussehen:

[t̟ʰɪ̥̆͜ɪ̆ɪ̆ʷʃ̟ʷ]

Diese Transkription bringt folgendes zum Ausdruck: Das Wort beginnt mit einem [t]-Laut, der ziemlich stark aspiriert ist und – gegenüber einem Durchschnittswert für diesen Laut – ziemlich weit vorn artikuliert wird. Es folgen verschiedene [ɪ]-Qualitäten, die aber, wie der weite Bogen unter den Vokalzeichen andeuten soll, gleitend ineinander übergehen und zu *einer* Silbe gehören. Am Anfang ist das [ɪ] entsonorisiert, es folgt eine gewissermaßen 'reine' [ɪ]-Qualität, die ihrerseits in ein etwas gerundetes [ɪ] übergeht (ohne jedoch zu einem [ʏ] zu werden). Die kleinen Bögen über den Vokalzeichen sollen andeuten, daß es sich nicht um einen langgestreckten Vokal handelt, sondern daß die beschriebenen Vokalqualitäten schnell aufeinanderfolgen und der vokalische Nukleus des Wortes insgesamt auch nur kurz ist. Am Ende des Wortes befindet sich ein [ʃ]-Laut, der ebenfalls ziemlich weit vorn artikuliert wird und außerdem etwas gerundet ist.

Diese Transkription beinhaltet *einige*[54] Erscheinungen, die auf Koartikulation beruhen, und zwar die folgenden: (1) die nach vorne verlagerte Artikulation der Konsonanten [t] und [ʃ], die auf der Nachbarschaft zu dem vorderen Vokal [ɪ] beruht, (2) die Ent-

[52] Die eckigen Klammern finden sich nicht im Original, da dieses ausschließlich phonetische Transkription verwendet und daher keine Notwendigkeit besteht, phonetische von phonologischer Transkription zu unterscheiden.

[53] Daß sie tatsächlich phonetisch und nicht phonologisch ist, erkennen wir, wenn wir im Vergleich dazu z. B. die Form *tief* [tiːf] (ibd. S. 717) betrachten (vgl. die Diskussion u. 90ff.).

[54] *Alle* Erscheinungen der Koartikulation erschöpfend darzustellen wäre tatsächlich weder technisch möglich noch methodisch erforderlich.

sonorisierung des ersten Teils von [ɪ], die auf die Aspiration des vorangehenden stimmlosen Konsonanten zurückzuführen ist, und (3) die Rundung des letzten Teils von [ɪ], welche durch die Rundung des folgenden [ʃ̫] bedingt ist.[55] Von diesen lautlichen Erscheinungen können wir also nach allem, was gesagt wurde, ohne weiteres absehen. Wenn wir dies tun, bleibt noch folgendes in der phonetischen Transkription bestehen: [tʰɪʃ̫].[56] Wir können dies als eine *gemäßigt enge* Transkription bezeichnen.

Die letztgenannte Form spielt eine entscheidende Rolle im phonologischen Abstraktionsprozeß. Alle phonetischen Einzelheiten, die sie verzeichnet, sind deutlich wahrnehmbar. Sie ist 'bereinigt' von den Erscheinungen der Koartikulation. Alles, was geblieben ist, *könnte* eine Funktion in der Sprache haben. Ein lautliches Segment nach dem anderen und eine lautliche Eigenschaft nach der anderen müssen daraufhin überprüft werden. Natürlich tun wir im Augenblick so, als ob Deutsch eine völlig unbekannte Sprache für uns wäre. Denn wenn wir bereits Vorkenntnisse über das Deutsche einbrächten, hätten wir den Abstraktionsprozeß, den wir erst durchführen wollen, schon teilweise vorweggenommen.

Wir überprüfen zunächst die Lippenrundung von [ʃ̫]. Falls sie im Deutschen eine funktionale Rolle spielt, müßte es möglich sein, allein durch die Lippenrundung Wörter verschiedener Bedeutung zu unterscheiden. Wir kontrastieren daher die Aussprache [tʰɪʃ̫] mit der gleichen Form *ohne* Lippenrundung, also [tʰɪʃ]. Der auditive Unterschied zwischen den beiden Formen ist hörbar, wenn auch nicht übermäßig groß. Auf keinen Fall hat die zweite Form eine andere Bedeutung als die erste. Vielmehr ist die zweite Form ohne weiteres mit der ersten identifizierbar. Die leichte

55 Es ist evident, daß die Konditionierung wie beschrieben und nicht umgekehrt ist. Das [ʃ̫] erscheint als ganzes gerundet, das [ɪ]nur in seinem letzten (zudem als flüchtig gekennzeichneten) Teil. Daher muß das [ʃ̫] den benachbarten Teil von [ɪ] beeinflußt haben, nicht umgekehrt.

56 Das Zeichen [ɪ] braucht nur noch einmal zu stehen, da seine Qualität jetzt als während der ganzen Dauer gleichbleibend dargestellt wird. Damit entfällt auch der weite Bogen unter dem Vokal. Die kleinen Bögen über den Vokalen werden ebenfalls nicht mehr benötigt, da die einfache Setzung eines Vokalzeichens (ohne Zusatzzeichen für Länge) automatisch für einen kurzen Vokal steht.

lautliche Abweichung durch das Fehlen der Lippenrundung beeinträchtigt die Erkennbarkeit der Form als einer Realisierung des Wortes mit der Bedeutung 'Tisch' in keiner Weise. Wir stellen also fest, daß das Weglassen der Lippenrundung von [ʃ$_w$] die Bedeutung des Wortes nicht verändert. Daher kann die Lippenrundung bei [ʃ$_w$] keine *Funktion* im Sinne der Phonologie haben.

Wir könnten umgekehrt versuchen, bei dem Laut [t^h], welcher in der Ausgangsform nicht-gerundet erscheint, Lippenrundung hinzuzufügen, also [t$_w^h$ɪʃ$_w$] gegenüber [t^{h}ɪʃ$_w$]. Das Ergebnis ist wiederum negativ. Entsprechende Versuche mit anderen Konsonanten wären ebenfalls negativ. Als abschließendes Ergebnis dieser Versuchsreihe stellen wir also fest, daß die Lippenrundung bei Konsonanten im Deutschen generell keine funktionale Rolle spielt, da weder die Wegnahme noch die Hinzufügung von Lippenrundung ein Wort mit einer anderen Bedeutung schafft. Dies ist universal gesehen nicht selbstverständlich, da es Sprachen auf der Welt gibt, wo die Lippenrundung eine solche Funktion hat, z. B. kaukasische Sprachen und Indianersprachen an der Nordwestküste Nordamerikas.

Allerdings ist auch im Deutschen die Lippenrundung der Konsonanten nicht beliebig vorhanden oder abwesend. Vielmehr hat jede Sprache eine *phonetische Norm*, welche die *phonetische Realisierung* der einzelnen Laute festlegt. Im Deutschen besagt diese Norm, daß Konsonanten in der Regel ohne Lippenrundung auszusprechen sind. Eine Ausnahme bildet dabei der Konsonant [ʃ$_w$], welcher im Deutschen durchweg *mit* Lippenrundung gesprochen wird. Diese Unterschiede haben keine Funktion, sind aber für die phonetische Realisierung des Deutschen charakteristisch.

Als nächste lautliche Eigenschaft nehmen wir uns die Aspirierung von [t] vor und überprüfen sie auf dieselbe Weise. Wir kontrastieren daher die Aussprache [t^{h}ɪʃ$_w$] mit [tɪʃ$_w$]. Auch diesmal stellen wir fest, daß das Fehlen der Aspiration bei dem Wort keine Bedeutungsveränderung hervorruft. Das Wort *Tisch* ist noch erkennbar, wenn auch in etwas verfremdeter Form. Ähnliche Versuche mit anderen aspirierten Konsonanten, z. B. [p^h] in [p^{h}o:l] *Pol* oder [k^h] in [k^{h}o:l] *Kohl*, erbringen dasselbe negative Ergebnis. Das gleiche gilt umgekehrt für die Hinzufügung von Aspiration bei Konsonanten, denen sie normalerweise fehlt, z. B. bei [b, d, s, ʃ, l, m]. Wir stellen daher abschließend fest, daß die Aspiration von Konsonanten im Deutschen keine Funktion im phonologischen Sinne hat. Weitere Untersuchungen würden ergeben, daß nach der phonetischen Norm des Deutschen die stimmlosen Verschlußlaute [p, t, k] in den meisten Fällen ziemlich stark aspiriert sind, alle übrigen Konsonanten dagegen immer unaspiriert. Auch dieses Ergebnis ist universal nicht vorhersehbar, da es zahlreiche Sprachen in verschiedenen Teilen der Welt gibt, wo Vorhandensein oder Fehlen von Aspiration bei Konsonanten die Funktion hat, Wörter mit verschiedener Bedeutung zu unterscheiden, z. B. Schottisch-Gälisch, Altgriechisch, Chinesisch (vgl. u. 166, 175).

Nachdem wir Lippenrundung und Aspiration als Funktionsträger ausgeschlossen haben, können wir unsere Ausgangsform in weiter vereinfachter, d. h. noch stärker abstrahierter Form schreiben, nämlich [tɪʃ]. Wir bemerken, daß dies eben die Form ist, in der das Wort im Duden-Ausspracheworterbuch erscheint (vgl. o. 48).

Diese Form besteht nur noch aus drei 'nackten' Zeichen. Alle zusätzlichen Modifikationen haben wir in mehreren Abstraktionsstufen ausgeschieden. Es ist wichtig, sich klarzumachen, daß das Fehlen z. B. des Zeichens [$_w$] in der letzteren Form anders zu deuten ist als in der oben (49) versuchsweise aufgeführten Form [t^hɪʃ]. Oben hatten wir es mit einer *engeren* Transkription zu tun, d. h. mit einer *niedrigeren* Abstraktionsstufe. Die Transkription war gerade so eng, daß sie die Lippenrundung bei Konsonanten erfassen konnte. Wenn dort das Zeichen [$_w$] fehlte, so bedeutete dies, daß tatsächlich keine Lippenrundung vorlag. Bei der letztgenannten Form [tɪʃ] dagegen haben wir es mit einer *weiteren* Transkription zu tun, d. h. mit einer *höheren* Abstraktionsstufe. Die Transkription ist hier so weit, daß sie die Lippenrundung bei Konsonanten nicht mehr erfaßt. Wenn hier das Zeichen [$_w$] fehlt, so sagt dies nichts über die tatsächliche Lippenrundung aus. Sie kann in Wirklichkeit vorhanden sein oder nicht. Das Fehlen dieses Zeichens besagt hier, daß von der Lippenstellung *abstrahiert* wurde. Es interessiert uns in diesem Fall gar nicht, ob Lippenrundung vorhanden ist oder nicht, da wir zuvor festgestellt haben, daß sie ohnehin keine Funktion hat. Im Falle [t^hɪʃ] haben wir ebenfalls eine andere Art von phonetischer Transkription vorliegen als in der letztgenannten Form [tɪʃ]. Sie unterscheiden sich durch den Feinheitsgrad bzw. – umgekehrt proportional dazu – die Abstraktionsstufe. Da der Abstraktionsprozeß kontinuierlich ist, gibt es im Prinzip unendlich viele Stufen. Es ist nicht üblich, einzelne Stufen der Abstraktion durch unterschiedliche Klammerkonventionen zu unterscheiden, obwohl dies manchmal sehr wünschenswert wäre.[57] Man muß daher bei jeder phonetischen Transkription im einzelnen genau feststellen, auf welcher Abstraktionsstufe sie sich befindet. Alle Feinheitsgrade und Abstraktionsstufen werden unter dem Symbol der eckigen Klammern [...] zusammengefaßt. Erst wenn der Abstraktionsprozeß *abgeschlossen* und die letzte Stufe der Abstraktion erreicht ist, verwendet man die phonologischen Schrägstriche /.../.

Im Augenblick sind wir noch nicht soweit. Wir haben die Form [tɪʃ] vorliegen, bestehend aus drei Segmenten. Der nächste Schritt besteht darin festzustellen, ob die Segmente als solche eine Funktion haben. Zu diesem Zweck tauschen wir eines der drei Segmente gegen ein beliebiges anderes Phon der deutschen Sprache aus. Wir wollen mit [t] beginnen und ersetzen es z. B. durch [f]. Auf diese Weise erhalten wir das Wort [fɪʃ] mit der Bedeutung 'Fisch'. Der Austausch der beiden Phone führt also zu einem anderen Wort mit einer anderen Bedeutung. Damit ist bewiesen, daß die Phone [t] und [f] im Deutschen die Funktion haben, Bedeutungen zu unterscheiden. Dies bedeutet weiterhin, daß [t] und [f] *Phoneme* des Deutschen sind. Wir sind berechtigt, sie von jetzt an /t/ und /f/ zu schreiben. Damit haben wir zwei Phoneme der deutschen Sprache ermittelt.

Bei diesem Vorgehen zeigt sich exemplarisch die enge Verbindung der (materiellen) Ausdrucksseite der Sprache mit der (geistigen) Inhalts- oder Bedeutungsseite. Der Austausch zweier Phone,

[57] Es wäre denkbar, bei Bedarf zumindest zwei Stufen zu unterscheiden, nämlich enge Transkription durch eine Konvention ⟦...⟧, weite Transkription durch die geläufige Konvention [...]. Natürlich ist die Abgrenzung der beiden Stufen relativ. Aber innerhalb *eines* Beschreibungsvorganges, der dann für sich ein Beschreibungs*system* bildet (wie z. B. die hier vorliegende Diskussion), wäre eine solche Unterscheidung durchaus durchführbar und sehr nützlich.

die nicht anders als naturwissenschaftlich (artikulatorisch, akustisch oder auditiv) beschrieben werden können, führt zu einer Änderung des geistigen Inhalts.

Das Verfahren, das wir angewendet haben, wird als *Substitution* bezeichnet. Da dieses Verfahren nicht nur im lautlichen Bereich, sondern auf allen Beschreibungsebenen Verwendung findet, wird der Begriff *Substitution* allgemein folgendermaßen definiert: *Ersetzung eines Elements einer sprachlichen Kette durch ein anderes Element derselben Beschreibungsebene in derselben Position.* Dieses Verfahren kann u. a. im lautlichen, morphologischen und syntaktischen Bereich angewendet werden. In unserem Zusammenhang bedeutet Substitution: Ersetzung eines Phons durch ein anderes Phon in derselben Position. Das Verfahren der Substitution führt zur Bildung von *Minimalpaaren*. Der Begriff 'Minimalpaar' wird überwiegend im lautlichen Bereich bei der Ermittlung der Phoneme einer Sprache verwendet. Die Definition von *Minimalpaar* lautet: *zwei Wörter (oder Formen) verschiedener Bedeutung, die sich nur durch éin Phon*[58] *in derselben Position unterscheiden*[59].

[58] Mitunter wird als Definition angegeben „... die sich nur durch ein Phonem ... unterscheiden". Diese Formulierung ist methodisch nicht ganz korrekt. Zuerst wird ein *Phon* durch ein anderes ersetzt. Dies führt (gegebenenfalls) zu einem Minimalpaar. Erst *nachdem* die Bildung des Minimalpaars geglückt ist, kann der Schluß erfolgen, daß es sich bei den beiden kontrastierenden Phonen um Phoneme handelt.

[59] Die Bildung von Minimalpaaren zeigt ein generelles wissenschaftliches Prinzip. Man vergleicht nicht beliebige Dinge miteinander, sondern solche, die weitgehend gleich sind und sich nur in einer bestimmten Hinsicht unterscheiden. Auf diese Weise versucht man, minimale Unterschiede zu isolieren (im lautlichen, im semantischen oder in einem sonstigen Bereich). Man vergleicht also die Lautketten [tɪʃ] *Tisch* und [fɪʃ] *Fisch* und nicht etwa [tɪʃ] *Tisch* und [bau̯x] *Bauch*. Desgleichen ist es aufschlußreich, ein Segelboot mit einem Ruderboot und beide mit einem Dampfboot zu vergleichen. Dagegen ist eine Frage wie etwa „Was ist der Unterschied zwischen einem Segelboot und einem Schweineschnitzel?" unsinnig. Daher werden Fragen der letzteren Art gerne als Scherzfragen gestellt, die auf eine unerwartete (meist linguistisch interpretierbare) Pointe hinauslaufen. Beispiel: „Was ist der Unterschied zwischen einem Kinderwagen und einem Ozeandampfer?" Antwort: „Der Kinderwagen

Wir versuchen, auch die beiden übrigen Segmente des Wortes [tɪʃ] zu substituieren, um mit ihnen Minimalpaare zu bilden. Wir erhalten z. B. [tɪʃ] – [tɪp] *Tisch – Tip*, [tɪʃ] – [tʊʃ] *Tisch – Tusch*. Dies zeigt zunächst, daß die beiden konsonantischen Phone [ʃ] und [p] Phoneme des Deutschen sind, also /ʃ/, /p/.

Offensichtlich kontrastieren auch die beiden vokalischen Phone [ɪ] und [ʊ] in bedeutungsunterscheidender Funktion. Der Schluß liegt daher nahe, auch [ɪ] und [ʊ] als Phoneme des Deutschen zu bezeichnen und /ɪ/, /ʊ/ zu schreiben. An dieser Stelle zeigt sich zum erstenmal eine Erfahrung, die wir noch mehrfach machen werden. Die Ermittlung der Phoneme einer Sprache (wie überhaupt jegliche sprachwissenschaftliche Analyse) ist kein linearer Vorgang, läßt sich aber nicht anders als linear durchführen.

Dieses scheinbare Paradox erklärt sich folgendermaßen: Man beginnt die Analyse notwendigerweise an einem bestimmten Punkt und erhält ein bestimmtes Ergebnis. Wenn die Ermittlungsverfahren korrekt waren und korrekt angewendet wurden, erhält man ein korrektes Ergebnis. Man könnte dieses Ergebnis als endgültig gesichert betrachten und in der Analyse fortfahren, um weitere Ergebnisse zu erhalten, die man dem ersten hinzufügt. Wie bei jedem empirischen Vorgehen ist der Sachverhalt jedoch in Wirklichkeit komplexer. Hätten wir die Analyse an einem anderen Punkt begonnen, hätten wir möglicherweise ein anderes erstes Ergebnis erhalten als zuvor. Dennoch wäre auch dieses Ergebnis als in sich korrekt zu betrachten. Auch dieser Widerspruch ist nur scheinbar. Er läßt sich meist auf einer *höheren Abstraktionsstufe* ausgleichen. Um Irrtümer zu vermeiden, müßte man die Analyse *gleichzeitig* von allen denkbaren Punkten aus beginnen. Da dies unmöglich ist, bleibt keine andere Möglichkeit, als an *einem* bestimmten Punkt zu beginnen und zunächst linear fortzufahren. Die so ermittelten Ergebnisse sind jedoch nur so lange 'richtig', als ihnen nicht Ergebnisse, welche von einem anderen Ausgangspunkt her kommend gewonnen wurden, widersprechen. Es ist daher nicht günstig, lange Zeit in *einer* linearen Untersuchungs-

wird von innen naß, der Ozeandampfer von außen." Die Pointe besteht in der unerwarteten Verbindung der beiden Begriffe durch das Merkmal [naß] und der binären Aufspaltung innen/außen.

serie fortzufahren, da man auf diese Weise eine ganze Reihe von Ergebnissen erhielte, die später in Frage gestellt werden könnten. Man würde sich möglicherweise in eine falsche Richtung 'verrennen'. Es ist zu empfehlen, häufiger den Ausgangspunkt und die Blickrichtung zu wechseln. Auf diese Weise wird man schneller auf eventuelle Widersprüche aufmerksam und kann sich früher um einen Ausgleich auf höherer Ebene bemühen. Die phonologische (wie jede andere sprachliche) Analyse ist also eine Art *Trial-and-error*-Verfahren.[60] Letztlich müssen alle scheinbaren Widersprüche in *einem System* ausgeglichen werden. Dieses System zu ermitteln ist die letztendliche Aufgabe.

In unserer jetzigen Situation bedeutet dies folgendes: Bei unserem zwangsläufig linearen Vorgehen erhalten wir teils endgültige Ergebnisse, teils Ergebnisse, die später in Frage gestellt werden. In dem Moment, wo wir ein Ergebnis erhalten, wissen wir natürlich noch nicht, ob es endgültig ist oder nicht. Irrwege können sehr lehrreich sein. Andererseits soll diese Einführung einen bestimmten Umfang nicht überschreiten. Daher versuchen wir, Irrwege zu vermeiden und weisen auf Ergebnisse, die nicht endgültig sind, sofort hin.

Die Konsonantenphoneme, die wir erhalten haben, nämlich /t, f, ʃ, p/, halten allen Änderungen der Perspektive stand und können daher als endgültig betrachtet werden. Die Vokalphoneme */ɪ/ und */ʊ/ sind hingegen nur vorläufig. Nach dem bisherigen Vorgehen sind sie korrekt ermittelt. Weitere Überlegungen werden jedoch zeigen, daß sie in dieser Form nicht beibehalten werden dürfen oder zumindest problematisch sind. Wir werden dieses Problem später, wenn wir mehr Beispiele zur Verfügung haben, in einem weiteren Rahmen behandeln (vgl. u. 90ff.). Leider können wir das Wort [tɪʃ] im Augenblick noch nicht vollständig phonologisch schreiben. Die Form */tɪʃ/ ist vorläufig, da in bezug auf die Wertung von [ɪ] noch ein offenes Problem besteht.

Im Augenblick suchen wir noch weitere Minimalpaare im Deutschen, zunächst für Konsonanten:

[60] Natürlich sind die einzelnen Versuche nicht beliebig, sondern folgen bestimmten Verfahren, wie z. B. bei der phonologischen Analyse Substitution und Minimalpaarbildung.

[masə]	–	[tasə]	*Masse*	–	*Tasse,*	[m]	–	[t]
[tasə]	–	[taʃə]	*Tasse*	–	*Tasche,*	[s]	–	[ʃ]
[na:dəl]	–	[na:gəl]	*Nadel*	–	*Nagel,*	[d]	–	[g]
[dax]	–	[bax]	*Dach*	–	*Bach,*	[d]	–	[b]
[ʃa:l]	–	[ʃa:m]	*Schal*	–	*Scham,*	[l]	–	[m]
[va:l]	–	[za:l]	*Wahl*	–	*Saal,*	[v]	–	[z]
[kɛmən]	–	[kɛnən]	*kämmen*	–	*kennen,*	[m]	–	[n]
[zɪnən]	–	[zɪŋən]	*sinnen*	–	*singen,*	[n]	–	[ŋ]
[maus̯]	–	[haus̯]	*Maus*	–	*Haus,*	[m]	–	[h]
[tanə]	–	[kanə]	*Tanne*	–	*Kanne,*	[t]	–	[k]

Wir setzen voraus, daß der eingeschlagene Weg richtig ist und die erhaltenen Ergebnisse später nicht mehr in Frage gestellt werden. Die obigen Minimalpaare sind nicht geordnet. Sie sind spontan niedergeschrieben, so, wie sie jemandem in ungeordneter Reihenfolge einfallen können. Wir hatten zuvor schon die konsonantischen Phoneme /t, f, ʃ, p/ erhalten. Die obigen Minimalpaare weisen zusätzlich folgende Konsonanten als Phoneme des Deutschen aus (in der Reihenfolge der Paare): /m, s, d, g, b, l, v, z, n, ŋ, h, k/. Wenn wir diese mit den schon früher ermittelten Konsonantenphonemen in eine (eindimensionale) artikulatorische Reihenfolge bringen, erhalten wir folgendes: /p, t, k, b, d, g, f, s, ʃ, h, v, z, m, n, ŋ, l/. Die Reihe umfaßt 16 Phoneme. Diese Liste ist noch nicht ganz vollständig. Insbesondere fehlen einige problematische Fälle. Wir haben aber jetzt schon ca. drei Viertel aller deutschen Konsonantenphoneme ermittelt, und zwar ohne große Schwierigkeiten.

Man muß darauf achten, daß die Paare auch wirklich *minimal* sind, d. h., daß wirklich nur *ein* Phon ausgetauscht wird. Dabei darf man sich insbesondere nicht von der Orthographie irreführen lassen. Das folgende Wortpaar ist *kein* Minimalpaar: [fʊnt] – [fʊŋk] *Fund – Funk*. Es erbringt *keinen* Nachweis über den phonologischen Status der kontrastierenden Phone, weder für [t – k] noch für [n – ŋ]. Da sich hier zwei Phone gleichzeitig ändern, wäre es möglich, daß die eine Änderung die andere bedingt. So könnte der Ersatz von [t] durch [k] automatisch zur Folge haben, daß [n] durch [ŋ] ersetzt wird. Dies wäre artikulatorisch sogar plausibel, da in einem solchen Fall eine Angleichung (Assimilation) der Artikulationsstelle des Nasalkonsonanten an diejenige des Verschlußlautes stattgefunden hätte. Natürlich könnte es – artikulatorisch ebenso plausibel – auch umgekehrt sein. Daher weist ein Paar, bei dem zwei Phone gleichzeitig ausgetauscht werden, nichts nach. Allerdings sind [t, k, n, ŋ] tatsächlich Phoneme des Deutschen. Dies wird durch die beiden echten Minimalpaare [tanə] – [kanə], [zɪnən] – [zɪŋən] (vgl. o.) nachgewiesen. Ein weiterer Hinweis zur Verdeutlichung: Bei der Bildung von Minimalpaaren darf immer nur *ein* Phon gegen *ein* anderes Phon ausgetauscht werden, also nicht ein Phon gegen mehrere Phone. Daher ist [lant] – [ʃtant] *Land – Stand* kein Minimalpaar.

Weniger eindeutig ist die Frage zu beantworten, ob *ein* Phon hinzugefügt oder weggelassen werden darf, anders ausgedrückt, ob ein Phon gegen Null ausgetauscht werden darf. Diese Frage würde sich z. B. bei folgenden Wortpaaren stellen:

[ʃta:l] – [ta:l] *Stahl – Tal*
[kai̯n] – [klai̯n] *kein – klein*
[bant] – [ban] *Band – Bann*

Die nur auf den ersten Blick spitzfindig erscheinende Frage, ob Null *(zéro)* 'etwas' ist oder 'nichts', ist in der Sprachwissenschaft (nicht nur in der Phonologie) schon viel diskutiert worden. Die Diskussion findet sich bei Meier (1961) zusammengestellt und kritisch gewürdigt. Die Möglichkeit der Existenz eines Zéro-Phonems wird dort (175) verneint. Wir sind ebenfalls dieser Auffassung und lassen daher die obigen Gegenüberstellungen nicht als echte Minimalpaare gelten. Weiter können wir auf die Problematik in diesem Zusammenhang nicht eingehen.

Die Wörter als ganze können wir im Augenblick noch nicht phonologisch schreiben, da noch nicht alle Fragen geklärt sind, insbesondere die Vokale betreffend.

Wir suchen nun einige Minimalpaare für Vokale des Deutschen. Wir müssen – wie schon angedeutet – darauf hinweisen, daß bezüglich der Vokale im Deutschen ein schwieriges Problem zu klären sein wird, das wir im jetzigen Stadium noch nicht in Angriff nehmen können. Das Prinzip der Minimalpaarbildung ist dennoch leicht durchzuführen. Die Suche nach Minimalpaaren fällt auch für Vokale nicht schwer:

[ho:zə]	–	[ha:zə]	*Hose*	– *Hase*,	[o:]	–	[a:]
[kɪstə]	–	[kʏstə]	*Kiste*	– *Küste*,	[ɪ]	–	[ʏ]
[zo:lə]	–	[ze:lə]	*Sohle*	– *Seele*,	[o:]	–	[e:]
[ze:lə]	–	[zɛ:lə]	*Seele*	– *Säle*,	[e:]	–	[ɛ:]
[bi:nə]	–	[by:nə]	*Biene*	– *Bühne*,	[i:]	–	[y:]
[le:zən]	–	[lø:zən]	*lesen*	– *lösen*,	[e:]	–	[ø:]
[hɛft]	–	[haft]	*Heft*	– *Haft*,	[ɛ]	–	[a]
[ʃtʊtsən]	–	[ʃtʏtsən]	*stutzen*	– *stützen*,	[ʊ]	–	[ʏ]
[ɔŋkəl]	–	[ɛŋkəl]	*Onkel*	– *Enkel*,	[ɔ]	–	[ɛ]
[bu:zən]	–	[be:zən]	*Busen*	– *Besen*,	[u:]	–	[e:]
[kœnən]	–	[kɛnən]	*können*	– *kennen*,	[œ]	–	[ɛ]

In der (ungeordneten) Reihenfolge der Minimalpaare haben wir die folgenden bedeutungsunterscheidenden Segmente erhalten: [o:, a:, ɪ, ʏ, e:, ɛ:, i:, y:, ø:, ɛ, a, ʊ, ɔ, u:, œ]. Wir bezeichnen sie noch nicht als Phoneme und setzen sie noch nicht zwischen Schrägstriche, da – wie gesagt – noch einige Fragen zu klären sind. Aus diesem Grund unterlassen wir es vorläufig auch, sie in eine lineare artikulatorische Ordnung zu bringen. Jedenfalls haben wir fast alle in Frage kommenden vokalischen Segmente durch Minimalpaare ermittelt. Solange die Diskussion nicht abgeschlossen ist, sind es aber noch *Phone*.

Natürlich ist bei der Suche nach Minimalpaaren darauf zu achten, daß man nicht gleichzeitig einen Konsonanten und einen Vokal austauscht. Bei dem Wortpaar [by:nə] – [di:nə] *Bühne – diene* handelt es sich also nicht um ein Minimalpaar. Es weist weder die bedeutungsunterscheidende Kraft von [b] – [d] noch von [i:] – [y:] nach. Es wäre ohne weiteres denkbar, daß die Veränderung des Konsonanten eine Veränderung des folgenden Vokals nach sich zieht oder umgekehrt. Beides wäre artikulatorisch wiederum plausibel zu erklären. Es wäre möglich, daß [d] als dentaler Konsonant einen ungerundeten Vokal und [b] als labialer Konsonant einen gerundeten Vokal zur Folge hat. Daß [b] und [d] tatsächlich Phoneme des Deutschen sind, haben wir oben durch das Minimalpaar [dax] – [bax] *Dach – Bach* nachgewiesen. Durch das Minimalpaar [bi:nə] – [by:nə] *Biene – Bühne* haben wir nachgewiesen, daß [i:] und [y:] ebenfalls bedeutungsunterscheidend wirken, wenn auch die phonologische Analyse bezüglich der Vokale noch nicht endgültig ist.

Um das Prinzip weiter zu verdeutlichen, wollen wir als nächstes einige fremdsprachliche Minimalpaare zusammenstellen. Wir wählen die beiden in der Bundesrepublik Deutschland am meisten gelernten Fremdsprachen, nämlich Englisch und Französisch. In beiden Sprachen ist die Kluft zwischen Schreibung und Aussprache besonders groß. Daher sei hier die Warnung, sich bei der Suche nach Minimalpaaren nicht von der Schreibung beeinflussen zu lassen, besonders eindringlich wiederholt.

Englisch (Konsonanten):

[pen][61]	–	[ten]	*pen*	–	*ten*	'Schreibfeder'	–	'zehn'[62]
[bet]	–	[get]	*bet*	–	*get*	'wetten'	–	'bekommen'
[bæk]	–	[bæg]	*back*	–	*bag*	'Rücken'	–	'Handtasche'
[dai̯]	–	[ʃai̯]	*die*	–	*shy*	'sterben'	–	'schüchtern'
[hɔ:s]	–	[fɔ:s]	*horse*	–	*force*	'Pferd'	–	'Kraft'
[sʌm]	–	[θʌm]	*sum*	–	*thumb*	'Summe'	–	'Daumen'
[fɑ:st]	–	[lɑ:st]	*fast*	–	*last*	'schnell'	–	'letzte(r)'
[leʒə]	–	[leðə]	*leisure*	–	*leather*	'Muße'	–	'Leder'
[mai̯nd]	–	[hai̯nd]	*mind*	–	*hind*	'Verstand'	–	'Hirschkuh'
[vei̯l]	–	[nei̯l]	*veil*	–	*nail*	'Schleier'	–	'Nagel'
[sɪn]	–	[sɪŋ]	*sin*	–	*sing*	'Sünde'	–	'singen'
[fʊl]	–	[wʊl]	*full*	–	*wool*	'voll'	–	'Wolle'

Artikulatorisch geordnet ergibt dies folgende (eindimensionale) Liste von englischen Konsonantenphonemen: /p, t, k, b, d, g, f, θ, s, ʃ, h, v, ð, ʒ, m, n, ŋ, l, w/. Die Liste ist nicht vollständig, enthält aber über drei Viertel der englischen Konsonantenphoneme. Für alle hier aufgezählten Phoneme ist die Analyse endgültig.

Englisch (Vokale):

[fleʃ][63]	–	[flæʃ]	*flesh*	–	*flash*	'Fleisch'	–	'Blitz'
[bi:t]	–	[bu:t]	*beat*	–	*boot*	'Schlag'	–	'Stiefel'
[pɪn]	–	[pʌn]	*pin*	–	*pun*	'Nadel'	–	'Wortspiel'
[kɔ:t]	–	[kɑ:t]	*court*	–	*cart*	'Hof'	–	'Karren'
[fɪl]	–	[fʊl]	*fill*	–	*full*	'füllen'	–	'voll'
[næt]	–	[nɒt]	*gnat*	–	*knot*	'Stechmücke'	–	'Knoten'

61 Die Wiedergabe des Vokals durch [e] beinhaltet bereits eine ziemlich fortgeschrittene phonologische Abstraktion. In engerer Transkription wäre die Vokalqualität mit [ȩ] wiederzugeben. Dies gilt für alle folgenden Beispiele, die diesen Vokal enthalten.

62 Die Übersetzung wird hinzugefügt, um deutlich zu machen, daß es sich tatsächlich um Wörter verschiedener Bedeutung handelt.

63 Vgl. Anm. 61.

Da sich bei den englischen Vokalen ebenfalls zusätzliche Probleme ergeben, sprechen wir hier vorläufig noch nicht von Phonemen, sondern von differenzierenden Phonen (in eckigen Klammern). Wir zählen sie in der Reihenfolge auf, in der sie in den obigen Beispielen erscheinen: [e, æ, iː, uː, ɪ, ʌ, ɔː, ɑː, ʊ, ɒ]. Diese Liste ist fast vollständig. Zum englischen Phonemsystem vgl. u. 157f.

Französisch (Konsonanten):

[põ]	–	[tõ]	*pont*	–	*ton*	'Brücke'	–	'Ton'
[ku]	–	[gu]	*cou*	–	*goût*	'Hals'	–	'Geschmack'
[fo]	–	[so]	*faux*	–	*seau*	'Sense'	–	'Eimer'
[pɔm]	–	[pɔʃ]	*pomme*	–	*poche*	'Apfel'	–	'Tasche'
[bal]	–	[dal]	*balle*	–	*dalle*	'Ball'	–	'Fliese'
[sɛl]	–	[zɛl]	*sel*	–	*zèle*	'Salz'	–	'Eifer'
[vɑ̃]	–	[ʒɑ̃]	*vent*	–	*gens*	'Wind'	–	'Leute'
[kan]	–	[kal]	*canne*	–	*cal*	'Rohrstock'	–	'Schwiele'
[kɔle]	–	[kɔɲe]	*coller*	–	*cognée*	'kleben'	–	'Axt'

In eine artikulatorische Ordnung gebracht, ergibt dies folgende (eindimensionale) Liste von französischen Konsonantenphonemen: /p, t, k, b, d, g, f, s, ʃ, v, z, ʒ, m, n, ɲ, l/. Diese Liste ist fast vollständig. Für alle darin aufgeführten Phoneme ist die Analyse endgültig.

Französisch (Vokale):

[pli]	–	[plɛ]	*pli*	–	*plaie*	'Falte'	–	'Wunde'
[do]	–	[du]	*dos*	–	*doux*	'Rücken'	–	'sanft'
[ʃɛ:z]	–	[ʃo:z]	*chaise*	–	*chose*	'Stuhl'	–	'Sache'
[te]	–	[tɑ]	*thé*	–	*tas*	'Tee'	–	'Haufen'
[kø]	–	[ku]	*queue*	–	*cou*	'Schwanz'	–	'Hals'
[ni]	–	[ny]	*nid*	–	*nu*	'Nest'	–	'nackt'
[sal]	–	[sɔl]	*salle*	–	*sol*	'Saal'	–	'Erdboden'
[sœj]	–	[suj]	*seuil*	–	*souille*	'Schwelle'	–	'Suhle'
[bi:z]	–	[bu:z]	*bise*	–	*bouse*	'Nordwind'	–	'Kuhfladen'
[bo]	–	[bõ]	*beau*	–	*bon*	'schön'	–	'gut'
[sõ]	–	[sɑ̃]	*son*	–	*sang*	'Laut'	–	'Blut'
[sɛ̃:ʒ]	–	[sõ:ʒ]	*singe*	–	*songe*	'Affe'	–	'Traum'
[ko:t]	–	[kõ:t]	*côte*	–	*comte*	'Küste'	–	'Graf'

Auch bei den französischen Vokalen gibt es noch ein Problem zu klären. Daher sprechen wir auch hier vorläufig noch nicht von Phonemen, sondern von differenzierenden Phonen. Wir zählen sie (in eckigen Klammern) in der Reihenfolge ihres Auftretens in den obigen Beispielen auf: [i, ɛ, o, u, ɛ:, o:, e, ɑ, ø, y, a, ɔ, œ, i:, u:, õ, ɑ̃, ɛ̃:, õ:]. Eine gewisse artikulatorische Ordnung ergibt sich dabei insofern, als zunächst nur Oralvokale, am Ende der Aufzählung nur nasalierte Vokale erscheinen.

Bei allen drei bisher behandelten Sprachen (Deutsch, Englisch, Französisch) konnten wir die Konsonanten größtenteils bereits in ihrer endgültigen phonologischen Form aufzählen, während uns dies bei den Vokalen noch nicht möglich war. Natürlich gibt es Sprachen, bei denen auch die Vokale aufgrund einfacher Minimalpaare bereits in ihrer endgültigen phonologischen Form angegeben werden können. Insgesamt ist jedoch der Eindruck, den wir durch die drei von uns aus rein sprachexternen Gründen gewählten Sprachen erhalten haben, nicht untypisch. Bei einem induktiven Vorgehen, wie wir es hier anwenden, bereiten überwiegend die Vokale zunächst die größeren Schwierigkeiten, da sie auditiv und artikulatorisch weniger leicht abzugrenzen sind als Konsonanten. Auch machen sich bei Vokalen qualitative und quantitative Einflüsse benachbarter Laute auditiv i. allg. stärker bemerkbar als bei Konsonanten. Dadurch werden nicht nur die Ermittlung der einzelnen Phone und ihre phonologische Interpretation erschwert, sondern schließlich auch die Anordnung der Vokalphoneme in einem (mindestens zweidimensionalen) *Phonemsystem.*

Minimalpaare dienen zur Ermittlung der Phoneme einer Sprache. Ein Minimalpaar besteht aus zwei Wörtern *verschiedener Bedeutung*, die sich nur durch *ein* Phon in der gleichen Position unterscheiden. Die Veränderung der Bedeutung wird also durch den Austausch zweier Phone hervorgerufen. Wenn diese Bedingung erfüllt ist, haben wir nachgewiesen, daß es sich bei den beiden Phonen um *Phoneme* der betreffenden Sprache handelt. Wir sind nunmehr so weit, daß wir eine genaue Definition des Begriffs 'Phonem' liefern können: *Ein Phonem ist eine bedeutungsunterscheidende sprachliche Einheit, die sich nicht weiter in bedeutungsunterscheidende Einheiten zerlegen läßt.* Oder kürzer ausgedrückt: *Ein Phonem ist die kleinste bedeutungsunterscheidende sprachliche Einheit.* Damit ist das Phonem die kleinste systemhafte Einheit der Sprache überhaupt, d. h. die kleinste Einheit der *langue*.

Die bedeutungsunterscheidende Kraft des Phonems haben wir an den Minimalpaaren hinlänglich nachgewiesen. Es ist aber wichtig festzuhalten, daß das Phonem lediglich bedeutungs*unterscheidend* ist, nicht selbst bedeutungs*tragend*.[64] Wenn wir noch einmal unser erstes Minimalpaar [tɪʃ] – [fɪʃ] *Tisch – Fisch* betrachten, so ist absolut nichts in dem [t] enthalten, was auf die Bedeutung oder die Eigenschaften eines 'Tisches' (z. B. er ist gerade, hart, kantig usw.) hinweisen würde. Ebensowenig ist etwas in dem [f] enthalten, was auf Bedeutung oder Eigenschaften eines 'Fisches' (z. B. er ist feucht, schuppig, glitschig) hinweisen würde. Wenn dies so wäre, dann würde dies dem Prinzip von der *Willkürlichkeit des sprachlichen Zeichens* widersprechen. Die Gültigkeit dieses Prinzips ist jedoch schon oben (16f.) nachgewiesen und hervorgehoben worden.

Die Betrachtung von Minimalpaaren liefert erneut einen deutlichen Nachweis für dieses Prinzip. Selbst wenn wir in [t] und [f] die Beschreibung der Eigenschaften eines 'Tisches' bzw. eines 'Fisches' hineininterpretieren wollten (z. B. [t] ist ein Verschlußlaut und damit 'kantig', [f] ist ein Frikativ und damit 'glatter'), würde diese Interpretation durch die Betrachtung eines weiteren Minimalpaares, das sich durch die gleichen Phone unterscheidet, sofort *ad absurdum* geführt, z. B. [taŋ] – [faŋ] *Tang – Fang.* Dem Wort 'Tang' könnte man spontan ähnliche Bedeutungskomponenten zuschreiben wie einem 'Fisch' (z. B. er ist naß, glitschig). Es wäre aber unvernünftig anzunehmen, daß ähnliche Eigenschaften im ersten Minimalpaar durch [f] (im Gegensatz zu [t]), im zweiten Minimalpaar durch [t] (im Gegensatz zu [f]) zum Ausdruck gebracht würden. Es ist auch gar nicht zu erwarten, daß es mit einer so geringen Zahl von Phonemen (durchschnittlich ca. 40 Phoneme pro Sprache) möglich sein sollte, alle Bedeutungsunterschiede einer Sprache durch eine *motivierte* Zuordnung von Phonemen und Bedeutungen zum Ausdruck zu bringen.

Hervorzuheben ist auch, daß es sich bei dem Phonem um die *kleinste* systemhafte Einheit überhaupt der Sprache handelt. Wir haben keine Gegenüberstellungen wie z. B. [fɪʃ] – [fas] *Fisch – Faß*

[64] Die kleinste bedeutungs*tragende* Einheit der Sprache ist das *Morphem.*

vorgenommen, um etwa daraus zu schließen, daß [ɪʃ] und [as] Phoneme des Deutschen seien. Dabei ist als Gegenargument nicht entscheidend, daß diese beiden Sequenzen mit *zwei* phonetischen Zeichen geschrieben werden. In der eng transkribierten ursprünglichen Ausgangsform für die phonologische Analyse des Wortes *Tisch* (vgl. o. 48) hatten wir sogar drei Zeichen verwendet zum Ausdruck einer Sequenz von Phonen, für die wir nach erfolgtem Abstraktionsvorgang schließlich nur noch *ein* Zeichen benötigten, nämlich [ɪ̥̆ɪɪ̆ʷ] gegenüber [ɪ]. Auch die Verschiedenartigkeit der phonetischen Zeichen in [ɪʃ], [as] ist nicht ausschlaggebend. In der erwähnten Ausgangsform hatten wir $[t^h]$ transkribiert. Eigentlich hätten wir ebensogut [th] schreiben können, also eine Sequenz von Phonen. Dennoch haben wir $[t^h]$ schließlich als [t], d. h. als *eine* Einheit, abstrahiert. Auch ist es nicht in erster Linie die artikulatorische Segmentierung (vgl. o. 32f.), welche uns zeigt, daß [ɪ] und [ʃ] ebenso wie [a] und [s] jeweils zwei Phone sind. Vor allem zeigt uns wiederholte Minimalpaarbildung, daß [ɪʃ] und [as] in je zwei Einheiten zerlegbar sind, und zwar auch dann, wenn die artikulatorische Segmentierung zuvor nicht korrekt vorgenommen worden wäre. Aus der folgenden Anordnung, in der Minimalpaare durch Striche verbunden sind, ergibt sich deutlich, daß [ɪ], [ʃ], [a] und [s] Bedeutungskontraste hervorrufen und daher die *kleinsten* lautlichen Einheiten darstellen.[65]

[fɪʃə]   [fasə]
| |
[tɪʃə] ——— [taʃə] ——— [tasə]

In den drei behandelten Sprachen (Deutsch, Englisch, Französisch) erwies sich die Suche nach Minimalpaaren bisher als recht einfach. Allerdings ist die phonologische Analyse noch für keine der drei Sprachen abgeschlossen. Problemen sind wir bisher bewußt aus dem Wege gegangen. Schwierigkeiten bei der Suche nach Minimalpaaren können sich aus verschiedenen Gründen ergeben.

65 Das Phon [ə] muß vorläufig noch ungeklärt bleiben.

Zunächst hängt es ganz allgemein von der Natur der Sprache selbst ab, ob die Suche nach Minimalpaaren verhältnismäßig einfach oder verhältnismäßig schwierig ist – ungeachtet weiterer Probleme im einzelnen. Die folgenden Feststellungen ergeben sich aus leicht zu begreifenden Gesetzmäßigkeiten der Wahrscheinlichkeitsrechnung:

1. Je höher nach abgeschlossener Analyse die Gesamtzahl der Phoneme einer Sprache ist, desto schwieriger ist es, Minimalpaare für die einzelnen Oppositionen zu finden. Je geringer die Gesamtzahl der Phoneme, desto einfacher ist die Suche nach Minimalpaaren.

2. Je kürzer die durchschnittliche Wortlänge (gemessen in der Zahl der Silben) in einer Sprache, desto einfacher ist die Suche nach Minimalpaaren. In Sprachen mit vielen einsilbigen Wörtern ist es besonders leicht, Minimalpaare zu finden, in Sprachen mit überwiegend mehrsilbigen Wörtern entsprechend schwerer.

3. Je einfacher die Silbenstruktur in einer Sprache, desto einfacher ist die Suche nach Minimalpaaren. In Sprachen mit überwiegend offenen Silben von der Struktur Konsonant–Vokal (KV) ist die Suche daher besonders einfach. Das gleiche gilt für Sprachen mit einer auf andere Weise stark reduzierten Silbenstruktur. In Sprachen mit vielen geschlossenen Silben und komplizierten Konsonantengruppen ist die Suche entsprechend schwerer.

In bezug auf Punkt 1 nehmen Deutsch, Englisch und Französisch universal gesehen eine mittlere Stellung ein. In bezug auf Punkt 2 verhalten sich besonders Englisch und Französisch sehr günstig, da der Anteil einsilbiger Wörter in beiden Sprachen sehr groß ist. Deutsch ist hier etwas weniger günstig, universal aber nicht ungünstig. Bezüglich Punkt 3 verhält sich Französisch von den drei Sprachen am günstigsten. Englisch ist etwas weniger günstig, Deutsch ist wegen seiner umfangreichen Konsonantengruppen auch universal gesehen eher ungünstig.

Bei Punkt 3 spielt die *Silbenstruktur* eine Rolle. Obwohl dieser Begriff systematisch erst in Kap. 9 Phonotaktik (vgl. u. 185ff.) behandelt wird, muß schon an dieser Stelle kurz auf eine bestimmte Konsequenz eingegangen werden. Bei der Bildung von Minimalpaaren darf man sich nicht darauf kaprizieren, kontrastierende Phone immer in einer ganz bestimmten Stellung des Wortes, z.B.

am Wortanfang (oder am Wortende), zu suchen. Kontrastierende Konsonanten sucht man intuitiv meistens am Wortanfang, wahrscheinlich weil sich auf diese Weise leicht einprägsame 'klingende' Reimpaare ergeben, z. B. [maus̯] – [laus̯] *Maus – Laus*, [le:bən] – [ge:bən] *leben – geben*. Würde man sich im Deutschen auf die Wortanfangsstellung beschränken, würde man niemals ein Minimalpaar für [s] – [z] finden, obwohl dies zwei Phoneme des Deutschen sind, wie die Minimalpaare [gai̯səl] – [gai̯zəl] *Geißel – Geisel*, [rai̯sən] – [rai̯zən] *reißen – reisen* leicht zeigen. Noch ungünstiger wäre es, sich im Deutschen auf das Wortende zu verlegen. Minimalpaare sind hier zwar möglich, z. B. [va:l] – [va:n] *Wahl – Wahn*. Aber eine ganze Reihe von phonologischen Kontrasten würde man im Auslaut niemals nachweisen können, nämlich [p] – [b], [t] – [d], [k] – [g], [f] – [v] und erneut [s] – [z]. Dies liegt daran, daß – allgemein gesagt – bestimmte Oppositionen in bestimmten Stellungen im Wort *aufgehoben (neutralisiert)* sein können, weil bestimmte Konsonanten in bestimmten Stellungen nicht vorkommen. Dies ändert nichts an ihrem Phonemstatus, solange nur für *irgendeine* Stellung im Wort ein Kontrast gefunden werden kann.[66] Diese Gesetze sind von Sprache zu Sprache verschieden. Im Deutschen kommt z. B. im Wortanlaut niemals ein [s] vor. Umgekehrt kommt im Deutschen im Wortauslaut niemals ein [z] vor. Im Wortauslaut kommt aber nicht nur kein [z] vor, sondern auch sonst kein stimmhafter Verschlußlaut oder Frikativ. Diese Erscheinung ist im Deutschen als *Auslautverhärtung* be-

[66] Allerdings können diese Gesetzmäßigkeiten etwas über die *funktionelle Belastung* der betreffenden Opposition aussagen. Die funktionelle Belastung einer Opposition ist hoch, wenn viele Minimalpaare mit dieser Opposition existieren. Sie ist niedrig, wenn nur wenige Minimalpaare mit der betreffenden Opposition gefunden werden können. Je mehr verschiedene Positionen im Wort für eine Opposition in Frage kommen, desto mehr Minimalpaare wird man in der Regel finden können und umgekehrt. Ein *Phonem* besitzt eine hohe funktionelle Belastung, wenn es an vielen Oppositionen mit hoher funktioneller Belastung teilnimmt. Seine funktionelle Belastung ist niedrig, wenn es nur an wenigen Oppositionen mit insgesamt niedriger funktioneller Belastung teilhat. Die Phoneme eines Phonemsystems können im einzelnen sehr unterschiedlich belastet sein. Siehe Hockett (1967) und Meyerstein (1970).

kannt. Diese besonders einschneidende Restriktion findet sich übrigens nicht nur im Deutschen, sondern in einer ganzen Reihe weiterer Sprachen (z. B. im Russischen). Wenn man auch diese Restriktionen im gegenwärtigen Stadium der Analyse für eine bestimmte Sprache noch nicht im einzelnen zu kennen braucht, so muß man sich doch ganz allgemein ihrer Existenz bewußt sein, damit man nicht eine ganze Reihe von Kontrasten von vornherein übersieht. Um dieser Gefahr zu entgehen, muß man also bei der Suche nach Minimalpaaren verschiedene Stellungen im Wort überprüfen.

Exkurs: Minimale Stellungen und Logatome

Im Prinzip muß jedes Phon des sprachlichen Ausgangsmaterials mit jedem anderen Phon verglichen werden, um festzustellen, ob sich bei Substitution eine Bedeutungsveränderung ergibt oder nicht. Während die zuvor erwähnten Vorkommensbeschränkungen die Suche nach Minimalpaaren erschweren, gibt es andererseits Möglichkeiten, die Kontrastierung zu erleichtern.

Erste Möglichkeit: Wir haben den Phonemstatus von /n/ und /ŋ/ bereits oben (56) durch das Minimalpaar [zɪnən] – [zɪŋən] *sinnen – singen* nachgewiesen. Wir nehmen einmal an, wir hätten aus irgendwelchen Gründen weder dieses noch ein anderes Minimalpaar gefunden. Statt dessen wären uns nur Wortpaare wie [zɪnən] – [t͡svɪŋən] *sinnen – zwingen* oder [gəˈvɪnən] – [gəˈlɪŋən] *gewinnen – gelingen* in den Sinn gekommen. Dies sind keine echten Minimalpaare. Allerdings stehen die fraglichen Phone [n] und [ŋ] überall in der gleichen lautlichen Umgebung, d. h. nach [ɪ] und vor [ən]. Auch die Stellung in der Silbe und die Position zum Wortakzent sind in beiden Kontrastpaaren jeweils gleich. Im ersten Paar stehen die fraglichen Phone am Ende der ersten Silbe, welche gleichzeitig die betonte ist. Im zweiten Paar stehen sie am Ende der zweiten Silbe, welche ebenfalls gleichzeitig die betonte ist. Theoretisch kann nicht nur die unmittelbar angrenzende, sondern auch die weitere lautliche Umgebung einen lautlichen Unterschied hervorrufen. Es gibt jedoch keinen artikulatorischen oder sonstigen vernünftigen Grund, weshalb ein Wort, das mit [z] beginnt, nach dem betonten Vokal ein [n] hat, während in einem Wort, das mit [t͜sv] beginnt, eben dieses [n] zugunsten von [ŋ] ausgeschlossen sein sollte. Das gleiche gilt entsprechend für das zweite Paar. Wenn wir die beiden Paare untereinander vergleichen, stellen wir außerdem fest, daß ein dem betonten Vokal vorausgehendes [v] auf keinen Fall für den Unterschied von [n] und [ŋ] verantwortlich sein kann, da wir im Fall [t͜svɪŋən] ein [ŋ], im Fall [gəˈvɪnən] aber ein [n] haben. Bliebe also im ersten Paar nur noch der Unterschied zwischen [z] und [t͜s]. Da alle diese Konsonanten dental sind, gibt es keinen vernünftigen Grund, weshalb [z] ein [n], [t͜s] dagegen ein [ŋ] bewirken sollte. Der Kontrast von [n] und [ŋ] kann also in keiner Weise durch die lautliche Umgebung bedingt sein. Wenn es aber tatsächlich *nicht vorhersehbar* ist, ob zwischen [ɪ] und [ə] ein [n] oder ein [ŋ] steht, zumal die weitere konsonantische Umgebung – wie wir gesehen haben – auch keinen Einfluß hat, dann folgt daraus, daß [n] und [ŋ] *phonologisch distinktiv* und somit als Phoneme des Deutschen zu werten sind.

Man nennt ein solches Vorkommen eine *minimale Stellung*, d. h. *der Kontrast von zwei Phonen in der gleichen lautlichen Umgebung*. Die Angabe von minimalen Stellungen reicht also notfalls aus, um den Phonemstatus zweier Phone nachzuweisen. Um sicher zu sein, daß nicht doch irgendeine bisher verborgen gebliebene lautliche Abhängigkeit besteht, sollte man die Entscheidung nicht von einem einzigen Wortpaar abhängig machen, sondern nach Möglichkeit mehrere Wortpaare mit minimalen Stellungen suchen. Statt von minimalen Stellungen spricht man auch von *subminimalen Paaren* oder *quasiminimalen Paaren*.

Das obige Beispiel aus dem Deutschen ist natürlich konstruiert, da die Opposition [n] – [ŋ] (wie eigentlich jede andere Opposition im Deutschen) ohne große Schwierigkeiten durch echte Minimalpaare nachgewiesen werden kann. Daher folgt ein nichtkonstruiertes Beispiel aus der Praxis: Im bretonischen Dialekt der Insel Groix (Ternes 1970) gibt es das Phonem /w̃/. Dieses Phonem ist in dem Dialekt sehr selten, es kommt insgesamt überhaupt nur in 9 verschiedenen Wörtern vor.[67] Es ist daher schon rein rechne-

[67] Das heißt, die funktionelle Belastung dieses Phonems ist sehr gering, vgl. Anm. 66.

risch unmöglich, den Kontrast von /w̃/ zu allen anderen 24 Konsonantenphonemen des Dialekts in Form von Minimalpaaren zu demonstrieren. In Wirklichkeit ist es sogar unmöglich, auch nur ein einziges Minimalpaar für /w̃/ zu bilden, da dieses Phonem neben seinem zahlenmäßig geringen Auftreten auch noch die Position im Wort betreffend ein stark eingeschränktes Vorkommen hat. Es tritt nämlich nur am Silbenende und dort nur nach dem Diphthong [ei̯] auf (vgl. ibd. 6). Dennoch zwingen subminimale Paare wie [ɥei̯w] – [bei̯w̃] 'trinke!' – 'lebe!', [klei̯w] – [lei̯w̃] 'höre!' – 'weine!' dazu, [w̃] als Phonem zu betrachten.[68] Es wäre z. B. unsinnig, im ersten Paar das Vorhandensein von [b] für die Nasalität von [w̃], im zweiten Paar das Vorhandensein von [k] für die fehlende Nasalität von [w] verantwortlich zu machen.

Zweite Möglichkeit: Wenn zwei Phone weder durch (echte) minimale Paare noch in minimalen Stellungen kontrastiert werden können, kann ihr Phonemstatus als letzter Ausweg auch mit Hilfe sog. *Logatome* nachgewiesen werden. Ein Logatom ist eine Wortform, welche den Lautgesetzen einer bestimmten Sprache (z. B. des Deutschen) entspricht, aber zufällig nicht existiert. Man nennt Logatome gelegentlich auch 'sinnleere Wörter'. Dies ist natürlich eine *contradictio in adiecto*, da Wörter *per definitionem* einen 'Sinn' (d. h. einen Inhalt oder eine Bedeutung) haben. Aber Logatome sind tatsächlich solche paradoxen Gebilde, nämlich Wörter, die es nicht gibt, die es aber geben könnte.

Keine Sprache nutzt die Kombinationsmöglichkeiten der Phoneme, über die sie verfügt, vollständig aus. Jede Sprache hat syntagmatische Vorkommensbeschränkungen, wie sie in der *Phonotaktik* (Kap. 9, vgl. u. 183 ff.) beschrieben werden. Aber auch außerhalb dieser in Regeln gefaßten Vorkommensbeschränkungen gibt es Lücken. Nicht alle erlaubten Kombinationen kommen tatsächlich vor. Dies ist *ein* Aspekt der in jeder Sprache existierenden *Redundanz* (vgl. Anm. 73). Es gibt z. B. im Deutschen Wörter wie [mau̯l] *Maul* oder [fau̯l] *faul*, aber es gibt kein *[ʃau̯l], obwohl die phonotaktischen Regeln ein anlautendes [ʃ] vor der

[68] In der endgültigen phonologischen Transkription bei Ternes (1970) erscheinen diese Beispiele in folgender Form: /ẃeiw/ 'trinke!', /beiw̃/ 'lebe!', /kleiw/ 'höre!', /leiw̃/ 'weine!

Lautkette [au̯l] keineswegs ausschließen. Die Lautform *[ʃau̯l] entspricht also den phonotaktischen Gesetzmäßigkeiten des Deutschen. Es könnte ein solches Wort im Deutschen geben, man könnte es auch leicht orthographisch schreiben *(*schaul)*. Aber in Wirklichkeit existiert ein solches Wort nicht. Die Lautkette [ʃau̯l] hat also keine Bedeutung.

Beispiele für weitere Logatome des Deutschen sind: [klai̯ʃ, gɔi̯tə, fy:dən, ʃɔlf, vo:zə]. *Keine* Logatome des Deutschen sind z. B. [tlʏps, kai̯b, mla:zən], weil [tl] und [ml] als anlautende Konsonantengruppen im Deutschen nicht erlaubt sind und weil ein stimmhafter Verschlußlaut (hier [b]) im Auslaut deutscher Wörter nicht vorkommen darf. Logatome beziehen sich also immer auf das Lautsystem einer bestimmten Sprache.[69] Die Gegenüberstellung von [mau̯l] und *[ʃau̯l], also eines wirklich existierenden Wortes *(Maul)* mit einem Logatom, würde uns zur Not erlauben, [m] und [ʃ] als Phoneme des Deutschen anzusehen, wenn der Nachweis nicht auf andere Weise geführt werden könnte.

Man kann den gleichen Sachverhalt auch anders ausdrücken. Der Nachweis ist dann erbracht, wenn der Ersatz eines Phons durch ein anderes Phon eine Lautform ergibt, die zwar den Gesetzmäßigkeiten der betreffenden Sprache entspricht, aber mit dem Ausgangswort nicht mehr identifizierbar und daher 'unverständlich' ist. Ein Deutschsprachiger weiß nicht, was er/sie sich unter [ʃau̯l] vorstellen soll. Als lautliche Abwandlung von [mau̯l] *Maul* wird man es nicht ansehen. Demgegenüber würde man z. B. [tʰɪʃ] und [tɪʃ] (bei *gleicher* lautlicher Abstraktionsstufe!) als lautliche Abwandlungen desselben Wortes 'Tisch' verstehen. Die Form *[tɪʃ] (immer noch gleiche Abstraktionsstufe) ist kein Logatom des Deutschen. – Weitere gültige Kontrastpaare mit je einem Logatom: [ti:f] *tief* – *[ti:p], [le:bən] *leben* – *[ly:bən]. Man wird nicht *[ti:p] als Abwandlung von *tief* oder *[ly:bən] als Abwandlung von *leben* ansehen, sondern beides für 'unverständliche Wörter' halten.

[69] Lautverbindungen, die keine Bedeutung haben und *nicht* den Lautgesetzlichkeiten einer bestimmten Sprache entsprechen, werden als *nonsense-syllables* oder *nonsense-words* bezeichnet. Eine deutsche Bezeichnung hat sich nicht eingebürgert.

Um Logatome finden zu können, muß man bereits die phonotaktischen Gesetze der betreffenden Sprache zumindest in groben Zügen überschauen. Dies setzt wiederum voraus, daß die Ermittlung einer Reihe von Phonemen dieser Sprache bereits gesichert sein muß. Im Rahmen dieser Einführung wissen wir im gegenwärtigen Stadium der phonologischen Analyse noch gar nichts über die Phonotaktik des Deutschen. Daher könnte es unlogisch erscheinen, zu diesem Zeitpunkt Logatome zu behandeln, die solche Kenntnisse voraussetzen. Dieser Widerspruch existiert aber nur scheinbar. Hier zeigt sich erneut (vgl. o. 54f.), daß die sprachliche Analyse nicht linear ist, sondern auf mehreren Ebenen gleichzeitig voranschreitet, während die *Schilderung* dieses Prozesses nur eindimensional (linear) erfolgen kann. Die auf den verschiedenen Beschreibungsebenen erzielten Ergebnisse befruchten sich gegenseitig, die verschiedenen Bereichen zuzuordnenden Erkenntnisse fördern die Erkenntnisse in jeweils anderen Bereichen. So herrscht während der ganzen Dauer des Analyseprozesses ein beständiges 'Geben und Nehmen' (engl. *give and take*). Letztlich hängt alles in *einem* Sprachsystem zusammen.

Die Notwendigkeit, auf minimale Stellungen zurückzugreifen, ergibt sich in der Praxis recht oft. Das Heranziehen von Logatomen kommt dagegen sehr selten vor. Auf jeden Fall sollte man sich darüber im klaren sein, daß beide Möglichkeiten nur einen Notbehelf darstellen. Zunächst sollte man nach echten Minimalpaaren suchen und diese Suche nicht zu früh aufgeben.

Obwohl Logatome für die phonologische Analyse in der Praxis nur relativ selten herangezogen werden, erscheint uns ihre Behandlung aus methodischen Gründen wichtig, zumal sie an dieser Stelle zwanglos in den Ablauf der Analyse eingefügt werden können. Obwohl es sich um 'sinnleere' oder – strenger ausgedrückt – um gar nicht existierende Elemente handelt, sind sie dennoch in das System eingebunden. Sie stellen sozusagen *systematische Lücken* dar. Der Versuch, Logatome zu bilden, kann daher geradezu als ein Test für die Gültigkeit der bisherigen Analyse gelten. Man kann dabei feststellen, welche Lücken oder Inkonsequenzen bestehen, und sich gezielt um deren Beseitigung bemühen. Wir werden im Verlauf der weiteren Analyse den Begriff des Logatoms noch gelegentlich mit Nutzen heranziehen (z. B. Anm. 72).

Logatome spielen eine wichtige Rolle u. a. für folgende Zwecke:

1. Für experimentalphonetische Untersuchungen der verschiedensten Art. Sie dienen dazu, eventuelle emotionale Einflüsse bei der Aussprache auszuschalten und so die Variablen einer Versuchsanordnung besser unter Kontrolle zu halten. Eine Aufgabe könnte z. B. darin bestehen, den Diphthong [aʊ̯] in verschiedener lautlicher Umgebung zu untersuchen. Würde man dazu das Wortpaar [haʊ̯s] – [maʊ̯s] *Haus* – *Maus* verwenden, so wäre nicht auszuschließen, daß eine Versuchsperson, welche eine starke Aversion gegenüber Mäusen hat, das Wort [maʊ̯s] unter emotionaler Beeinflussung ausspricht. Dadurch könnten z. B. Exspirationsdruck, Dauer, Intonation und andere Faktoren gegenüber der neutralen Aussprache des Wortes *Haus* abgewandelt werden. Wenn man statt dessen die beiden Logatome *[haʊ̯k] und *[maʊ̯k] verwendet, kann eine solche Beeinflussung weitgehend ausgeschaltet werden.

2. Man verwendet Logatome zur Überprüfung der akustischen Qualität von Lautsprechern, Diktiergeräten u. dgl. Bei der Verwendung von Wörtern oder Sätzen, die einen 'Sinn' haben, ist nicht klar abzugrenzen, welcher Anteil des Verstehens durch Versuchspersonen auf die akustische Qualität der Wiedergabe und welcher Anteil auf Kontext, Bedeutungsassoziationen u. dgl. zurückzuführen ist. Durch die Verwendung von Logatomen wird der letztere Bereich ausgeschaltet. Die auditive Erkennung kann dann nur auf der akustischen Qualität der Wiedergabe beruhen. Die sprachliche Kompetenz erlaubt jedem Angehörigen einer Sprachgemeinschaft, Logatome auditiv korrekt wahrzunehmen. Demgegenüber würden beliebige *nonsense-syllables* aufgrund der dann zwangsläufig eintretenden lautlichen Interferenzen auditiv verzerrt wahrgenommen.[70] Nonsense-syllables eignen sich daher nicht für Tests dieser Art. – Ende des Exkurses.

Bei allen bisherigen Minimalpaaren kontrastierten die Phone bezüglich ihrer lautlichen *Qualität*. Wir haben noch nichts darüber gesagt, ob Phone auch bezüglich ihrer *Quantität* (Länge oder Kürze) kontrastieren können. Allerdings zeigten die Minimal-

[70] Letzteres gehört in den Bereich der kontrastiven Phonetik, vgl. Ternes (1976, bes. S. 17ff.).

paare schon, daß Vokale im Deutschen *kurz* oder *lang* sein können. In [hɛft] – [haft] *Heft – Haft* kontrastieren die beiden kurzen Vokale [ɛ] und [a], in [ho:zə] – [ha:zə] *Hose – Hase* die beiden langen Vokale [o:] und [a:]. Die beiden Paare zeigen, daß im Deutschen Kurzvokale untereinander und Langvokale untereinander kontrastieren. Wir haben es aber vermieden, Wortpaare wie z. B. [fas] – [fu:s] *Faß – Fuß* aufzustellen, da dies kein echtes Minimalpaar ist. In Wirklichkeit kontrastieren hier *zwei* lautliche Eigenschaften gleichzeitig, nämlich die Vokalqualität ([a] – [u]) und die Vokalquantität (Kurzvokal – Langvokal). Wir müssen jedoch Qualität und Quantität getrennt behandeln und auch getrennt auf ihre eventuelle Distinktivität hin untersuchen.

Daß die Qualität distinktiv sein kann, haben wir mehrfach nachgewiesen. Um die Distinktivität der Vokal*quantität* zu zeigen, müßte ein Minimalpaar gebildet werden, bei dem die Vokalqualität konstant bleibt und nur die Quantität (kurz – lang) wechselt. Ein solches Minimalpaar ist [ban] – [ba:n] *Bann – Bahn*. Damit wird eindeutig nachgewiesen, daß die Vokalquantität im Deutschen – jedenfalls für den Vokal [a] – bedeutungsunterscheidende Funktion hat, folglich phonologisch ist. Ein weiteres Minimalpaar ist [ramən] – [ra:mən] *rammen – rahmen*, ebenfalls mit der Qualität [a]. Wenn wir nun aber festzustellen versuchen, ob diese distinktive Funktion der Vokalquantität auch für andere oder überhaupt für alle Vokalqualitäten des Deutschen gilt, geraten wir in Schwierigkeiten. Es gelingt uns zwar noch, ein Minimalpaar wie [vɛlə] – [vɛ:lə] *Welle – wähle* zu finden, welches die Distinktivität der Vokalquantität auch für die Qualität [ɛ] nachzuweisen scheint. Dennoch ist diese Interpretation nicht so eindeutig, wie es zunächst den Anschein hat. Dies sieht man dem zuletzt angeführten Wortpaar, welches tatsächlich ein echtes Minimalpaar ist, nicht an. Die Problematik erweist sich erst bei der Betrachtung der Vokalquantität in einem weiteren Zusammenhang im Rahmen des gesamten Vokal*systems*.[71] Daher ist die Behandlung von [ɛ] – [ɛ:] noch nicht abgeschlossen. Diejenige von [a] – [a:] ist dagegen endgültig. Wir dürfen also schreiben /a/ – /a:/. Da wir auch [b] und [n] schon als Phoneme ermittelt haben (vgl. o. 56),

[71] Vgl. Anm. 72.

können wir jetzt zum ersten Mal im Verlauf unseres Analyseprozesses ein Paar in seiner gesamten Länge phonologisch transkribieren: /ban/ – /ba:n/ *Bann – Bahn*.

Wenn wir jetzt versuchen sollten, rein quantitativ bedingte Minimalpaare für noch andere Vokalqualitäten als [a] oder [ɛ] zu finden, so wären diese Bemühungen zum Scheitern verurteilt. Es gibt weder Minimalpaare noch minimale Stellungen, noch andere Notbehelfe, jedenfalls nicht auf der lautlichen Abstraktionsstufe, die wir bisher bei der Minimalpaarsuche eingehalten haben. Es gibt lediglich Paare, bei denen Quantität *und* Qualität des Vokals wechseln. Allerdings finden wir Paare, wo die kontrastierenden Vokalqualitäten einander sehr ähnlich sind, wie z. B. [bɪtən] – [bi:tən] *bitten – bieten*, [bʊlən] – [bu:lən] *Bullen – buhlen*, [fɛlən] – [fe:lən] *fällen – fehlen*, [zɔlən] – [zo:lən] *sollen – sohlen*.

Auf der Abstraktionsstufe, auf der wir uns vorläufig noch befinden, können wir nicht einfach [ɪ] mit [i], [ʊ] mit [u], [ɛ] mit [e], [ɔ] mit [o] gleichsetzen. Es handelt sich jeweils um Paare von Vokalen, die sich durch den Öffnungsgrad unterscheiden. Der qualitative Unterschied wäre groß genug, um für sich allein bedeutungsunterscheidend wirken zu können. Wenn wir aber die obigen Beispiele genauer betrachten, dann stellen wir nicht nur fest, daß Qualität und Quantität sich immer *gleichzeitig* ändern, sondern auch, daß dies nach einer bestimmten Gesetzmäßigkeit geschieht. Der kurze Vokal in einem Paar ist immer offener als der ihm gegenüberstehende lange Vokal bzw. der lange Vokal ist immer geschlossener als der entsprechende kurze Vokal. Daher können wir keine Paare vom Typ [bɪtən] – *[bɪ:tən] oder *[bitən][72] – [bi:tən] finden. Quantität (kurz – lang) und Qualität (offener – geschlossener) ändern sich immer gleichzeitig. Dabei ist eines von beiden phonologisch gesehen *redundant*[73]. Ein *mini-*

[72] Die Formen *[bɪ:tən] und *[bitən] sind *keine* Logatome, da sie den Lautgesetzen des Deutschen nicht entsprechen. Ein kurzer Vokal ist im Deutschen immer offen, ein langer Vokal immer geschlossen. Die einzige Ausnahme ist [ɛ:], z. B. in der obigen Form [vɛ:lə] *wähle*. Deshalb stellt die Quantität von [ɛ:] ein besonderes Problem dar.

[73] 'Redundanz' = *mehrfache Kennzeichnung derselben Information*. Alle Kennzeichnungen außer einer einzigen sind logisch gesehen überflüssig (= redundant).

maler Kontrast als Voraussetzung für eine phonologische Opposition besteht nur dann, wenn sich nur *ein* Faktor ändert. Also muß bei den obigen Paaren einer der beiden Faktoren (Quantität *oder* Qualität) phonologisch distinktiv sein, während der andere sich automatisch aus dem ersteren ergibt. Die Frage ist nur, welcher Faktor der primäre ist. Hängt die Qualität von der Quantität ab oder umgekehrt? Dies ist eine typische phonologische Fragestellung. Wir kommen darauf zurück, wenn wir das deutsche Vokalsystem *als Ganzes* betrachten (vgl. u. 90ff.).

Die Minimalpaare für die Vokale des Französischen enthalten ebenfalls kurze und lange Vokale (vgl. o. 60). Auch dort wurden nur kurze mit kurzen Vokalen oder lange mit langen Vokalen kontrastiert. Wie im Deutschen haben wir es vermieden, Wortpaare zu bilden, bei denen ein kurzer mit einem langen Vokal kontrastiert, z.B. in [kɛt] – [ko:t] *quête – côte* 'Sammlung' – 'Küste'. Auch hier gilt, daß der gleichzeitige Austausch von *zwei* lautlichen Eigenschaften (Qualität *und* Quantität des Vokals) keine phonologische Distinktivität nachweist. Wenn wir nun, ähnlich wie im Deutschen, versuchen würden, ein Minimalpaar zu bilden, bei dem die Vokalqualität konstant bliebe und nur die Quantität (kurz – lang) wechselte, dann würde dieser Versuch vollständig scheitern. Ein solches Minimalpaar ist im Französischen nicht möglich.[74] Ein Wortpaar wie z.B. [buʃ] – [bu:z] *bouche – bouse* 'Mund' – 'Kuhfladen' kann nicht für einen phonologischen Distinktivitätsnachweis herangezogen werden, da wiederum zwei Eigenschaften gleichzeitig wechseln, nämlich Vokalquantität von [u] und Qualität des folgenden Konsonanten.

Wir kommen also zu dem Schluß, daß die Vokalquantität im Französischen keine bedeutungsunterscheidende Funktion besitzt und daher nicht phonologisch ist. Eine Abhängigkeit von Quantität und Qualität der Vokale, wie wir sie im Deutschen festgestellt haben, existiert im Französischen nicht. Dies ergibt sich aus dem Paar [buʃ] – [bu:z], wo die Vokalqualität, unabhängig von

[74] Dies gilt für die gegenwärtig gültige Aussprachenorm des Französischen. In einer älteren Form, die heute im schulischen Fremdsprachenunterricht gelegentlich noch gelehrt wird, sind solche Paare möglich, allerdings auf eine einzige Vokalqualität – nämlich [ɛ] – beschränkt. Vgl. u. 151.

der Quantität, konstant bleibt.[75] Das Vorkommen von kurzen und langen Vokalen, das im Französischen jedenfalls nicht bedeutungsdifferenzierend ist, muß also eine andere Ursache haben. Die Lösung dieser Frage findet sich in Kap. 5.3 Allophonie (vgl. u. 84f.).

5.3 Allophonie

Bei der Ermittlung des Phonemsystems einer Sprache mit Hilfe von Minimalpaaren muß im Prinzip *jedes* Phon mit *jedem* anderen Phon kontrastiert werden. Der Phonemstatus eines Phons ist letztlich erst dann nachgewiesen, wenn ein minimaler Kontrast des betreffenden Phons zu jedem anderen Phon der untersuchten Sprache gebildet werden kann.[76] Wie trügerisch das erstbeste Minimalpaar sein kann, zeigt der folgende Gedankengang.

Dt. [nakt] – [naxt] *nackt – Nacht* bilden ein perfektes minimales Paar. Es weist scheinbar nach, daß [k] und [x] im Deutschen Phoneme sind. Für [k] trifft dies auch tatsächlich zu, was sich durch zahlreiche weitere Minimalpaare der unterschiedlichsten lautlichen Konstellationen untermauern läßt. Weiterhin scheint das Minimalpaar [gɪʃt] – [gɪçt] *Gischt – Gicht* zu belegen, daß [ʃ] und [ç] Phoneme des Deutschen sind. Für [ʃ] trifft dies ebenfalls zu, wie sich durch weitere Minimalpaare nachweisen läßt, z. B. mit dem zuvor isolierten [k]: [ʃɛltə] – [kɛltə] *Schelte – Kälte*. Wir dürfen also /k/ und /ʃ/ schreiben. Sollten wir aber versuchen, ein Minimalpaar zwischen dem zuvor isolierten [x] und dem anschließend isolierten [ç] zu bilden, so würden wir scheitern. Wie auch immer wir es wendeten, eine minimale Kontrastierung von [x] mit [ç]

[75] Wir befinden uns noch immer auf der Abstraktionsstufe, bei der der qualitative Unterschied zwischen [ʊ] und [u] in der Transkription zum Ausdruck kommt.

[76] Von dieser Notwendigkeit gibt es eine wichtige Ausnahme, die zwar streng theoretisch nicht zulässig, in der Praxis aber doch vertretbar ist. Man geht in der Regel von zwei getrennten Klassen von Phonen aus, nämlich Vokalen und Konsonanten. Man kontrastiert daher Vokale mit Vokalen und Konsonanten mit Konsonanten, nicht Vokale mit Konsonanten. In der Regel liegt in diesem Vorgehen keine Gefahr.

ließe sich nicht herstellen. Ein Paar wie [naxt] – *[naçt] ist unmöglich, ebenso eines wie *[gɪxt] – [gɪçt]. Bei den mit Stern versehenen Formen handelt es sich *nicht* um Logatome, sondern – aus der Sicht des Deutschen – um unerlaubte Formen. Dem liegt eine lautliche Gesetzmäßigkeit zugrunde, welche das Vorkommen der beiden Phone [x] und [ç] im Deutschen betrifft. Untersuchen wir deren Vorkommen näher, so stellen wir fest, daß [x] immer nach einer ganz bestimmten Gruppe von Lauten auftritt, [ç] hingegen nach einer bestimmten Gruppe von *anderen* Lauten. [x] tritt ausschließlich nach *hinteren* Vokalen auf (einschließlich des auf einen hinteren Vokal ausgehenden Diphthongs [au̯]): [bu:x] *Buch*, [zʊxt] *Sucht*, [ho:x] *hoch*, [dɔxt] *Docht*, [maxt] *Macht*, [lau̯x] *Lauch*. Demgegenüber kommt [ç] nach *vorderen* Vokalen vor (einschließlich der auf einen vorderen Vokal ausgehenden Diphthonge [ai̯] und [ɔi̯]): [zi:ç] *siech*, [zɪçt] *Sicht*, [fly:çə] *Flüche*, [flʏçtɪç] *flüchtig*, [ʃlɛçt] *schlecht*, [hø:çst] *höchst*, [mœçtə] *möchte*, [lai̯çt] *leicht*, [lɔi̯çtən] *leuchten*.

Besonders deutlich läßt sich diese Gesetzmäßigkeit bei morphologisch zusammengehörenden Wortpaaren erkennen, z. B. [flu:x] – [fly:çə] *Fluch – Flüche*, [kɔx] – [kœçə] *Koch – Köche*, [maxt] – [mɛçtə] *Macht – Mächte*, [bau̯x] – [bɔi̯çə] *Bauch – Bäuche*. Außerdem kommt [ç] nach Konsonanten vor, z. B. [mɔlç] *Molch*, [manç] *manch*, [fʊʀçə] *Furche*. Die Vorkommensverteilung der beiden fraglichen Phone überschneidet sich nie. Demnach tritt [x] nach hinteren Vokalen auf, niemals nach vorderen Vokalen und niemals nach Konsonanten. [ç] kommt nach vorderen Vokalen oder nach Konsonanten vor, niemals nach hinteren Vokalen.[77] Deshalb ist eine Minimalpaarbildung ausgeschlossen.

[77] Bei der Klasseneinteilung in vordere und hintere Vokale zeigt sich einer der prinzipiellen Unterschiede zwischen Phonetik und Phonologie. Vokale wie [i, y, œ] u. a. sind eindeutig vordere Vokale, Vokale wie [u, o, ɔ] eindeutig hintere Vokale. Bei [a] dagegen könnte man zögern, ob man es den vorderen oder den hinteren Vokalen zuordnen soll. Bei der artikulatorischen Darstellungsweise der Vokale in einem Dreieck steht [a] an der Spitze des Dreiecks, also an der Stelle, wo vordere und hintere Vokale in *einem* Punkt zusammenlaufen. Bei der Darstellungsweise in einem Viereck (Vokaltrapez) gehört [a] sogar in die Reihe der vorderen Vokale. Dessenungeachtet bildet [a] innerhalb der beschriebenen lautlichen Regel

Wir fassen zusammen: Das Phon [x] kommt im Deutschen nur nach hinteren Vokalen vor. Diese sind (unabhängig von ihrer Quantität): [u, ʊ, o, ɔ, a, au̯]. Das Phon [ç] kommt im Deutschen nur nach vorderen Vokalen und nach Konsonanten vor. Die vorderen Vokale sind (wiederum unabhängig von der Quantität): [i, ɪ, y, ʏ, e, ɛ, ø, œ, ai̯, ɔi̯]. Als Konsonanten kommen nur [n, l, ʀ] in Frage. Nach anderen Konsonanten kommt keines der beiden Phone vor.

Im Grunde handelt es sich bei der Gesetzmäßigkeit des Vorkommens von [x] und [ç] um dieselbe Erscheinung wie bei den früher beschriebenen [k]-Varianten [k̠], [k̟] usw. (vgl. o. 37ff.). Aufeinanderfolgende Laute beeinflussen einander in der Aussprache, z. B. in bezug auf die Artikulationsstelle. Es ist also kein Zufall, sondern entspricht dieser Gesetzmäßigkeit, wenn [ç] (palataler Frikativ), welches nach vorderen Vokalen steht, deutlich weiter vorne artikuliert wird als [x] (velarer Frikativ), welches nach hinteren Vokalen auftritt. Der Unterschied zwischen [k̠] – [k̟] einerseits und [x] – [ç] andererseits ist letztlich nur graduell. Der Unterschied zwischen den genannten [k]-Varianten ist sehr fein, er kann nur von einem phonetisch geschulten Gehör wahrgenommen werden. Er kommt daher nur in sehr enger phonetischer Transkription durch die Hinzufügung von diakritischen Zeichen zum Ausdruck. Der Unterschied zwischen [x] und [ç] ist dagegen sehr ausgeprägt und auch für ein ungeschultes Gehör deutlich. Er wird daher auch in einer weiten phonetischen Transkription des Deutschen gewöhnlich zum Ausdruck gebracht, und zwar nicht durch

des Deutschen eine gemeinsame Klasse mit den hinteren Vokalen. Daher wird es ebenfalls (für diese Regel!) als hinterer Vokal angesehen. Dies ist kein Widerspruch. Die aufgrund naturgegebener Befunde vorgenommene Klassenbildung (z. B. vordere – hintere Vokale) ist *eine* Sache, die aufgrund der lautlichen oder grammatischen Gesetzmäßigkeiten einer bestimmten Sprache vorgenommene Klassenbildung ist eine andere Sache. Es ist nicht unlogisch, ja nicht einmal überraschend, daß ein und dieselbe Einheit je nach dem zugrunde gelegten Kriterium zu verschiedenen, sogar einander entgegengesetzten Klassen gehören kann. Die Sprachstruktur besitzt ihre eigenen Gesetzmäßigkeiten und Taxonomien, die den physikalischen Gesetzmäßigkeiten der Natur entsprechen oder diese widerspiegeln können, aber keineswegs mit ihnen identisch sein müssen.

Hinzufügung von diakritischen Zeichen zu demselben Symbol, sondern durch zwei verschiedene Symbole.

Da der Unterschied nur graduell ist, besteht zwischen Fällen wie [k̠] – [k̟] und solchen wie [x] – [ç] keine scharfe Grenze. Dennoch läßt sich meistens eine Kategorisierung vornehmen. Fälle wie die unterschiedlichen [k]-Varianten ergeben sich *zwangsläufig* aus den artikulatorischen Gegebenheiten des Menschen und gelten mehr oder weniger für jede Sprache. Daher haben wir Fälle dieser Art eigentlich schon längst bei der Betrachtung ausgeschieden. Ein Fall wie dt. [x] – [ç] hingegen ist *sprachspezifisch*. Diachron gesehen entwickeln sich Fälle der letzteren Art zwangsläufig aus solchen der ersteren Art. Umgekehrt können sich Fälle der ersteren Art zu solchen der letzteren Art entwickeln, müssen es aber nicht. Im Laufe der historischen Entwicklung einer Sprache kann natürlich zu einem bestimmten Zeitpunkt ein Grenzfall vorliegen, bei dem es schwierig ist zu entscheiden, welcher Kategorie ein bestimmter lautlicher Unterschied angehört und ob er in einer weiten phonetischen Transkription zum Ausdruck gebracht werden soll oder nicht.

Wir betrachten das Minimalpaar span. [ˈixo] – [ˈɔxo] *hijo* – *ojo* ‘Sohn’ – ‘Auge’. Bei dem phonetischen Feinheitsgrad, der uns im Deutschen die Unterscheidung von [k̟] in *Kiefer* und [k̠] in *Kufe* erlaubte, müßten wir im Spanischen auch [x̟] in *hijo* von [x̠] in *ojo* differenzieren. Dieser Unterschied ergibt sich aber wiederum zwangsläufig aus den physiologischen Gegebenheiten und braucht in einer phonetischen Transkription normalerweise nicht berücksichtigt zu werden. Andererseits zeigt das spanische Wortpaar, daß nach vorderen bzw. hinteren Vokalen nicht zwangsläufig Varianten wie dt. [ç] – [x] auftreten müssen. In einer weiten Transkription kann der Konsonant in beiden spanischen Wörtern gleichermaßen mit [x] wiedergegeben werden. Daher ist die Variation [ç] ~ [x] sprachspezifisch deutsch.

Die Phone dt. [ç] – [x] sind, wie wir gesehen haben, bedingt durch die lautliche Umgebung: [ç] steht nach vorderen Vokalen und nach Konsonanten, [x] nach hinteren Vokalen. Die beiden Phone sind *komplementär verteilt (komplementär distribuiert)*, d. h., sie schließen einander aus: Wo das eine vorkommt, kommt das andere nicht vor und umgekehrt. Da sie einander ausschließen, können sie logischerweise nicht in Opposition zueinander stehen und daher auch keine Minimalpaare miteinander bilden. Solche in *komplementärer Verteilung (komplementärer Distribution)* stehenden Phone werden zu *einem* Phonem zusammengefaßt. Sie bilden die *kombinatorischen Varianten* dieses Phonems. *Kombinatorische Varianten* (auch *stellungsbedingte* oder *positionsbedingte Varianten* genannt) sind also *durch Nachbarlaute bedingte oder aufgrund ihrer Position im Wort definierbare lautliche Realisierungen eines Phonems.*

Wir haben von Anfang an darauf hingewiesen, daß die lautliche (phonetische) Realisierung eines Phonems aus den verschiedensten Gründen Schwankungen unterworfen ist. Diese Aussprachevarianten werden in der phonologischen Fachterminologie als *Allophone* (Sg. das *Allophon*) bezeichnet. In einem weiteren Sinne sind Allophone jede Art von phonetischen Varianten eines Phonems. Im engeren Sinne wird der Begriff *Allophon* speziell für die zuvor beschriebenen kombinatorischen Varianten eines Phonems verwendet. Diese letztere Verwendungsweise ist vorzuziehen, da sie sprachsystematisch und beschreibungstechnisch den interessanteren Fall darstellt, während zwangsläufige Variationen vom Typ [k̟] – [k̠] oder gar gesundheitlich o. ä. bedingte Varianten für die Beschreibung des Sprachsystems weniger interessant sind. Hier würde es genügen, von *Aussprachevarianten* oder *phonetischen Varianten* zu sprechen.

Eine Frage ist freilich noch offen, nämlich wie wir das aus den Allophonen [ç] und [x] bestehende Phonem des Deutschen schreiben sollen. Wenn phonetische Varianten durch Hinzufügung von diakritischen Zeichen zum Ausdruck gebracht werden, wird das Phonem einfach durch das entsprechende Lautzeichen *ohne* Diakritika wiedergegeben, z. B. [k̟] ~ [k̠] durch /k/, [l] ~ [ɫ] durch /l/. Dies ist bei [ç] ~ [x] nicht möglich, da der phonetische Unterschied zwischen den beiden Varianten so groß ist, daß er durch zwei verschiedene Zeichen zum Ausdruck gebracht wird. In solchen Fällen kann eine Entscheidung aufgrund des häufigeren Vorkommens einer bestimmten Variante getroffen werden. Oder verschiedene andere Umstände (z. B. die Position im Wort) können eine bestimmte Variante als ‘typischer’ erscheinen lassen. Beides trifft für [ç] ~ [x] nicht zu. Keine der beiden Varianten ist signifikant häufiger oder erscheint 'typischer' als die andere. In einer solchen Situation kann die Entscheidung erst nach Maßgabe der Verhältnisse im Phonemsystem als ganzem fallen. Die Phoneme einer Sprache bilden, wie schon festgestellt, ein *System*, das nach bestimmten Gesichtspunkten *geordnet* ist. Dabei wird sich zeigen, welcher von mehreren möglichen Repräsentanten eines Phonems sich besser in die Gesamtanordnung des Systems einfügt. Dies kann man natürlich erst beurteilen, wenn alle Phoneme der betreffenden Sprache ermittelt sind. So weit sind wir in bezug auf das Deutsche im Augenblick noch nicht. Wir müssen daher vorausgreifen, indem wir feststellen, daß die Entscheidung zugunsten von /x/ ausfallen wird (vgl. u. 105f.). Die komplementäre Distribution von [ç] ~ [x] im Deutschen ist ein klassischer Fall von *Allophonie* (im engeren Sinne). Wir beschreiben nun zur Verdeutlichung zwei weitere bekannte Fälle dieser Art.

Im Spanischen haben die Phoneme /b, d, g/ je zwei (positionsbedingte) Allophone: 1. die stimmhaften Verschlußlaute [b, d, g], 2. die entsprechenden stimmhaften Frikative [β, ð, ɣ]. Die erste Gruppe von Allophonen steht a) im Wortanlaut[78], b) nach Nasalkonsonant, [d] außerdem nach /l/. Die zweite Gruppe von Allophonen steht in allen anderen Positionen.[79] Dies sind insbesondere: intervokalische Stellung, Konsonantengruppen (außer den zuvor genannten), Auslaut.

Beispiele:

/b/:	/bóta/	[ˈbota]	*bota*	'Stiefel'
	/bíno/	[ˈbino]	*vino*	'Wein'
	/ámbos/	[ˈambɔs]	*ambos*	'beide'
	/lóbo/	[ˈloβo]	*lobo*	'Wolf'
	/ablár/	[aβˈlar]	*hablar*	'sprechen'

[78] Genauer: im absoluten Anlaut, da innerhalb eines Satzes bei mehreren aufeinanderfolgenden Wörtern dieselben Regeln gelten wie innerhalb eines isolierten Wortes.

[79] Bei der Formulierung von Regeln für die Distribution von Allophonen ist es am geschicktesten, zunächst dasjenige Allophon (diejenigen Allophone) zu beschreiben, dessen (deren) Distribution sich sprachlich am knappsten ausdrücken läßt. Der heterogene Rest läßt sich dann einfach unter der Angabe 'sonst' o. ä. zusammenfassen.

/d/:	/dóble/	['doβle]	*doble*	'doppelt'
	/kónde/	['konde]	*conde*	'Graf'
	/fálda/	['falda]	*falda*	'Rock'
	/dédo/	['deðo]	*dedo*	'Finger'
	/mádɾe/	['maðɾe]	*madre*	'Mutter'
	/xubentúd/	[xuβen'tuð]	*juventud*	'Jugend'
/g/:	/gústo/	['gusto]	*gusto*	'Geschmack'
	/sángɾe/	['saŋgɾe]	*sangre*	'Blut'
	/lágo/	['laɣo]	*lago*	'See'
	/síglo/	['siɣlo]	*siglo*	'Jahrhundert'
	/álgo/	['alɣo]	*algo*	'etwas'

Im britischen Englisch[80] hat das Phonem /l/ zwei (positionsbedingte) Allophone: 1. alveolares *l* ohne weitere Modifikationen [l], 2. das vorige *l* mit zusätzlicher Velarisation [ɫ]. Das Allophon [ɫ] steht a) im Wortauslaut, b) vor Konsonanten (außer vor /j/). Das Allophon [l] steht sonst (d. h. vor Vokal und vor /j/). Etwas formalisiert können wir dies folgendermaßen ausdrücken[81]:

/l/	1.	[ɫ]	a)	im Wortauslaut
			b)	vor Konsonant (außer /j/)
	2.	[l]	a)	vor Vokal
			b)	vor /j/

Beispiele:	/lɒŋ/	[lɒŋ]	*long*	'lang'
	/jéləʊ̯/	['jeləʊ̯]	*yellow*	'gelb'
	/fil/	[fi:ɫ]	*feel*	'fühlen'
	/fílɪŋ/	['fi:lɪŋ]	*feeling*	'Gefühl'
	/mɪlk/	[mɪɫk]	*milk*	'Milch'
	/séldəm/	['seɫdəm]	*seldom*	'selten'
	/lɪtl/	[lɪtɫ]	*little*	'klein'
	/mɪ́ljən/	['mɪljən]	*million*	'Million'

Nicht alle der bisher beschriebenen Fälle von (positionsbedingter) allophonischer Variation sind auf die gleiche Weise erklärbar.

80 Im amerikanischen Englisch sind die Verhältnisse anders. Dort wird das Phonem /l/ in allen Positionen als [ɫ] realisiert. Dennoch wird das Phonem auch in diesem Fall unter Weglassung des Diakritikums einfach in der Form /l/ geschrieben.

81 Für didaktische Zwecke ist es in diesem Fall am geschicktesten, den 'Sonderfall' [ɫ] zuerst aufzuführen.

Bei der Verteilung von [ç] ~ [x] nach vorderen bzw. hinteren Vokalen ist die artikulatorische Angleichung offensichtlich. Allerdings gibt es keinen unmittelbar einleuchtenden Grund, weshalb nach Konsonanten nur [ç] unter Ausschluß von [x] stehen sollte. Dies ist nicht mit artikulatorischer Anpassung o. ä. zu erklären. Wir können nur feststellen und akzeptieren, daß es sich so und nicht anders verhält (was natürlich nicht ausschließt, weiter nach einer eventuell tiefer liegenden Ursache zu forschen). Die Allophonie von span. /b, d, g/ wiederum ist unmittelbar artikulatorisch erklärbar. Es leuchtet ein, daß die Realisierung in Form von Frikativen in intervokalischer Stellung eine artikulatorische Angleichung darstellt, da Vokale *per definitionem* offene Laute und Frikative offener als Verschlußlaute sind. Deshalb ist es auch plausibel, daß nach homorganen Nasalkonsonanten der Verschluß beibehalten wird: Für den Nasalkonsonanten besteht ohnehin ein Verschluß (bilabial für [m], apikodental für [n], dorsovelar für [ŋ]), der für die Artikulation des folgenden [b, d, g] dann einfach beibehalten wird. Demgegenüber ist die Distribution [l] und [ɫ] für /l/ im britischen Englisch phonetisch nicht unmittelbar einleuchtend. Von einer artikulatorischen Anpassung kann jedenfalls nicht die Rede sein.

Wir halten fest, daß es zwei Arten von (positionsbedingter) Allophonie gibt. In vielen Fällen ist die Allophonie als artikulatorische Anpassung unmittelbar phonetisch zu erklären. In anderen Fällen ist jedoch eine solche Erklärung nicht möglich. Beschreibungstechnisch werden beide Arten von Allophonie gleich behandelt. Der Unterschied besteht in der *Motivation*. Es ist wichtig, ganz allgemein zu erkennen, daß sprachliche Gesetzmäßigkeiten (einschließlich lautlicher Gesetzmäßigkeiten) nicht notwendigerweise physikalischen Gesetzmäßigkeiten oder überhaupt phänomenalen Gegebenheiten der Natur entsprechen. Wenn sie dies nicht tun, sind sie deshalb nicht weniger 'logisch'. Die sprachlichen Gesetzmäßigkeiten jeder einzelnen Sprache bilden ihre eigene in sich schlüssige logische Struktur. Die Logik der Mathematik und die Zwangsläufigkeit der Naturgesetze lassen sich nicht unmittelbar auf die Sprache übertragen. Daher ist es nicht berechtigt, die Logik der Mathematik und die Gesetzmäßigkeiten einer bestimmten Sprache gegeneinander aufzurechnen. Ebensowenig ist es berechtigt, die Strukturen zweier verschiedener Sprachen in bezug auf ihre vermeintliche 'Logik' miteinander zu vergleichen und entsprechend zu werten. Es ist unsinnig, eine bestimmte Sprache als 'logisch' zu bezeichnen oder als 'logischer' als eine andere Sprache. Viele Vorurteile über 'Sprache' im allgemeinen und über konkrete Einzelsprachen beruhen auf der mangelnden Einsicht in diese Umstände.

Nicht immer bilden zwei Phone, die in komplementärer Distribution stehen, Allophone *eines* Phonems. Ein berühmtes Gegenbeispiel stammt von Trubetzkoy (1989: 32), dem wir hier folgen. Im Deutschen stehen [h] und [ŋ] in komplementärer Distribution: [h] kommt nur vor Vokalen (außer vor unbetontem [ə] und unbetontem [ɪ]) vor; es steht also niemals vor Konsonanten. [ŋ] kommt nur vor unbetontem [ə] und unbetontem [ɪ] und vor Konsonanten vor.[82] Trotz dieses unbestreitbaren Sachverhalts würde man niemals [h] und [ŋ] als Allophone *eines* Phonems betrachten, da ihre phonetische Ähnlichkeit zu gering ist. Allophone ein und desselben Phonems müssen einander phonetisch ähnlich sein. Trubetzkoy hat versucht (ibd.), den Grad der Ähnlichkeit in eine präzise Regel zu fassen: Zwei komplementär distribuierte Phone sind nur dann als Allophone eines Phonems zu werten, wenn ihre gemeinsamen Schalleigenschaften[83] [eine Art größter gemeinsamer Teiler, A. d. Verf.] in keinem anderen Laut des betreffenden Lautsystems wiederkehren. Dt. [ç] und [x] haben gemeinsam, daß sie stimmlose dorsale nicht-sulkalisierte Frikative sind. Diese gemeinsamen Merkmale finden sich in keinem anderen Laut des Deutschen. Demgegenüber haben [h] und [ŋ] nur gemeinsam, daß sie Konsonanten sind. Diese Eigenschaft teilen sie jedoch mit allen anderen Konsonanten des Deutschen. Daher sind sie als getrennte Phoneme zu werten.[84] Es ist nicht ganz sicher, ob mit

[82] Dies ist die Beschreibung nach Trubetzkoy. Man kann die Distribution auch etwas einfacher wiedergeben: [h] kommt nur wort- oder morphemanlautend vor; [ŋ] kommt niemals wort- oder morphemanlautend vor. Nach dieser Beschreibung gibt es allerdings einige (ganz wenige) Ausnahmen, z. B. [u:hu] *Uhu*.

[83] In heutiger Terminologie würde man statt von 'Schalleigenschaften' eher von 'lautlichen Merkmalen' sprechen. Vgl. auch Anm. 160.

[84] Der Phonemstatus ergibt sich im übrigen durch Minimalpaarbildung von [h] und [ŋ] mit allen *anderen* Phonemen des Deutschen.

Trubetzkoys Regel wirklich alle vorkommenden Fälle eindeutig zu lösen sind. Möglicherweise gibt es – allerdings nur ganz seltene – Ermessensfälle.

Eine andere Art von komplementärer Distribution liegt im Französischen vor. Sie betrifft die *Quantität* der Vokale. Wir haben schon festgestellt, daß im Deutschen die Vokalquantität phonologisch distinktiv ist, vgl. [zat] – [za:t] *satt – Saat*. Demgegenüber ist es im Französischen nicht möglich, Vokale der gleichen Qualität, aber unterschiedlicher Quantität (kurz – lang), miteinander zu kontrastieren. Minimalpaare, welche die Qualität betreffen, sind z. B.

[biʃ] – [buʃ]	*biche – bouche*	'Hirschkuh' – 'Mund'
[bi:z] – [bu:z]	*bise – bouse*	'Nordwind' – 'Kuhfladen'

Formen wie *[bi:ʃ], *[bu:ʃ] oder *[biz], *[buz] sind grundsätzlich ausgeschlossen. Durch einen Vergleich einer größeren Zahl von Wörtern mit kurzen und langen Vokalen stellt man fest, daß die Vokalquantität komplementär verteilt ist und sowohl von der Qualität des betroffenen Vokals als auch von derjenigen des oder der folgenden Konsonanten abhängt. Insgesamt sind die Regeln ziemlich komplex. Kurz zusammengefaßt lauten sie folgendermaßen:

1. Lange Vokale können nur in betonter Silbe vorkommen. In unbetonter Silbe sind alle Vokale kurz.
2. Alle nasalierten Vokale sind lang vor einem oder mehreren Konsonanten.
3. Alle Vokale sind lang vor den folgenden einfachen Konsonanten: /v, z, ʒ, r/ (sog. *consonnes allongeantes*) und vor der Konsonantengruppe /vr/.
4. Die Vokalphoneme /o, ø, ɑ/ sind lang vor jedem Konsonanten oder jeder Konsonantengruppe.

Beispiele:

ad 2:	/ɑ̃fɑ̃/	[ɑ̃'fɑ̃]	*enfant*	'Kind'
	/ɑ̃fɑ̃s/	[ɑ̃'fɑ̃:s]	*enfance*	'Kindheit'
	/lõ/	[lõ]	*long*	'lang (m.)'
	/lõg/	[lõ:g]	*longue*	'lang (f.)'
	/sɛ̃k/	[sɛ̃:k]	*cinq*	'fünf'
	/vɑ̃tr/	[vɑ̃:tʀ]	*ventre*	'Bauch'

ad 3:	/nœf/	[nœf]	*neuf*	'neu (m.)'
	/nœv/	[nœ:v]	*neuve*	'neu (f.)'
	/riv/	[ʀi:v]	*rive*	'Ufer'
	/ʃɛz/	[ʃɛ:z]	*chaise*	'Stuhl'
	/kɛs/	[kɛs]	*caisse*	'Kasse'
	/nɛʒ/	[nɛ:ʒ]	*neige*	'Schnee'
	/mɛʃ/	[mɛʃ]	*mèche*	'Docht'
	/lur/	[lu:ʀ]	*lourd*	'schwer (m.)'
	/lurd/	[luʀd]	*lourde*	'schwer (f.)'
	/gar/	[ga:ʀ]	*gare*	'Bahnhof'
	/ʃɛvr/	[ʃɛ:vʀ]	*chèvre*	'Ziege'
	/travaj/	[tʀa'vaj]	*travail*	'Arbeit'
ad 4:	/fo/	[fo]	*faux*	'falsch (m.)'
	/fos/	[fo:s]	*fausse*	'falsch (f.)'
	/ʃom/	[ʃo:m]	*chaume*	'Dachstroh'
	/møt/	[mø:t]	*meute*	'Meute'
	/pɑl/	[pɑ:l]	*pâle*	'bleich'
	/pɛl/	[pɛl]	*pelle*	'Schaufel'

Jedes Vokalphonem hat also im Französischen je eine kurze und eine lange Variante, welche positionsbedingt und komplementär distribuiert sind. Die Vokalquantität ist demnach im Französischen phonologisch nicht distinktiv.

5.4 Freie Variation

Neben kombinatorischen (positionsbedingten) Varianten gibt es noch einen anderen Typ, nämlich *freie* oder *fakultative Varianten*. Ein Beispiel dafür ist die Aussprache des Phonems /r/ im Deutschen. Dieses kann als uvulares [ʀ] (sog. Zäpfchen-R) oder als dentales [r] (sog. Zungenspitzen-R) realisiert werden.[85] Beispiel: dt. *rot* /ro:t/ [ʀo:t] oder [ro:t] in *freier Variation*. Freie Varianten

[85] Wir schreiben das *Phonem* – unabhängig von seiner phonetischen Realisierung – /r/ und nicht */ʀ/, da ersteres das gebräuchlichere Zeichen ist. Es sei daran erinnert, daß das Phonem eine abstrakte Einheit ist, die als solche nicht ausgesprochen werden kann. Wir wählen für seine Schreibung ein Zeichen, das zwar die phonetische Realisierung evoziert, aber doch möglichst allgemein und leicht wiederzugeben ist.

sind nicht positionsbedingt. Überall dort, wo die eine Variante auftritt, kann die andere Variante beliebig gegen sie ausgetauscht werden. Dieser Austausch stellt nur eine Aussprachevariante dar, er bewirkt *keine Bedeutungsänderung*. Auch die Verständlichkeit des Wortes wird durch die eine oder andere Variante in keiner Weise beeinträchtigt. Es wäre eine Sprache denkbar, wo der Austausch von [r] gegen [ʀ] die Bedeutung des Wortes ändert. Dann wären /r/ und /ʀ/ Phoneme einer solchen Sprache. Dies ist z. B. im Portugiesischen der Fall, vgl. port. /káru/ – /káʀu/ *caro* – *carro* 'teuer, lieb' – 'Karren'. Im Deutschen sind solche Oppositionen nicht möglich. *Fakultative (= freie) Varianten* sind *verschiedene Realisierungen eines Phonems, die genau in derselben lautlichen Umgebung vorkommen und miteinander vertauscht werden können, ohne einen Bedeutungsunterschied hervorzurufen.*

Es wird gelegentlich eingewandt, freie Varianten seien in Wirklichkeit nur bedingt frei. Um diesen Punkt zu klären, ist es notwendig, zwischen *internen* und *externen* Kriterien der Sprachbetrachtung zu unterscheiden. Die phonologische Analyse einer Sprache ist primär ein rein interner (sprachimmanenter) Vorgang. So wollen wir sie in dieser Einführung ausschließlich verstanden wissen. Die Entscheidung darüber, ob ein gegebenes Phon ein Phonem, eine positionsbedingte Variante oder noch etwas anderes ist, fällt nach Maßgabe der Verhältnisse innerhalb des Sprachsystems, also nach internen Kriterien. Nachdem das Phonemsystem auf diese Weise ermittelt ist, können in einem weiteren Schritt externe Kriterien, z. B. geographische oder soziale Aspekte, hinzugezogen werden.

Bei Berücksichtigung rein interner Kriterien, welche im Grunde die einzigen sind, die uns hier interessieren, sind [ʀ] und [r] im Deutschen tatsächlich als freie Varianten des Phonems /r/ zu bezeichnen. Wenn wir über den internen Rahmen hinausgehen und externe Kriterien hinzuziehen, dann kann man allerdings von einer gewissen Bedingtheit sprechen. Dabei ist zunächst festzustellen, daß [ʀ] historisch jünger ist als [r]. Es gab eine Zeit, die allerdings mehrere hundert Jahre zurückliegt, als jedes /r/ im Deutschen als Zungenspitzen-[r] realisiert wurde. Später hat das Zäpfchen-[ʀ] begonnen, sich auszubreiten. Heute ist es die vorherrschende Aussprache und gewinnt tendenziell weiter an Raum.

Zweitens kann man feststellen, daß es eine Beziehung gibt zwischen der Aussprache von /r/ und dem Alter der Sprecher. Unter älteren Menschen wird der Prozentsatz derjenigen, die [r] realisieren, größer sein als unter jüngeren Menschen. Drittens hat die Verbreitung von [ʀ] und [r] auch einen geographischen Aspekt. Dabei muß jedoch vor vorschnellen Urteilen gewarnt werden. Die geographische Verbreitung ist eher kleinräumig zu beschreiben. Großräumig gesehen ist die [r]-Aussprache im Norden und im Süden, im Osten, im Westen und im Zentrum des deutschen Sprachgebiets zu finden.[86] Auch von einem Stadt-Land-Gefälle zu sprechen, ist nur teilweise richtig. Man wird in den Millionenstädten Hamburg (für den Norden) und München (für den Süden) nicht wenige in der betreffenden Stadt geborene Menschen finden, welche [r] aussprechen. Dennoch würde vermutlich eine genaue Untersuchung ergeben, daß in bestimmten Gegenden des deutschen Sprachgebiets [r] stärker verbreitet ist als in anderen.

Schließlich hat die Verbreitung der r-Varianten auch einen sozialen Aspekt. Dazu ist festzustellen, daß die [ʀ]-Aussprache als 'normal', die [r]-Aussprache mitunter als etwas 'abweichend', im großen und ganzen jedoch nicht als besonders 'auffällig' empfunden wird. Von einer sozialen Diskriminierung der [r]-Aussprache kann jedenfalls nicht die Rede sein. Für eine gehobene Stellung im öffentlichen Leben (z. B. in der Politik) bedeutet die [r]-Aussprache kein Manko. Auch einer Anstellung als Rundfunk- oder Fernsehsprecher(in) steht sie nicht im Wege.

Auch das Französische besitzt die freien Varianten [ʀ] ~ [r] für die Aussprache des Phonems /r/. Der historische und altersspezifische Aspekt ist ähnlich zu bewerten wie für das Deutsche. Geographisch gesehen ist ein stärkeres Vorkommen von [r] im Süden Frankreichs festzustellen. Der entscheidende Unterschied zum Deutschen besteht jedoch in der sozialen Einschätzung. Die [r]-Aussprache wirkt in Frankreich sehr stark sozial diskriminierend. Sie gilt als 'ungebildet' und 'rückständig'. Für einen Politiker in gehobener Stellung wäre sie ein starkes Handikap. Eine Person

[86] Das besonders in Norddeutschland verbreitete Vorurteil, die [r]-Aussprache sei typisch 'bairisch', ist verfehlt. Gerade in Norddeutschland ist die [r]-Aussprache noch recht verbreitet.

mit dieser Aussprache würde als Rundfunk- oder Fernsehsprecher(in) gar nicht erst in Frage kommen. Im Französischen stellen wir also einen eklatanten Unterschied zwischen der internen und der externen Betrachtung fest. Die interne Betrachtung ist neutral und völlig wertungsfrei. Bei externer Betrachtung kann man von einer starken Bedingtheit, ja geradezu von einem sozialen Druck sprechen, die [ʀ]-Realisation zu verwenden.

Zusammenfassend: Auf der Ebene des *internen Sprachsystems*, welches immer vollkommen wertungsfrei ist, bilden [ʀ] und [r] im Deutschen und Französischen freie Varianten des Phonems /r/. Bei Hinzuziehung *externer Kriterien* lassen sich in beiden Sprachen bestimmte Bedingtheiten bezüglich der Verwendung der beiden Varianten feststellen. Dabei unterliegt die Variante [r] im Französischen einer ganz anderen sozialen Einschätzung als im Deutschen. Auf der Ebene der *Sprachnorm*[87] ist im Französischen heutzutage die Aussprache [ʀ] vorgeschrieben, d. h., die Sprachnorm erlaubt keine Variation. Im Deutschen bestehen zur Zeit keine festen Vorschriften, d. h., die Variation ist auch im Rahmen der Sprachnorm erlaubt.[88]

Wir haben hier ausnahmsweise einmal den Rahmen der systeminternen Sprachbetrachtung verlassen, einerseits um zu zeigen, daß natürlich weitergehende Untersuchungen möglich sind, vor allem aber, um zu zeigen, wie derselbe Sachverhalt je nach Betrachtungsrahmen u. U. ganz unterschiedlich zu beurteilen ist. Dabei können aber sprachexterne Untersuchungen der unterschiedlichsten Art erst dann erfolgen, wenn *zuvor* eine systeminterne Analyse vorgenommen wurde. Nur so ergibt sich eine methodisch abgesicherte sprachwissenschaftliche Basis.

[87] Im Sinne von ‘sozial verbindlicher Sprachgebrauch’ (normative oder präskriptive Sprachbetrachtung).

[88] Die sog. Bühnenaussprache, welche seinerzeit den Gebrauch von [r] vorschrieb, kann heute nicht mehr als verbindlich angesehen werden.

6. DAS PHONEMSYSTEM DES DEUTSCHEN

Das Phonemsystem des Deutschen soll hier exemplarisch behandelt und in einigen typisch phonologischen Fragestellungen ausführlich diskutiert werden.

Wir haben schon früher darauf hingewiesen, daß die Aufgabe bei der phonologischen Analyse (eigentlich Synthese, vgl. Anm. 47) einer Sprache nicht allein darin besteht, die phonologischen Einheiten zu ermitteln und diese in einer beliebigen (z. B. alphabetisierten) Reihenfolge aufzuzählen, sondern auch darin, die ermittelten phonologischen Einheiten in einem prinzipiell mehrdimensionalen (meist auf zwei Dimensionen reduzierten) *System anzuordnen*. Ein solches System, das in der Regel für Vokale und Konsonanten getrennt aufgestellt wird, soll zwei Forderungen genügen. Einerseits soll es die Beziehungen zwischen den Phonemen (als abstrakten Einheiten) in einem System *redundanzfrei*[89] widerspiegeln. Zum anderen soll es auch eine Beziehung zur sprachlichen (hier: lautlichen) Realität besitzen und auf diese Weise anschaulich und einprägsam sein. Wir kommen der zweiten Forderung nach, indem wir uns in der Anordnung der Phoneme an der *artikulatorischen* Beschreibung orientieren. Für die Darstellung der Vokalphoneme verwenden wir daher – je nach Erfordernis – ein Vokaldreieck oder Vokalviereck. Wegen der schwierigen Darstellungsweise ist die Verwendung des dreidimensionalen Vokalklotzes selten, von höheren Dimensionen ganz zu schweigen. Für die Darstellung der Konsonantenphoneme verwenden wir das bekannte, aus Artikulationsstelle und Artikulationsart gebildete Raster. Dabei ist in jedem Falle der Forderung nach Beseitigung von Redundanz Rechnung zu tragen.

Bei den Vokalen kommt dies u. a. darin zum Ausdruck, daß Vokaldreiecke immer gleichschenklig sind, Vokalvierecke immer die Form eines Quadrats oder Rechtecks haben. Andere Figuren

[89] Vgl. Anm. 73.

kommen nicht in Frage. Die aus der artikulatorischen Phonetik bekannte Darstellungsweise in Form eines Trapezes enthält Redundanz: Die Form bringt zum Ausdruck, daß der artikulatorische Abstand zwischen vorderen und hinteren Vokalen bei geschlossenen Vokalen größer ist als bei offenen Vokalen. Dies ist physiologisch korrekt, aber phonologisch irrelevant. In der Phonologie ist nur von Bedeutung, ob überhaupt ein Gegensatz zwischen vorderen und hinteren Vokalen besteht oder nicht. Besteht dieser Gegensatz für geschlossene *und* offene Vokale, ergibt sich eine Viereckform, besteht er nur für geschlossene Vokale, nicht für offene Vokale, ergibt sich eine Dreieckform. Die einzelnen Vokalphoneme werden auf der Peripherie der Figur in *regelmäßigen* Abständen eingetragen. Zusätzlich können senkrechte, waagerechte oder parallel zur Peripherie verlaufende, symmetrisch schneidende Linien innerhalb des Drei- oder Vierecks, ebenfalls in regelmäßigen Abständen, gezogen werden. Statt der unregelmäßigen Verteilung, wie sie den artikulatorischen Gegebenheiten entspricht, erhalten wir eine möglichst regelmäßige und symmetrische geometrische Verteilung, in der die Bildung von abstrakten *Klassen* von Phonemen zum Ausdruck kommt.

Bei den Konsonanten drückt sich die Beseitigung von Redundanz vor allem darin aus, daß das phonologische Raster weniger Kolonnen und Zeilen enthält als das phonetische (artikulatorische), indem jeweils mehrere artikulatorische Kolonnen und/oder Zeilen durch Beseitigung von Redundanzbeziehungen zusammengefaßt werden. Wie dies im einzelnen erfolgt, wird bei der Behandlung individueller Phonemsysteme diskutiert werden.

6.1 Vokale (Qualität und Quantität)

Bei den Vokalen haben wir zunächst eine noch offene Frage zu klären. Wir hatten festgestellt, daß wir Minimalpaare sowohl mit kurzen als auch mit langen Vokalen bilden können, z. B. [ʃɪlt] – [ʃʊlt] *Schild – Schuld*, [ʃi:lən] – [ʃu:lən] *schielen – schulen*. Minimalpaare zwischen je einem kurzen und einem langen Vokal zu bilden, ist jedoch nur in verhältnismäßig wenigen Fällen möglich. Es funktioniert nur, wenn der Vokal die Qualität [a] oder [ɛ] hat,

z. B. [ʃtal] – [ʃta:l] *Stall – Stahl*, [ʃtɛlən] – [ʃtɛ:lən] *stellen – stählen*. In der Mehrzahl der Fälle variieren Qualität und Quantität *gleichzeitig*, wie z. B. in [mɪtə] – [mi:tə] *Mitte – Miete*, [zɔlən] – [zo:lən] *sollen – sohlen* (vgl. o. 73f.). Dies sind aber keine echten Minimalpaare, da gleichzeitig *zwei* Parameter variieren und damit eine wichtige Bedingung für die Bildung von Minimalpaaren nicht erfüllt ist.

Wir lösen dieses Problem, indem wir *eine* der beiden Veränderungen zur 'eigentlichen' Distinktion erklären und die andere in Abhängigkeit zur ersteren setzen. Phonologisch gesehen ist immer nur *eine* lautliche Eigenschaft entscheidend. Eventuell damit verbundene weitere Eigenschaften sind vom Funktionieren des Systems her gesehen überflüssig, d. h. *redundant*. Die Frage lautet im vorliegenden Fall: Welche ist die entscheidende Eigenschaft und welche die redundante? Konkreter ausgedrückt: Ist die Vokal*qualität* entscheidend und somit die Quantität von der Qualität abhängig oder ist umgekehrt die Vokal*quantität* entscheidend und die Qualität die abhängige Eigenschaft? Auf die obigen Beispiele bezogen hätten die Minimalpaare im ersteren Fall die Form /mɪtə/ – /mitə/, /zɔlən/ – /zolən/, im letzteren Fall die Form /mitə/ – /mi:tə/, /zolən/ – /zo:lən/. Die phonetische Realisierungsregel, welche die erwähnte Redundanz beschreibt, hätte im ersteren Fall die Form: Phonologisch geschlossene Vokale sind phonetisch lang, phonologisch offene Vokale sind phonetisch kurz. Mithin /i/ = [i:], /ɪ/ = [ɪ]; /o/ = [o:], /ɔ/ = [ɔ]. Im zweiten Fall müßte die Regel lauten: Phonologisch lange Vokale sind phonetisch geschlossen, phonologisch kurze Vokale sind phonetisch offen. Mithin /i:/ = [i:], /i/ = [ɪ]; /o:/ = [o:], /o/ = [ɔ]. Entsprechendes gilt für weitere Vokalpaare, nämlich [ʏ] – [y:] wie in [fʏlən] – [fy:lən] *füllen – fühlen*, [œ] – [ø:] wie in [hœlə] – [hø:lə] *Hölle – Höhle*, [ʊ] – [u:] wie in [mʊs] – [mu:s] *muß – Mus*.

Bei den e-Qualitäten liegt sogar eine Dreiergruppe vor: [ɛ] – [e:] – [ɛ:] wie in [ʃtɛlən] – [ʃte:lən] – [ʃtɛ:lən] *stellen – stehlen – stählen*. Isolieren wir daraus das Paar [ʃte:lən] – [ʃtɛ:lən], dann ist die Qualität distinktiv; nehmen wir das Paar [ʃtɛlən] – [ʃtɛ:lən], ist die Quantität distinktiv. Bei dem Paar [ʃtɛlən] – [ʃte:lən] dagegen haben wir einen weiteren Fall von Abhängigkeit zwischen Quantität und Qualität.

Wir haben im Deutschen die folgenden vokalischen Phone vorliegen: [iː, ɪ, eː, ɛː, ɛ, yː, ʏ, øː, œ, aː, a, uː, ʊ, oː, ɔ][90]. Die Gesamtzahl beträgt 15. Die Abhängigkeit von Quantität und Qualität und die verschiedenen Möglichkeiten der Analyse haben wir ausführlich besprochen. Wir müssen jetzt eine Entscheidung treffen. Diese Entscheidung ist nicht einfach. Nach sorgfältiger Abwägung aller Gesichtspunkte erscheint die Lösung, bei welcher die Vokal*quantität* das distinktive Merkmal darstellt, günstiger. Dafür sprechen vor allem folgende Gesichtspunkte:

a) Unter den aufgeführten Phonen befindet sich ein einziger Vokal, der gleichzeitig lang und offen ist, nämlich [ɛː]. Hier ist die sonst herrschende Regularität 'lang = geschlossen, kurz = offen' durchbrochen. Die Opposition [ɛ] – [ɛː] läßt sich nur dadurch phonologisieren, daß wir die *Länge* als distinktives Merkmal annehmen. Für dieses Paar ist also der Ansatz eines Quantitätsphonems in jedem Fall unerläßlich. Würden wir uns bei allen anderen Paaren für das Primat der Qualität entscheiden, so stünde das dann nur für [ɛː] benötigte Quantitätsphonem isoliert da und würde die Ausgewogenheit des Systems insgesamt stören. Deshalb lassen wir die Quantitätsopposition für *alle* Vokalpaare als primäres Unterscheidungsmerkmal gelten.

b) Unter den angeführten Paarungen befindet sich *eine*, für welche die beschriebene Abhängigkeit von Quantität und Qualität nicht gilt, nämlich [a] – [aː]. Standardsprachlich wird in *beiden* Fällen eine mittlere a-Qualität realisiert, ein Wert also, der ziemlich genau in der Mitte zwischen vorderem [a] und hinterem [ɑ] liegt, in enger Transkription [a̠] oder [ɑ̟].[91] Die Dimension of-

[90] Wegen [ə] in unbetonter Silbe vgl. u. 100f.

[91] Es ist eine Schwäche der IPA-Transkription und der darin verwendeten diakritischen Zeichen, daß zwar Werte, welche relativ offener oder geschlossener sind als ein bestimmter kardinaler Vokal, deutlich zum Ausdruck kommen, daß aber Werte, welche genau in der Mitte zwischen zwei Kardinalvokalen liegen, in der Transkription nicht eindeutig wiedergegeben werden können. Man hat gelegentlich diesem Mißstand abzuhelfen versucht, indem man einige neue Zeichen, die allerdings nicht 'offiziell' sind, einzuführen versuchte. Für eine mittlere a-Qualität wurde beispielsweise [ᴀ] vorgeschlagen. Dieses Zeichen könnte hier verwendet werden.

fener–geschlossener ist hier ausgeschlossen: Jede Art von *a* (vorderes [a], hinteres [ɑ] und alle Zwischenwerte) ist maximal offen. Eine offenere und eine geschlossenere a-Variante kann es also nicht geben.[92] Es wäre denkbar, daß statt der 'versperrten' senkrechten Dimension 'offen–geschlossen' ein Ausweichen auf die waagerechte Dimension 'vorne–hinten' stattfände. Auf diese Weise könnte sich z. B. eine Verbindung kurz/vorne, lang/hinten ergeben. Eine solche Aussprache existiert tatsächlich in verschiedenen regionalen Formen des Deutschen, z. B. in der Regionalaussprache von Hamburg und im Sächsischen: [ban] – [bɑ:n] *Bann – Bahn*.[93] Für die Standardsprache gilt diese Aussprache jedoch nicht. Daher kann sie keine Grundlage für die Analyse des Standarddeutschen abgeben. Wenn die Qualität von kurzem und langem *a* aber gleich ist, dann ist auch in diesem Fall der Ansatz der phonologischen Quantität für die Differenzierung von [a] – [a:] unerläßlich. Auch dieser Fall würde bei einem sonst angenommenen Primat der Qualität als unterscheidendem Merkmal zur 'Ausnahme'. Da wir nun bereits zwei 'Ausnahmen' hätten, ist es am vernünftigsten, die Quantität als distinktives Merkmal überhaupt für alle Vokale anzusetzen.

c) Ein weiteres Argument zugunsten der Quantität ist die *Ökonomie der Beschreibung*. Dieser Begriff spielt eine wichtige Rolle bei der strukturellen Sprachbetrachtung, auf dem Gebiet der Phonologie ebenso wie auf allen anderen Sprachebenen. Von

[92] In der Literatur wird mitunter von offenem oder geschlossenem *a* gesprochen. Diese Ausdrucksweise ist wohl in Analogie zu den anderen Paarungen entstanden. Sie ist nichtsdestoweniger phonetisch falsch.

[93] Eine Verbindung kurz/vorne, lang/hinten ist keineswegs zwangsläufig. Im Niederländischen, das dem Deutschen ja nahe verwandt ist und bei dem sich die Problematik ähnlich stellt, besteht die Verbindung kurz/hinten, lang/vorne, also [ɑ] – [a:]. Demgegenüber hat die Verbindung kurz/offen, lang/geschlossen einen sehr allgemeinen Charakter. Sie ist in irgendeiner Form in praktisch allen germanischen Sprachen zu finden und über das Germanische hinausgehend z. B. im Ungarischen und Bretonischen. Dies weist darauf hin, daß die Verbindung Quantität/Öffnungsgrad einen stabileren Charakter und damit mehr Aussagekraft besitzt als die Verbindung der Quantität mit einer vorderen oder hinteren Qualität des Vokals.

zwei sonst gleichwertigen Lösungen ist die ökonomischere vorzuziehen, d. h. diejenige, welche mit weniger Einheiten, weniger Regeln, allgemein mit weniger 'Aufwand' auskommt. Bei dem vorliegenden Problem ergibt die Lösung mit Quantität als relevantem Merkmal die Phoneme /i, y, e, ø, ɛ, u, o, a/ und /:/. Das sind 8 phonologische Qualitäten und ein Quantitätsphonem. Bei der Qualität als relevantem Kriterium (und der von einigen Autoren vertretenen regionalen Qualitätsvariation von *a*) erhalten wir die Phoneme /i, ɪ, y, ʏ, e, ɛ, ø, œ, u, ʊ, o, ɔ, a, ɑ/ und das isolierte /ɛ:/, also 14 phonologische Qualitäten und einen isolierten Langvokal. Es ist offensichtlich, daß die erste Lösung die ökonomischere ist.

Bevor wir zur graphischen Darstellung des deutschen Vokalsystems gelangen, muß noch ein Punkt erwähnt werden. Die Hochlautung schreibt in Wörtern wie *Käse*, *nähen* die Aussprache mit [ɛ:] vor: [kɛ:zə], [nɛ:ən]. Wir haben schon früher gezeigt, daß dieses [ɛ:] in Opposition zu [e:] und zu [ɛ] steht. Im Norden des deutschen Sprachgebiets wird aber von den meisten Sprechern kein [ɛ:] in den betreffenden Wörtern realisiert, sondern ein [e:], also [ke:zə], [ne:ən] usw. Das Phon [ɛ:] kommt in der Aussprache solcher Sprecher gar nicht vor. Diese Erscheinung ist zu weit verbreitet, um sie als Regionalismus abzutun. Sie wird von vielen Sprechern verwendet, deren Aussprache sonst keine regionalen Merkmale aufweist. Wir tragen diesem Umstand Rechnung, indem wir zwei Aussprachenormen des Deutschen gelten lassen: 1. eine 'gesamtdeutsche' Norm mit [ɛ:], 2. eine 'norddeutsche' Norm ohne [ɛ:]. Zur Problematik von /ɛ:/ als Phonem s. Werner (1972: 30–32)[94]. Wir stellen im folgenden getrennte Vokalsysteme für 'Gesamtdeutsch' und 'Norddeutsch' auf (siehe S. 95).

Jedes Phonemsystem muß von *Realisierungsregeln* begleitet sein, welche angeben, wie die abstrakten Phoneme tatsächlich ausgesprochen werden.

In beiden Systemen gilt für /i, y, e, ø, u, o/ die Regel, daß die phonologisch langen Vokale phonetisch lang und geschlossen, die

[94] In diesem Werk findet sich eine sehr gute Zusammenstellung mit Diskussion aller problematischen Punkte, die bei der phonologischen Analyse des Deutschen auftreten.

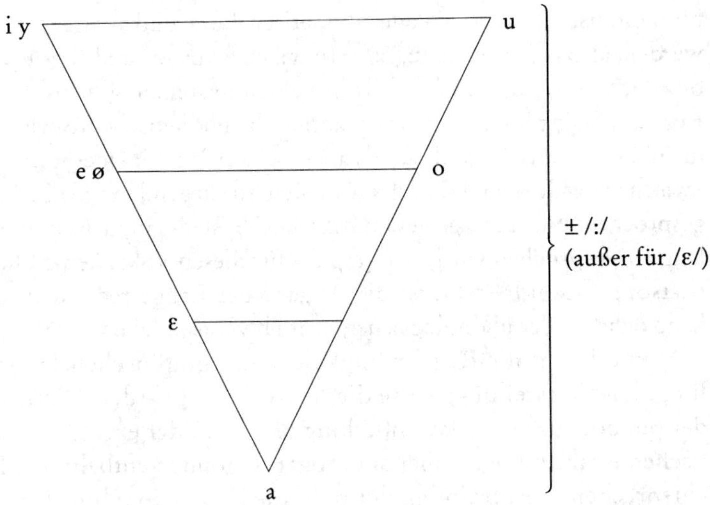

'Gesamtdeutsches' Vokalsystem.

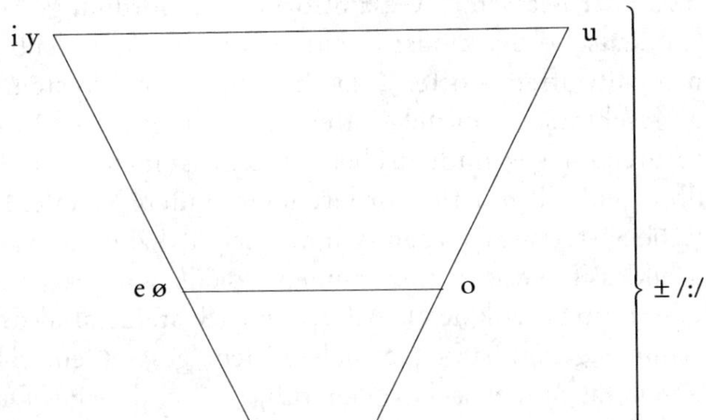

'Norddeutsches' Vokalsystem.

phonologisch kurzen Vokale phonetisch kurz und offen realisiert werden, also /iː, yː, eː, øː, uː, oː/ = [iː, yː, eː, øː, uː, oː] und /i, y, e, ø, u, o/ = [ɪ, ʏ, ɛ, œ, ʊ, ɔ]. Ebenfalls in beiden Systemen gilt für /a/ die Regel, daß die phonologische Quantität die phonetische Realisierung nicht beeinflußt. Sowohl /aː/ als auch /a/ werden mit einer mittleren, zwischen kardinalem [a] und kardinalem [ɑ] liegenden Qualität ausgesprochen. Nur für das 'gesamtdeutsche' System gilt, daß /ɛ/ immer lang ausgesprochen wird, also [ɛː]. Da für diesen Vokal keine Quantitätsopposition besteht, ist die Angabe der Länge redundant und kann daher in der phonologischen Schreibweise entfallen.

Man erkennt die Regelmäßigkeit in der graphischen Darstellung. Die Darstellungsweise dient – wie gesagt – dem Ausdruck der phonologischen Klassenbildung und nicht der exakten phonetischen Realisierung. Daher sind sogar die Linien entbehrlich. Die entsprechende Anordnung der phonologischen Symbole für sich allein ergibt eine geometrische Figur, welche alle relevanten phonologischen Merkmale zum Ausdruck bringt. Wir werden daher im weiteren auf die Zeichnung der Linien bei der Darstellung vokalischer Phonemsysteme verzichten.

Die graphische Form eines Vokalsystems kann verbal durch die Angabe dreier Parameter beschrieben werden: 1. Anzahl der Stufen, 2. Anzahl der Klassen, 3. Gesamtform der Anordnung. Ad 1: Das 'gesamtdeutsche' System ist vierstufig (geschlossen – halb geschlossen – halb offen – offen), das 'norddeutsche' System ist dreistufig (geschlossen – mittel – offen). Allerdings ist die Besetzung der Stufen im 'gesamtdeutschen' System asymmetrisch. Die Stufe 'halb offen' gilt nur für vordere ungerundete Vokale. Das norddeutsche System ist dagegen symmetrisch. Ad 2: Beide Systeme sind dreiklassig (vordere ungerundete Vokale, vordere gerundete Vokale, hintere Vokale[95]). Ad 3: Beide Systeme sind dreieckig. Zusammengefaßt handelt es sich bei dem 'gesamtdeutschen' System um ein (asymmetrisches) vierstufiges, dreiklassiges Dreiecksystem, bei dem 'norddeutschen' um ein (symmetrisches) dreistufiges, dreiklassiges Dreiecksystem.

[95] Die Angabe 'gerundet' ist bei den hinteren Vokalen redundant, da hier keine Opposition besteht. Alle hinteren Vokale des Deutschen sind in ihrer phonetischen Realisierung gerundet.

Es zeigt sich, daß das 'norddeutsche' System harmonischer in seinem Aufbau ist als das 'gesamtdeutsche'. Alle Stufen sind gleichmäßig besetzt; es existiert keine Ausnahmeregel bezüglich der Quantität. Man könnte daher das 'norddeutsche' System für besonders erstrebenswert halten. Andererseits schreibt die historisch gewachsene Norm, wie sie z. B. in allen Ausspracheworterbüchern des Deutschen beschrieben wird, nun einmal eine Aussprache, die ein asymmetrisches Vokalsystem ergibt, vor. Millionen Deutschsprecher lernen diese Form der Aussprache als Erstsprache und verwenden sie ihr Leben lang, darunter besonders auch diejenigen, deren Aussprache als vorbildlich gilt (z. B. Nachrichtensprecher im Rundfunk, Schauspieler auf der Bühne). Die Existenz dieser Aussprache, ja sogar ihre beherrschende Stellung, ist also nicht zu leugnen. Wir können ganz allgemein nicht umhin festzustellen, daß es Phonemsysteme gibt, welche – wollen wir den Realitäten keine Gewalt antun – asymmetrisch sind und/oder Ausnahmeregeln beinhalten. Dies ist ein allgemeiner sprachlicher Befund. Symmetrie oder Ausnahmslosigkeit sind keine Werte an sich.

Bei der Diskussion über das Primat von Qualität oder Quantität im deutschen Vokalsystem darf nicht verschwiegen werden, daß eine Lösung, bei der die Qualität bestimmend ist, durchaus im Bereich des Möglichen liegt. Das System als Ganzes sähe nach diesem Prinzip zusammengestellt folgendermaßen aus (unter Weglassung der verbindenden Linien, vgl. o. 96):

i	y	u	
ɪ	ʏ	ʊ	
e	ø	o	} + /ɛ:/
ɛ	œ	ɔ	
a		ɑ	

Dies ist die Darstellung des 'gesamtdeutschen' Systems. Das 'norddeutsche' System ist damit identisch, bis auf den Zusatz '+ /ɛ:/', welcher entfällt. Bei beiden Darstellungsweisen (Quantität oder Qualität primär) nimmt der Vokal [ɛ:] also eine Ausnahmestellung ein. Bei der letzteren Darstellungsweise fällt er allerdings noch stärker aus dem Gesamtsystem heraus, da durch die Verwendung der sonst nicht vorhandenen Quantität als distinktivem Merkmal eine ganz neue Dimension hinzugefügt wird, während bei der früheren Darstellungsweise lediglich eine bereits vorhandene Dimension (Öffnungsgrad) – wenn auch asymmetrisch – weiter ausgebaut wird.

Die obige Darstellungsweise hat bei zwei von drei Parametern eine andere Form als die frühere: Sie ist *fünfstufig*, dreiklassig und hat die Form eines *Vierecks*. Diese Darstellungsweise ist – wie gesagt – nicht völlig von der Hand zu weisen. Es gibt – besonders im norddeutschen Sprachraum – Ausspracheformen, bei denen die Länge der Vokale entweder ganz schwindet oder in eine positionsbedingte Abhängigkeit gerät (z. B. abhängig von der Art des folgenden Konsonanten). Ein Minimalpaar wie *Mitte – Miete* lautet dann in engerer phonetischer Transkription [mɪtə] – [mitə].

Ob eine solche Aussprache als regional zu werten ist oder schon als normgemäß, ist eine schwierige Frage, die hier nicht diskutiert werden kann. Jedenfalls ist eine solche Tendenz vorhanden. Es ist möglich, daß dadurch das System als Ganzes in Bewegung gerät. Ein solcher Prozeß spielt sich natürlich über einen langen Zeitraum ab, der mehrere Jahrhunderte umfassen kann. So entsteht – diachron gesehen – aus einem stabilen System nach einem längeren Zeitraum des instabilen Übergangs ein neues stabiles System. Wenn nun ein synchroner Schnitt gerade während dieses Übergangszeitraumes vorgenommen werden soll, befindet sich der Phonologe im Dilemma. Zwei Lösungsmöglichkeiten bieten sich an. Dabei kann es schwierig sein zu entscheiden, welche von beiden die 'richtigere' ist. Ein solcher Übergangszustand könnte im Deutschen zur Zeit bestehen, im Norden etwas weiter fortgeschritten als im Süden. *Noch* scheint uns aber die zuerst vorgeführte Darstellungsweise, bei welcher die Quantität das entscheidende Merkmal ist, die angemessenere zu sein.

Die vorherigen Überlegungen werden gestützt, wenn wir das Deutsche mit zwei genealogisch eng verwandten Sprachen vergleichen, nämlich dem Englischen und dem Niederländischen. In beiden Sprachen stellt sich das gleiche Problem wie im Deutschen: Bestimmt die Quantität der Vokale deren Qualität oder umgekehrt? Beide Sprachen zeigen in einer älteren Sprachform (z. B. Altenglisch) einen Zustand, bei dem eindeutig die Quantität distinktiv ist. Der Übergangsprozeß, der dann einsetzte, ist in beiden Sprachen weiter fortgeschritten als im Deutschen. Möglicherweise ist er sogar weitgehend schon abgeschlossen. Jedenfalls hat man bei der phonologischen Beschreibung im Laufe der letzten Jahrzehnte den Umschwung vollzogen und zieht heute für beide Sprachen Darstellungen des Vokalsystems vor, bei denen die Qualität bestimmend und die Quantität geschwunden oder nur noch positionsbedingt ist. Dabei scheint der neue Zustand im Englischen schon stabiler zu sein als im Niederländischen. Möglicherweise haben wir es hier mit einem phasenverschobenen Prozeß zu tun, der im Englischen gerade abgeschlossen wurde, im Niederländischen kurz vor dem Abschluß steht und sich im Deutschen eher noch im Anfangsstadium befindet. Dazu paßt geographisch, daß er in Norddeutschland schon weiter fortgeschritten ist als in Süddeutschland. Die Tatsache, daß sich bei einer phonologischen Analyse zwei ganz unterschiedliche Darstellungsweisen anbieten, von denen eine aufgrund bestimmter Argumente plausibler erscheint, ist der synchrone Ausdruck des beschriebenen diachronen Tatbestandes.

Wenn auch die erste Darstellungsweise aufgrund systemimmanenter Umstände (noch) vorzuziehen ist, so schließt dies nicht aus, daß für didaktische Zwecke in bestimmten Fällen aus kontrastiven Überlegungen heraus die zweite Darstellungsweise besser geeignet erscheinen kann (z. B. beim Deutschunterricht für Lernende mit englischer oder niederländischer Muttersprache). Hier kommen wieder sprachexterne Umstände ins Spiel. Wir können diese Gedanken hier nicht weiter vertiefen. Wir weisen nur noch darauf hin, daß die Verwendung der zweiten Darstellungsweise mindestens *einen* gravierenden Nachteil hätte, gerade auch für didaktische Zwecke: Die dann notwendige strikte Unterscheidung der beiden a-Phoneme durch die Qualität *allein* (in Paaren wie [ban] – [bɑn] *Bann – Bahn*) ist nicht nur ein klarer Regionalismus, der den Lernenden 'markieren' würde, sondern stellt auch ein echtes Lernproblem dar, da die konsequente artikulatorische und auditive Unterscheidung zweier a-Qualitäten den Sprechern der meisten Sprachen große Schwierigkeiten bereitet. Man müßte also im Rahmen der zweiten Darstellungsweise allein für die beiden a-Phoneme auf die erste Darstellungsweise zurückgreifen. Dies wirft aber neue theoretische und praktische Fragen auf.

Ein Problem wurde bisher noch nicht erwähnt: die phonologische Analyse des Zentralvokals [ə]. Dieses Phon kommt im Deutschen nur in unbetonter Silbe vor. Es ist in seinem Vorkommen also stark eingeschränkt. Die Möglichkeit der Bildung von Minimalpaaren ist begrenzt, da in den Stellungen, in denen [ə] erscheint, nur wenige andere Vokale vorkommen können. Möglich sind immerhin Paare vom Typ [fʀɔi̯ndən] – [fʀɔi̯ndɪn] *Freunden – Freundin*, so daß eine gewisse Distinktivität durchaus gegeben ist. Die Frage ist: Stellt [ə] ein eigenes Phonem dar oder ist es ein (stellungsbedingtes) Allophon? Falls letzteres: Welchem anderen Phonem ist dieses Allophon zuzurechnen?

Wir haben gerade festgestellt, daß es schwierig ist, [ə] mit anderen Vokalen (abgesehen von [ɪ] in Paaren wie dem obigen) zu kontrastieren. Daher kämen viele Phoneme in Frage, denen [ə] als Allophon eventuell zugeordnet werden könnte. Die artikulatorische Ähnlichkeit gibt auch keine Hilfestellung, da [ə] als genau im Zentrum gelegener Vokal ungefähr gleich weit von allen auf der Peripherie liegenden Vokalen entfernt ist. Am ehesten scheint das Phonem /e/ in Frage zu kommen, aber dieser Eindruck könnte durch die Orthographie beeinflußt sein. Jede andere Zuordnung, z. B. /u/, /o/ oder /a/, ist intuitiv höchst unbefriedigend. Die Zuordnung zu /e/ hätte allerdings zur Folge, daß ein Paar wie ['le:bən] – [le'bɛndɪç] *leben – lebendig* nicht anders als durch die konsequente Annahme eines phonologisch distinktiven Wortakzentes zu unterscheiden wäre: */lé:ben/ – */le:béndix/[96].

Schließlich ist auch noch die Frage der silbischen Konsonanten mit in diese Problematik verwickelt: In der Auslautsilbe kann [ə] + Nasalkonsonant oder [l] durch den entsprechenden silbischen Konsonanten ersetzt werden, z. B. *leben* [le:bən] variiert mit [le:bn̩] oder sogar [le:bm̩]. Kurzum, die strenge phonologische Interpretation von [ə] wirft sehr verzwickte Fragen mit z. T. weitreichenden Konsequenzen auf. Verschiedene Lösungsversuche und ihr Für und Wider finden sich bei Werner (1972: 35ff.) zusammengestellt.

[96] In unbetonter Silbe auftretende Langvokale werden kurz *und* geschlossen realisiert. Dies ist eine durchgängige Regel, vgl. /me:tál/ [me'tal] *Metall*, /ho:tél/ [ho'tɛl] *Hotel*, /fi:lái̯xt/ [fi'lai̯çt] *vielleicht* u. v. a. – Zum Wortakzent im Deutschen vgl. u. 129ff.

Das Problem des unbetonten [ə] wiederholt sich in vielen Sprachen in ganz ähnlicher Weise, z. B. im Englischen, Niederländischen, Dänischen, Norwegischen, Französischen, Katalanischen, Portugiesischen, Irischen, Russischen u. v. a. Jedesmal ergeben sich – vor dem betreffenden sprachspezifischen Hintergrund – die gleichen schwierigen Fragen. Nun kann man heutzutage den extremen Distributionalismus in der Phonologie als überwunden betrachten. Daher ist es kein Sakrileg mehr festzustellen, daß es sich nicht recht lohnt, der Problematik um das unbetonte [ə] in allen Verästelungen bis zur letzten Konsequenz nachzugehen. Eine Sprache ist kein Puzzlespiel, das immer ohne Rest 'aufgehen' muß. Wir betrachten daher das unbetonte [ə] im Deutschen (und in anderen Sprachen) als ungeklärten (und wahrscheinlich unklärbaren) Rest. Wegen seiner auf die Opposition zu [ɪ] beschränkten Distinktivität und seines stark eingeschränkten Vorkommens (nur in unbetonter Silbe) betrachten wir es nicht als echtes Phonem. Es figuriert nicht in dem phonologischen Vokaldreieck des Deutschen (vgl. o. 95), in dessen Parameter es sich ohnehin schlecht einordnen würde: Es wäre unklar, welchem Öffnungsgrad (halbgeschlossen oder halb-offen?) und welcher Klasse (vordere oder hintere Vokale?) es zuzuordnen wäre oder ob es gar einen eigenen Öffnungsgrad und/oder eine eigene Klasse (Zentralvokal) bilden würde. Andererseits haben wir auch keine Bedenken, das Zeichen [ə] in einer durchgehend phonologischen Transkription (in Schrägstrichen) zu verwenden. Wir schreiben also /lo:bən/ *loben*, /bəfe:lən/ *befehlen* usw.

Ein weiteres Problem bei der phonologischen Analyse der Vokale des Deutschen stellen die *Diphthonge* [ai̯, au̯, ɔi̯ ~ ɔy̑] dar, z. B. in [lai̯tə] *leite* – [lau̯tə] *Laute* – [lɔi̯tə] *Leute*. Daß die Diphthonge untereinander distinktiv sind, geht aus dem angeführten minimalen Tripel eindeutig hervor. Weitere Minimalpaare ließen sich in großer Zahl unschwer angeben. Auch die Opposition der Diphthonge zu langen und kurzen Monophthongen läßt sich leicht nachweisen: [lau̯s] – [lo:s] *Laus – Los*, [mai̯s] – [ma:s] *Mais – Maß*, [mɔi̯tə] – [mɔtə] *Meute – Motte*.

Die Frage ist, ob die Diphthonge *monophonematisch* oder *biphonematisch* zu werten sind. Dies ist eine klassische phonologische Fragestellung. Eine monophonematische Wertung bedeutet, daß ein lautlicher Komplex, der rein phonetisch in zwei Einheiten zerlegt werden kann, phonologisch als *eine* Einheit zu werten ist. Eine biphonematische Wertung besagt entsprechend, daß ein solcher lautlicher Komplex auch phonologisch in zwei Einheiten (d. h. in zwei Phoneme) zerlegt wird. Bei der monophonematischen Wertung würde man also [ai̯] als *eine* minimale phonologische Einheit betrachten, die sich nicht weiter in kleinere bedeutungsunterscheidende Einheiten zerlegen läßt. Bei der biphonematischen Wertung würde man das gleiche [ai̯] in zwei Phoneme zerlegen. Daß im letzteren Fall der erste Bestandteil /a/ wäre, liegt auf der Hand. Doch der zweite Bestandteil bereitet Schwierigkeiten. Da die Aussprache (in enger Transkription) zwischen [aɪ̯] und [ae̯] schwankt, kämen /i/ oder /e/ in Frage. Eine ganz andere Lösungsmöglichkeit wäre /j/ als zweiter Bestandteil. Noch schwieriger ist es bei [au̯] und [ɔi̯]. Hier schwankt die Aussprache (in enger Transkription) zwischen [aʊ̯] und [ao̯] bzw. zwischen [ɔɪ̯] und [ɔe̯]. Bei ersterem kämen als zweiter Bestandteil /u/ oder /o/ in Frage. Sollten wir auch hier eine konsonantische Lösung in Erwägung ziehen, so fehlt allerdings ein dem /j/ von */aj/ entsprechendes */w/ im Deutschen. Ein solches Phonem nur für die Analyse des Diphthongs [au̯] postulieren zu wollen wäre wenig sinnvoll. Sollen wir etwa das Phonem /v/ mit dem zweiten Bestandteil von [au̯] identifizieren? Noch mehr Möglichkeiten gibt es bei [ɔi̯], da dieses in der Aussprache frei mit [ɔy̯] (in enger Transkription [ɔʏ̯] ~ [ɔø̯]) variiert. Als zweiter Bestandteil kämen also /i/, /e/, /y/ oder /ø/ in Frage.

Diese Schwierigkeiten legen es nahe, die monophonematische Wertung vorzuziehen. Für eine solche Lösung spricht auch die morphologische Struktur des Deutschen. Die Gleichwertigkeit der Diphthonge mit langen oder kurzen Monophthongen in den sog. Ablautreihen der starken Verben ist offensichtlich, vgl. [lau̯fən] – [liːf] *laufen – lief*, [zau̯fən] – [zɔf] *saufen – soff* u. v. a.

Über die phonologische Interpretation der Diphthonge im Deutschen existiert ebenfalls bereits eine umfangreiche Literatur, die bei Werner (1972: 32ff.) aufgeführt ist. Indem wir der monophonematischen Wertung den Vorzug geben, schließen wir uns der Argumentation Werners an. Zwar erhöhen wir damit das Phoneminventar um drei Einheiten. Wir halten es jedoch für vernünftiger, deutlich als besondere Lautklassen empfundene Lautgebilde auch phonologisch als solche zu werten. Damit vermeiden wir die erwähnten Schwierigkeiten bei der Zuordnung des zweiten Bestandteils der Diphthonge.

Strenggenommen müßten die diphthongischen Phoneme mit *einem* Zeichen dargestellt werden, um ihre phonologische Einheitlichkeit zum Ausdruck zu bringen. Eine solche Schreibweise wird jedoch für gewöhnlich nicht verwendet, da sie zu stark von unseren graphemischen Darstellungsgewohnheiten abweicht. Ein Kompromiß wäre eine Schreibweise folgender Art: /a^i, a^u, o^i/. Sie ist durchaus zu empfehlen. Aus Gründen der leichteren Schreibweise ziehen wir es jedoch vor, /ai̯, au̯, oi̯/ zu schreiben. Hier bringt der untergesetzte Bogen zweifelsfrei zum Ausdruck, daß es sich bei dem zweiten Bestandteil nicht um ein selbständiges Phonem, sondern um einen Bestandteil des als Einheit zu wertenden Diphthongs handelt, da isolierte Phoneme */i̯/ oder */u̯/ nicht existieren. Graphisch dargestellt ergeben die Diphthonge folgendes Bild[97]:

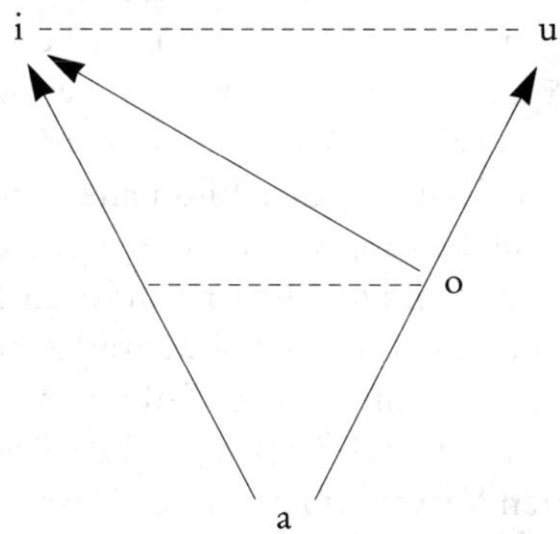

Zusammengefaßt besteht das Vokalsystem des Deutschen also aus den o. 95 graphisch dargestellten Monophthongen (einschließlich der Quantität /:/), den drei Diphthongen /ai̯, au̯, oi̯/ (ohne zusätzliche Quantitätsunterscheidung) und dem ungeklärten [ə], welches nur in unbetonter Silbe vorkommt.

[97] Wir ziehen hier die Linien wiederum aus, da die wenigen eingetragenen Qualitäten kein geschlossenes graphisches Bild ergeben würden.

6.2 Konsonanten

Das Konsonantensystem des Deutschen hat folgende Gestalt:

	labial	dental	palatal	velar	glottal
stimmlose Verschlußlaute	p	t		k	
stimmhafte Verschlußlaute	b	d		g	
Affrikaten	p͜f	t͜s			
stimmlose Frikative	f	s	ʃ	x	h
stimmhafte Frikative	v	z			
Nasalkonsonanten	m	n		ŋ	
Lateral		l			
Vibrant		(r)		r	
Approximant			j		

Die Tabelle hat die Form eines Rasters oder einer Matrix, gebildet aus waagerechten Zeilen und senkrechten Kolonnen, welche Artikulationsstelle bzw. Artikulationsart angeben. Dies entspricht der artikulatorischen Anordnung der IPA-Tabelle. Zur Gesamtanordnung und zur phonologischen Interpretation in bestimmten Einzelfällen sind folgende Anmerkungen zu machen:

1. Die Zahl der Zeilen und Kolonnen ist geringer als diejenige, die sich aus einer exakten artikulatorischen Beschreibung der phonetischen Realisierung dieser Phoneme ergibt. Dies ist eine Folge der Zusammenfassung von redundanten artikulatorischen Merkmalen. Ein besonders deutlicher Fall ist die Kolonne 'labial'. Hier sind Phoneme zusammengefaßt, deren genaue artikulatorische Beschreibung gewöhnlich zwei Kolonnen erfordert: bilabial für [p, b, m] und labiodental für [f, v][98]. Da es aber im Deutschen keine labiodentalen Verschlußlaute oder Nasalkonsonanten und umgekehrt keine bilabialen Frikative gibt, ist die Unterscheidung von bilabial und labiodental auf der phonologischen Ebene redundant. Verschlußlaute und Nasalkonsonanten sind im Deutschen *immer* bilabial, Frikative *immer* labiodental. Man könnte dies auch so ausdrücken: Die Artikulationsstellen 'bilabial' und 'labiodental' sind komplementär über die einzelnen Artikulationsarten verteilt. Sie werden daher zu *einer* phonologischen Lautklasse zusammengefaßt, die durch das phonologische Merkmal

[98] [p͜f] ist gemischt bilabial-labiodental.

'labial' (eine überlappende Bezeichnung, die bilabial und labiodental umfaßt) gekennzeichnet ist. Die phonetische Präzisierung erfolgt in den phonetischen Realisierungsregeln. Sie drückt sich im übrigen im vorliegenden Fall bereits in der Wahl der Zeichensymbole aus: [p] ist ein bilabialer Verschlußlaut, [f] ist ein labiodentaler Frikativ. Wir folgen also auch bei der Darstellung der Konsonanten dem Grundsatz, möglichst viel phonetische Information unter Wahrung phonologischer Prinzipien zu geben.

Ein ähnlicher Fall liegt bei /ʃ/ vor, welches phonetisch exakt als 'postalveolar'[99] zu bezeichnen ist, sich aber mit dem 'echten' Palatal /j/ unter der allgemeineren Bezeichnung 'palatal' vereinigen läßt. Ein entsprechender Fall ist auch die Einordnung von /r/, dessen phonetische Realisierung [ʀ] als uvular zu bezeichnen ist, in die Kolonne 'velar'. Auch die Gleichsetzung von gewöhnlichen Frikativen (z. B. [f]) mit sulkalisierten Frikativen ('Zischlaute', z. B. [s]) ist unter diesem Aspekt zu betrachten. Beide Arten von Frikativen stehen undifferenziert in derselben Zeile nebeneinander.

2. Noch mehr Redundanz wäre zu beseitigen gewesen, wenn wir das Phonem /j/ in die Zeile 'stimmhafte Frikative' eingetragen hätten. Auf diese Weise wäre eine ganze Zeile, nämlich 'Approximant', eingespart worden. Wir haben darauf verzichtet, weil /j/ nicht in dem Maße als stimmhaftes Gegenstück zu /ʃ/ empfunden wird, wie dies bei den Paaren /f/ – /v/, /s/ – /z/ der Fall ist. Die durch die sog. Auslautverhärtung bedingte morphophonologische Alternanz /f/ – /v/, /s/ – /z/ u. a. (vgl. u. 215 ff.) gilt nicht für /ʃ/ – /j/.[100]

3. Wir erinnern uns, daß wir die endgültige Bezeichnung desjenigen Phonems, welches durch die beiden positionsbedingten Al-

[99] Diese Bezeichnung ist seit der Revision der IPA-Tabelle im Jahre 1989 gebräuchlich. Bis zu diesem Zeitpunkt wurde die Artikulationsstelle von [ʃ] als 'palatoalveolar' bezeichnet.

[100] Hingegen existiert diese Alternanz in bestimmten deutschen Dialekten, wo standarddeutsch [ç] lautgesetzlich mit [ʃ] zusammengefallen ist, z. B. Stadtdialekt von Saarbrücken: /bɛrʃ/ 'Berg', Pl. /bɛrjə/. In einem solchen Dialekt wäre man eher berechtigt, das Phonem /j/ in die Zeile der stimmhaften Frikative einzuordnen.

lophone [ç] und [x] gebildet wird, offengelassen hatten (vgl. o. 79f.). Da beide Allophone etwa gleichwertig sind, mußten wir die Entscheidung verschieben, bis die Anordnung des Gesamtsystems einen Hinweis darauf geben würde, an welcher Stelle sich das Phonem am besten einfügt. Wir haben eine Zeile ‘stimmlose Frikative’ und eine Kolonne ‘velar’, an deren Schnittpunkt sich eine Lücke befindet. Wenn wir das fragliche Phonem in der Form /x/ an diese Stelle setzen, ist die Lücke gefüllt. Gleichzeitig ist das System als Ganzes dadurch ausgewogener geworden. Würden wir versuchen, das Phonem in der Form */ç/ einzuordnen, dann käme es für die Kolonne ‘palatal’ in Betracht. Als stimmloser Frikativ steht an dieser Stelle aber bereits das Phonem /ʃ/. Würden wir */ç/ hier plazieren, dann müßte für /ʃ/ eigens eine neue Kolonne (z. B. ‘postalveolar’) geschaffen werden. Dies wäre sehr unökonomisch. Es würde die Redundanz des Systems beträchtlich erhöhen und die Ausgewogenheit stören.

4. Bei den Konsonanten bildet die phonologische Analyse der Affrikaten ein ähnliches Problem wie diejenige der Diphthonge bei den Vokalen (vgl. o. 101ff.). Man könnte die Affrikaten geradezu als ‘konsonantische Diphthonge’ bezeichnen. Die Frage lautet erneut, ob die Affrikaten *monophonematisch* oder *biphonematisch* zu werten sind. Im ersteren Fall bilden sie eine selbständige phonologische Einheit, im zweiten Fall wären sie Verbindungen von je zwei Phonemen. Die Frage, aus welchen Phonemen sie sich im letzteren Fall zusammensetzten, wäre diesmal leicht zu beantworten: Es kommen nur die ohnehin vorhandenen Phoneme /p/ + /f/ bzw. /t/ + /s/ in Betracht. Auch zu diesem Problem gibt es eine umfangreiche Literatur (Werner 1972: 50ff.). Sowohl für die monophonematische als auch für die biphonematische Interpretation lassen sich gewichtige Argumente anführen. Ausschlaggebend könnte die Argumentation bei Philipp (1970: 78f.) sein, die u. a. darauf hinweist, daß [pf] und [ts] die einzigen Konsonantenverbindungen des Deutschen sind, welche vor *und* nach dem betonten Vokal des Wortes stehen können (z. B. [pfanə] *Pfanne* – [napf] *Napf*, [tsai̯t] *Zeit* – [rai̯ts] *Reiz*). Andere Konsonantenverbindungen verhalten sich im Wortanlaut und -auslaut spiegelbildlich zueinander, z. B. [tr] – [rt] wie in *Trab* – *Bart*, [kl] – [lk] wie in *klar* – *Kalk*. Die Verbindungen [tr], [kl] können im Auslaut nicht auftre-

ten (vgl. Kap. 9.4). Wir ziehen es daher vor, die Affrikaten des Deutschen monophonematisch und damit als eigene Konsonantenklasse zu werten. Diese Lösung hat gleichzeitig den Vorteil, der phonetischen Realität näherzustehen. An gleicher Stelle weist Philipp darauf hin, daß das Verhalten von [tʃ] (wie in [pai̯tʃə] *Peitsche*) mit dem von [pf, ts] nicht zu vergleichen ist und [tʃ] für eine monophonematische Wertung als Affrikate daher nicht in Betracht kommt.

Wenn wir [pf, ts] als selbständige Einheiten werten, müßten wir sie eigentlich wiederum durch *ein* Zeichen symbolisieren (vgl. o. 103). Dies ist von Trubetzkoy (1989: 64), der ebenfalls eine monophonematische Lösung vertritt, tatsächlich durchgeführt worden. Er schreibt /p̌/ für [pf] und /c/ für [ts]. Theoretisch ist eine solche Schreibweise berechtigt. Wir ziehen jedoch erneut eine den üblichen Schreibgewohnheiten näherstehende Lösung vor und schreiben /p͜f, t͜s/. Dabei bringt der Bogen zum Ausdruck, daß es sich um eine phonologische Einheit und nicht um eine Aufeinanderfolge von /p/ + /f/, /t/ + /s/ handelt.

5. In der Zeile ‘Vibrant’ haben wir das Phonem /r/ an zwei Stellen eingetragen: 1. in der Spalte ‘velar’, weil dies der häufigeren Aussprache [ʀ] entspricht, 2. (in Klammern) in der Spalte ‘dental’, entsprechend der selteneren freien Variante [r] (vgl. o. 85ff.). Wir schreiben das Phonem in jedem Fall mit dem geläufigeren Zeichen /r/, unabhängig davon, welche phonetische Realisierung wir annehmen. Natürlich gibt es nur *ein* r-Phonem im Deutschen, das entweder unter ‘velar’ oder unter ‘dental’ einzutragen ist. Wenn man die dentale Aussprache unberücksichtigt läßt, könnte man die Redundanz weiter verringern, indem man /l/ und /r/ in *einer* Zeile unter der Bezeichnung ‘Liquide’ zusammenfaßt.

6. Der Glottalverschlußlaut [ʔ] des Deutschen wird im allgemeinen nicht als eigenes Phonem betrachtet. Siehe die Diskussion im Kap. 10 Junktur (u. 202f.).

Auf die Gesamtdarstellung des Phoneminventars folgen normalerweise Angaben zur *phonetischen Realisierung*, einschließlich positionsbedingter Allophone und freier Varianten. Dabei muß jedes einzelne Phonem phonetisch (artikulatorisch) genau beschrieben werden, einschließlich aller Varianten. Im Rahmen einer allgemeinen Einführung in die Phonologie müssen wir uns hier kurz fassen. Dies wäre Bestandteil einer Phonetik und Phonologie speziell für das Deutsche. Einzelheiten findet man z. B. bei Mangold (1990: 39ff.). Wir weisen nur noch auf zwei bisher nicht erwähnte Punkte hin:

1. Die stimmlosen Verschlußlaute /p, t, k/ sind in den meisten Stellungen aspiriert: [p^h, t^h, k^h]. Die Aspiration ist phonologisch irrelevant, da sie keine Opposition bildet, und taucht daher in der Konsonantentabelle (o. 104) nicht auf.

2. Das Phonem /r/ hat über die freie Variation [ʀ ~ r] hinaus auch noch positionsbedingte Allophone. Neben den konsonantischen r-Varianten [ʀ ~ r] kommt ein sog. vokalisches oder vokalisiertes *r* in der Form [ɐ̯] vor, und zwar am Wortende und vor Konsonant. Dies ist ein unsilbischer Vokal, der mit dem vorausgehenden Vokal einen Diphthong bildet, z. B. /biːr/ [biːɐ̯] *Bier*, /høːrt/ [høːɐ̯t] *hört*. Die genaue Realisation von /r/ in allen Positionen ist wahrscheinlich das schwierigste Kapitel der Phonetik des Deutschen. Wir können hier nicht weiter darauf eingehen.

Für weitere Einzelheiten zur Phonetik und Phonologie des Deutschen konsultiere man folgende Werke: Mangold (1990), Martens und Martens (1965), Meinhold und Stock (1982), Philipp (1970), Werner (1972), Wörterbuch (1982).

6.3 Nochmals zum Minimalpaar

Zum Abschluß der Behandlung des deutschen Phonemsystems folgen einige zusätzliche Bemerkungen zum Minimalpaar.

Nachdem wir die Phoneme des Deutschen nunmehr vollständig ermittelt haben,[101] sind wir erstmals in der Lage, durchgehend phonologisch zu transkribieren. Dies gilt für einzelne Wörter oder Minimalpaare wie für ganze Texte. Wir sind bisher synthetisch und induktiv vorgegangen (daher eigentlich: phonologische Synthese), d. h., wir haben durch *phonetische* Minimalpaarbildung die distinktiven lautlichen Merkmale und Einheiten einer Sprache zu isolieren versucht. Nachdem wir das Phonem-

[101] Ausgenommen den Wortakzent, vgl. u. 129ff.

system jetzt kennen, können wir die Blickrichtung umkehren und deduktiv vorgehen: Wir präsentieren das Phonemsystem als Ganzes und weisen die Distinktivität der einzelnen Einheiten dieses Systems *nachträglich* durch Minimalpaare nach. In diesem Fall sind wir berechtigt, die Minimalpaare *phonologisch* zu transkribieren. Wir sollten also jetzt eigentlich alle Oppositionen des oben dargestellten Phonemsystems des Deutschen durch mindestens je ein Minimalpaar in *endgültiger*[102] phonologischer Transkription nachweisen.

Die Zahl der erforderlichen Minimalpaare wäre sehr groß, selbst wenn wir nur Vokale mit Vokalen und Konsonanten mit Konsonanten kontrastieren würden. Wenn wir innerhalb des deutschen Konsonantensystems jedes Phonem mit jedem anderen kontrastieren wollten, dann ergäbe dies – bei 21 Phonemen – nach der Formel $\frac{n\,(n-1)}{2}$ nicht weniger als 210 verschiedene Paarungen. Im synthetischen (induktiven) Teil des Untersuchungsprozesses mußten tatsächlich alle nur denkbaren Kontrastierungen geprüft werden. Nachdem das Phonemsystem aber feststeht, kann die Aufzählung einer so großen Zahl von Minimalpaaren zum nachträglichen Nachweis der einzelnen Oppositionen etwas ermüdend sein. Man wird daher eine Anzahl *ausgewählter* Minimalpaare vorführen. Welche Oppositionen soll man dabei auswählen? Wir erinnern uns, daß die Allophone eines Phonems einander phonetisch ähnlich sind (vgl. o. 83). Je unähnlicher zwei Phoneme sind, desto weniger interessant ist es, sie zu vergleichen. Niemand würde ernsthaft in Erwägung ziehen, daß [p͜f] und [z] Allophone *eines* Phonems sein könnten. Ein Minimalpaar wie /p͜fa:l/ – /za:l/ *Pfahl – Saal* ist daher weniger interessant. Die Frage ist vielmehr, ob [p͜f] z. B. tatsächlich distinktiv zu [p] und [f] ist oder ob [z] tatsächlich

[102] *Endgültig* insofern, als eine phonologische Synthese nicht notwendigerweise sofort zum richtigen Gesamtergebnis führt. In der Praxis wird es in der Regel mehrere tentative Zwischenstufen geben, die durch eben diese *phonologische* Minimalpaarbildung falsifiziert und in neuen Arbeitsgängen mit *phonetischer* Minimalpaarbildung verbessert werden können. Wir haben somit einen ständigen Wechsel von induktiver und deduktiver Vorgehensweise, bis das *endgültige* Ergebnis erreicht ist.

distinktiv zu [s] ist. Minimalpaare wie /panə/ – /p͜fanə/ *Panne – Pfanne*, /p͜funt/ – /funt/ *Pfund – Fund*, /rai̯sən/ – /rai̯zən/ *reißen – reisen* bestätigen diese Distinktivität. Man wird also in erster Linie Minimalpaare für solche Phoneme angeben, die in der Phonemtabelle in derselben Zeile oder in derselben Kolonne stehen oder sonst phonetische Gemeinsamkeiten aufweisen. Bei den Vokalen sind Minimalpaare für /i:/ – /e:/ oder /i:/ – y:/ interessanter als für /i:/ – /o:/. Ein Minimalpaar für /i/ – /i:/ ist interessanter als ein solches für /i/ – /o:/. Auf diese Weise kann die Zahl der anzuführenden Minimalpaare verhältnismäßig gering gehalten werden.

Man kann weiterhin von einer Art *Ästhetik* des Minimalpaars sprechen. Besonders eindrucksvoll und elegant sind minimale Gruppen von mehr als zwei Formen. Beispielsweise kann man durch die Dreiergruppe /panə/ – /tanə/ – /kanə/ *Panne – Tanne – Kanne* auf einen Schlag die Distinktivität aller Phoneme, die in der Zeile 'stimmlose Verschlußlaute' enthalten sind, nachweisen. *Eine* minimale Dreiergruppe ersetzt drei minimale Paare, *eine* minimale Fünfergruppe ersetzt bereits zehn minimale Paare usw. Wir haben schon früher festgestellt, daß die Suche nach Minimalpaaren durch die Silbenstruktur und die durchschnittliche Wortlänge einer Sprache entweder erleichtert oder erschwert wird (vgl. o. 64). Im Französischen, das viele sehr kurze Wörter besitzt, ist die Suche nach Minimalpaaren – von Ausnahmen abgesehen – besonders einfach. Dies gilt auch für umfangreiche minimale Gruppen. Mit einer einzigen Silbenstruktur kann man fast das gesamte Konsonantensystem des Französischen nachweisen, beispielsweise mit der Struktur /Ku/ (K = irgendein Konsonant):

/pu/	*pou*	'Laus'	/gu/	*goût*	'Geschmack'	/ʒu/	*joue*	'Wange'
/tu/	*toux*	'Husten'	/fu/	*fou*	'verrückt'	/mu/	*mou*	'weich'
/ku/	*cou*	'Hals'	/su/	*soûl*	'betrunken'	/nu/	*nous*	'wir'
/bu/	*boue*	'Schlamm'	/ʃu/	*chou*	'Kohl'	/lu/	*loup*	'Wolf'
/du/	*doux*	'süß'	/vu/	*vous*	'ihr (2. Pl.)'	/ru/	*roue*	'Rad'

Diese minimale Gruppe kontrastiert gleichzeitig 15 Phoneme des Französischen; das entspricht 105 minimalen Paaren[103].

[103] Zu vielen dieser Wörter gibt es außerdem Homophone oder Homonyme, z. B. /pu/ *pouls* 'Puls', /ku/ *coup* 'Schlag', /bu/ *bout* 'Ende', /ʒu/ *joue* 'spielt', /mu/ *moue* 'Schmollmund'.

Bei der Ästhetik der Minimalpaare spielen weitere Faktoren eine Rolle. Wörter mit einer lexikalischen Bedeutung (bes. Substantive, Verben, Adjektive) sind solchen mit einer mehr grammatischen Bedeutung (Pronomina, Präpositionen, Konjunktionen usw.) vorzuziehen. Beispiel: /bilt/ – /milt/ *Bild – mild* ist besser als /bai̯n/ – /mai̯n/ *Bein – mein*. Zwei Wörter derselben Wortart miteinander zu vergleichen ist ästhetisch befriedigender als zwei Wörter verschiedener Wortart. Beispiel: /bunt/ – /munt/ *Bund – Mund* ist besser als /bilt/ – /milt/ *Bild – mild*. Unflektierte Formen (Lexikonformen, Zitierformen) sind flektierten Formen vorzuziehen. Beispiel: /bunt/ – /munt/ *Bund – Mund* ist besser als /bildə/ – /mildə/ *Bilde* (Dat. Sg.) – *Milde*.

Über die verschiedensten Aspekte des Minimalpaars unterrichtet Wagner (1982).

7. SUPRASEGMENTALE EIGENSCHAFTEN

Eine wichtige Unterscheidung in Phonetik und Phonologie ist der Gegensatz von *segmentalen* und *suprasegmentalen* Eigenschaften der Sprache. Bisher haben wir – mit einer Ausnahme – nur segmentale Eigenschaften behandelt, nämlich Vokale und Konsonanten als Einzellaute. Wir waren von der Vorstellung ausgegangen, daß sich die Lautkette in artikulatorische *Segmente* zerlegen läßt. Diese Segmente haben wir auf ihre distinktive Funktion in der Sprache überprüft und waren so schließlich zur Aufstellung des Phoneminventars der betreffenden Sprache, bestehend aus je einem Subsystem von Vokalen und Konsonanten, gelangt. Die erwähnte Ausnahme ist die Vokalquantität im Deutschen, welche eigentlich zu den suprasegmentalen Eigenschaften gehört. Wir haben diese Inkonsequenz stillschweigend in Kauf genommen, um die Ermittlung des Phonemsystems einer Sprache zunächst einmal im Zusammenhang vorführen zu können, ohne zu viele theoretische Voraussetzungen schaffen zu müssen. Die systematische Behandlung der suprasegmentalen Eigenschaften erfordert die Diskussion von Phänomenen, welche dem Deutschen z. T. recht fernstehen.

Die Bezeichnung 'suprasegmental' bedeutet nicht, daß die betreffenden Eigenschaften nicht auch irgendwie abgrenzbar wären. Die Grenzen sind jedoch weiter gefaßt und gehen häufig über diejenigen von einzelnen Vokalen oder Konsonanten hinaus. Die Grenzen können z. B. das Wort als Ganzes oder die Silbe sein. Nun sind Wörter und Silben ebenfalls Segmente, allerdings auf einer höheren Ebene: Sie bestehen in der Regel aus mehreren Einheiten einer niedrigeren Ebene (d. s. Vokale und Konsonanten). Entscheidend ist aber bei den suprasegmentalen Eigenschaften nicht ihre Abgrenzbarkeit auf höherer oder niedrigerer Ebene, sondern ihre *Fokussierbarkeit*; sie sind auf eine Einheit *fokussiert*. Eine solche Einheit kann von ganz unterschiedlicher Größe sein: ein einzelner Vokal oder Konsonant, eine Gruppe von Vokalen und/oder Konsonanten (unterhalb der Silbengrenze), eine ganze

Silbe, ein ganzes Wort, ja sogar eine Gruppe von Wörtern (unterhalb der Satzgrenze) oder ein ganzer Satz. Eine suprasegmentale Eigenschaft bezieht sich auf den jeweiligen Fokus als Ganzes und ist innerhalb des Fokus in der Tat nicht in kleinere Einheiten zerlegbar. Daher gebraucht man gerne die bildhafte Vorstellung, daß sich eine suprasegmentale Eigenschaft anderen Einheiten *überlagert* (daher *suprasegmental*)[104].

Neben *suprasegmentalen* Eigenschaften ist auch die Bezeichnung *prosodische* (wörtlich übersetzt 'hinzugesungene') Eigenschaften gebräuchlich. Sie vermittelt die bildhafte Vorstellung, daß etwas hinzukommt (gr. προσ-). Dadurch entsteht der Eindruck, Vokale und Konsonanten seien primär, andere Erscheinungen sekundär. Dies ist nicht unbedingt zutreffend. Man könnte sich ebensogut vorstellen, eine suprasegmentale Eigenschaft sei zuerst da und werde sekundär mit Vokalen und Konsonanten gewissermaßen aufgefüllt. Es ist aber unwesentlich, was primär und was sekundär ist. Wesentlich ist der in Anm. 104 erwähnte *Bezug*. Auch die Vorstellung des Singens (gr. ᾠδή) ist nicht sehr glücklich, ja teilweise geradezu irreführend (besonders die Quantität betreffend). Wir vermeiden die Bezeichnung 'prosodisch' aber nicht in erster Linie wegen ihrer ungeschickten Evokationen, zumal metasprachliche Termini ohnehin nur den Wert von Etiketten haben, sondern hauptsächlich aufgrund der Tatsache, daß sie häufig mit einer bestimmten linguistischen Schule identifiziert wird, nämlich derjenigen des englischen Sprachwissenschaftlers J. R. Firth (1890–1960).[105] Wir sind keineswegs gegen diese Schule eingestellt, ziehen es jedoch aus grundsätzlichen Erwägungen vor, einen neutraleren Begriff, der im übrigen mindestens ebenso gebräuchlich ist, zu verwenden.

Die wichtigsten suprasegmentalen Eigenschaften sind 1. Quantität, 2. Intensität, 3. Tonbewegung.

104 Ebensogut könnte man sagen, daß sie andere Einheiten *unterlagert* oder *durchdringt*. Es kommt nicht auf die räumliche Anordnung an, sondern darauf, daß sich Einheiten unterschiedlicher Größenordnung aufeinander *beziehen*.

105 Vgl. Palmer (1970).

7.1 Quantität

Bei der Quantität ist es auf den ersten Blick nicht so leicht einsichtig, daß es sich in der Tat um eine suprasegmentale Erscheinung handelt. Dies liegt zunächst daran, daß die Quantität meist (aber nicht immer) auf Einzellaute fokussiert ist, z. B. langes [a:] gegenüber kurzem [a]. Daher wird die Quantität bei der phonologischen Beschreibung einer Sprache meist – wie wir dies oben auch getan haben – zusammen mit den betroffenen lautlichen Segmenten (Vokalen oder Konsonanten) behandelt. Dieses Vorgehen hat unzweifelhaft praktische Vorteile, verschleiert jedoch den ganz andersartigen Charakter der Quantität. In Übereinstimmung mit einem solchen Vorgehen verwenden viele Orthographien segmentale Verfahren, um die Quantität zum Ausdruck zu bringen, z. B. Doppelschreibung wie in dt. *Saal*[106] oder Dehnungszeichen wie in dt. *Rahm*. Auch die IPA-Transkription verwendet ein segmentales Zeichen zum Ausdruck der Quantität: bei Vokalen nachgesetzter Doppelpunkt wie in [a:], bei Konsonanten Mehrfachschreibung wie in [tt]. Das alte philologische Zeichen 'übergesetzter Querbalken' zur Bezeichnung der Vokallänge bringt die Natur der Quantität viel besser zum Ausdruck, z. B. in lat. *nātus*.

Natürlich ist es nicht so, daß wir zunächst die Qualität des Vokals [a] hätten und im Anschluß daran die Länge des Vokals, wie dies durch die Darstellungsweise [a:] oder orthographisch *aa*, *ah* suggeriert wird. Es verhält sich also nicht so, daß ein kurzes *a* ein [a] wäre und ein langes *a* ein zusätzliches Segment enthielte. Vielmehr sind Kürze *oder* Länge Eigenschaften, die der Lautqualität von Anfang bis Ende innewohnen, ohne innerhalb des Lautes segmentierbar zu sein. Wenn wir nur die letzte Zehntelsekunde eines [a] hören, können wir nicht wissen, wie lange es zuvor schon angedauert hat, eine halbe Sekunde, eine Sekunde, zwei Sekunden oder – falls der Sprecher viel Luft hatte – fünf Minuten. Die Quantität ist eine inhärente Eigenschaft des Lautes. Wir verwenden dafür als Etikett den Terminus 'suprasegmental'.

[106] Bei Konsonantenquantität ist Doppelschreibung – wenigstens im Bereich der lateinischen, kyrillischen und griechischen Schrift – sogar das allein verwendete Mittel, vgl. ital. *fatto*.

Die *Phonetik* kann nichts anderes tun, als die absolute Dauer eines Lautes zu messen, z. B. in Sekunden oder Zehntelsekunden. Schon die Verwendung von Begriffen wie 'kurz' oder 'lang' beinhaltet eine phonologische Interpretation, d. h. eine *relative* Wertung *im Rahmen eines Systems*. Ein Spielfilm, der drei Stunden dauert, ist (relativ) lang, ein Universitätsstudium, das drei Jahre dauert, ist (relativ) kurz, beides im Rahmen eines Bezugssystems und im Vergleich zu anderen Einheiten des jeweiligen Systems. Es ist durchaus möglich, daß ein Laut A absolut länger ist als ein Laut B, aber im Rahmen des betreffenden phonologischen Systems als Kurzvokal zu interpretieren ist, während der Laut B als Langvokal gewertet wird. Solche Fälle ließen sich leicht nachweisen (z. B. bei unterschiedlicher Sprechgeschwindigkeit). Strenggenommen ist eine Schreibweise wie [a:] gar nicht mehr phonetisch, sondern beinhaltet bereits eine phonologische Wertung, indem sie nämlich aussagt: [a:] ist – *ceteris paribus* – länger als ein anderes *a* im Rahmen desselben Bezugssystems. Eine echt *phonetische* Schreibweise der Quantität könnte etwa so aussehen: $[a]_1$ (0,4 sec.), $[a]_2$ (1,0 sec.) usw.; $[a]_1$ ist hier absolut kürzer als $[a]_2$.

Wenn von 'Länge' oder 'Kürze' eines Lautes gesprochen wird, so beinhaltet dies zum einen bereits eine phonologische Wertung, zum anderen ist es Ausdruck der Tatsache, daß die Quantität – falls sie überhaupt phonologisch distinktiv ist – in der Regel eine *binäre* Distinktion bildet. Es stehen also ein *relativ* kurzer und ein *relativ* langer Laut *ceteris paribus* zueinander in Kontrast und wirken bedeutungsdifferenzierend. Dabei ist es unerheblich, ob der relativ lange Laut $1^1/_2$mal, 2mal oder 3mal länger ist als der relativ kurze Laut oder – unter bestimmten Umständen (die Bedingung *ceteris paribus* wäre dann nicht erfüllt) – vielleicht sogar gleich lang oder kürzer ist.

Manche Sprachen besitzen die phonologische Dimension der Quantität überhaupt nicht, weder bei den Vokalen noch bei den Konsonanten. Solche Sprachen sind z. B. Spanisch, Rumänisch, Neugriechisch, Indonesisch. Andere Sprachen besitzen eine Quantitätsopposition nur bei den Vokalen, andere nur bei den Konsonanten, wieder andere Sprachen bei Vokalen *und* Konsonanten. Letzteres setzt natürlich voraus, daß die Quantität bei Vokalen und Konsonanten unabhängig voneinander distinktiv ist.

Deutsch besitzt eine Quantitätsopposition bei den Vokalen, aber nicht bei den Konsonanten. Wir unterscheiden also Paare wie die folgenden:

/mitə/	–	/mi:tə/	*Mitte*	–	*Miete*
/fylən/	–	/fy:lən/	*füllen*	–	*fühlen*
/rusən/	–	/ru:sən/	*Russen*	–	*rußen*
/kelə/	–	/ke:lə/	*Kelle*	–	*Kehle*
/hølə/	–	/hø:lə/	*Hölle*	–	*Höhle*
/flos/	–	/flo:s/	*floß*	–	*Floß*
/ratə/	–	/ra:tə/	*Ratte*	–	*Rate*

Wir haben dies oben 90ff. im einzelnen beschrieben. Vom gleichen Typ wie Deutsch (Vokalquantität, keine Konsonantenquantität) sind z. B. Dänisch, Irisch, Rätoromanisch, Serbokroatisch.

Umgekehrt ist Italienisch eine Sprache, welche eine Quantitätsopposition bei den Konsonanten, aber nicht bei den Vokalen besitzt. Dies zeigen die folgenden Minimalpaare:

/fáto/	–	/fátto/	*fato*	–	*fatto*	'Schicksal'	–	'gemacht'
/káde/	–	/kádde/	*cade*	–	*cadde*	'er/sie fällt'	–	'er/sie fiel'
/kása/	–	/kássa/	*casa*	–	*cassa*	'Haus'	–	'Kasse'
/péna/	–	/pénna/	*pena*	–	*penna*	'Strafe'	–	'Feder'
/pála/	–	/pálla/	*pala*	–	*palla*	'Schaufel'	–	'Ball'
/káro/	–	/kárro/	*caro*	–	*carro*	'lieb'	–	'Wagen'

Von den 21 Konsonantenphonemen des Italienischen (vgl. u. 155) ist die Quantität für 15 distinktiv, nämlich für /p, t, k, b, d, g, t͜ʃ, d͜ʒ, f, s, v, m, n, l, r/. Sie ist nicht distinktiv für /t͜s, d͜z, ʃ, z, ɲ, ʎ/.

Das Italienische bietet ein interessantes phonologisches Problem, das wir hier wegen seines exemplarischen Charakters kurz vorführen. Die Vokale in betonter Silbe zeigen eine positionsbedingte Allophonie dergestalt, daß der Vokal vor einem kurzen Konsonanten lang, vor einem langen Konsonanten aber kurz ist, z. B.

['fa:to]	–	['fatto]	'Schicksal'	–	'gemacht'
['pe:na]	–	['penna]	'Strafe'	–	'Feder'

Wir haben also eine umgekehrt proportionale Abhängigkeit von Vokalquantität und Konsonantenquantität. Würde sich das Material auf die vorgeführten Beispiele beschränken, wäre es sehr schwer zu entscheiden, ob die Konsonantenquantität primär und die Vokalquantität davon abhängig ist oder umgekehrt. Wir hätten möglicherweise – ähnlich wie im Deutschen bei der Frage nach dem Primat von Vokalquantität oder -qualität – das System als Ganzes heranziehen oder Überlegungen bezüglich der Ökonomie der einen oder anderen Lösung anstellen müssen. In diesem Fall brauchen wir für die Argumentation aber nicht so weit auszuholen. Es gibt Fälle, welche die Frage unmittelbar und eindeutig entscheiden. Man vergleiche die folgenden Paare:

[ka'mi:no] – [kam'mi:no] 'Kamin' – 'Weg'
[a'prɛndo] – [ap'prɛndo] 'öffnend' – 'ich erfahre'

Die Formen der zweiten Kolonne zeigen, daß die Konsonantenquantität auch nach unbetontem Vokal distinktiv ist. Unbetonte Vokale sind im Italienischen immer kurz, gleichgültig ob ein kurzer oder ein langer Konsonant folgt. In den Beispielen der rechten Kolonne kann daher nur die Quantität des Konsonanten als distinktiv angesehen werden. Wenn sie aber in *diesen* Fällen distinktiv ist, dann ist damit entschieden, daß sie es in *allen* Fällen ist, also auch in den weiter oben stehenden – zunächst unentschiedenen – Paaren. Die Konsonantenquantität ist also primär, die Vokalquantität von ihr abhängig. Die unteren Paare haben in phonologischer Transkription mithin folgendes Aussehen:

/kamíno/ – /kammíno/ *camino* – *cammino* 'Kamin' – 'Weg'
/aprɛ́ndo/ – /apprɛ́ndo/ *aprendo* – *apprendo* 'öffnend' – 'ich erfahre'

Zu den Sprachen, bei denen Vokalquantität und Konsonantenquantität unabhängig voneinander distinktiv sind, gehören Finnisch, Ungarisch, Latein und Arabisch. Die folgenden minimalen oder fastminimalen Vierergruppen stammen aus dem Finnischen:

/tuli/	*tuli*	'Feuer'	/muta/	*muta*	'Schlamm'
/tu:li/	*tuuli*	'Wind'	/mu:ta/	*muuta*	'anderes (Partitiv Sg.)'
/tulli/	*tulli*	'Zoll'	/mutta/	*mutta*	'aber'
/tu:lla/	*tuulla*	'blasen'	/mu:tta:/	*muuttaa*	'ändern'

Minimale Tripel im Lateinischen:

/anus/	*anus*	'alte Frau'	/palam/	*palam*	'öffentlich'
/a:nus/	*anus*	'After'	/pa:lam/	*palam*	'Spaten (Akk. Sg.)'
/annus/	*annus*	'Jahr'	/pallam/	*pallam*	'Frauengewand (Akk. Sg.)'

Die deutsche Schulaussprache des Latein, welche die Konsonantenquantitäten in der Regel unbeachtet läßt, entspricht in diesem Punkt nicht der Originalaussprache.

In den weitaus meisten Sprachen bildet die Quantität binäre Oppositionen kurz – lang. Gelegentlich wird von Sprachen mit drei phonologischen Quantitäten gesprochen. Als Standardbeispiel wird meist das Estnische genannt, wo die dreifache Opposition für Vokale *und* Konsonanten gilt. Wir folgen zunächst dieser traditionelleren Auffassung. Demnach finden sich drei distinktive Quantitäten bei Vokalen (nicht bei Konsonanten) auch in zwei ausgedehnten deutschen Dialektgebieten. Die beiden Gebiete, welche keine gemeinsame Grenze aufweisen, sind das Nordniedersächsische einerseits und das Rheinische (Ripuarisch und Moselfränkisch, sog. *rheinische Schärfung*) andererseits, vgl. Ternes (1981). Die drei Quantitätsstufen werden als 'kurz', 'lang' und 'überlang' bezeichnet. Unter (1) findet sich ein minimales Tripel für das Nordniedersächsische (Hamburg Geest-Mundart), unter (2) für das Moselfränkische (Stadtmundart Trier). Dabei ist die Kürze unbezeichnet, Länge = 1 Punkt, Überlänge = 2 Punkte:

(1) /vit/ 'weiß'
/vi·t/ 'weit'
/vi:t/ 'Weide (Baum)'

(2) /klat/ 'glatt'
/kla·t/ '(er/sie) kleidet'
/kla:t/ 'Kleid'

Eine alternative Interpretation besteht darin, die Quantität auf die binäre Opposition kurz – lang zu beschränken. Sprachen mit drei Quantitäten wären dann nicht möglich. Diejenigen Erscheinungen, die als drei Quantitäten gedeutet wurden, würden statt dessen tonal interpretiert, so daß die betreffenden Sprachen zu den 'gemäßigten Tonsprachen' zu rechnen wären (s. Kap. 7.3.2).

7.1.1 More

Bei Untersuchungen zur Quantität wird gelegentlich der Begriff *More* (oder *Mora*) verwendet (Pl. *Moren* bzw. *Morae*). Es handelt sich hierbei um eine *relative Maßeinheit für Quantität* (bei Vokalen und/oder Konsonanten). Eine genauere Definition ist nicht möglich, da es im Wesen dieses Begriffes liegt, daß er von Sprache zu Sprache verschieden verwendet wird. Die More wird für jede Sprache, in der ihre Verwendung sinnvoll erscheint, als Quantitätseinheit definiert. Davon ausgehend werden weitere Quantitätseinheiten angenommen, die immer Vielfache der ursprünglich definierten Einheit darstellen: 1 More, 2 Moren, 3 Moren ... oder einmorig, zweimorig, dreimorig ... Auf diese Weise sollen unterschiedliche Quantitäten, die eine sprachliche Funktion ausüben, zahlenmäßig quantifizierbar und damit vergleichbar gemacht werden.

Bei einer gewöhnlichen binären Unterscheidung (z. B. kurze–lange Vokale) ist die Verwendung des Begriffs 'More' im allgemeinen nicht notwendig. Bei komplexeren quantitativen Gesetzmäßigkeiten kann er aber sehr nützlich sein. Man kann z. B. bei Sprachen mit mehr als zwei Quantitätsoppositionen folgende Reihe aufstellen: kurze Vokale = 1 More (z. B. /a/), lange Vokale = 2 Moren (z. B. /a·/), überlange Vokale = 3 Moren (z. B. /a:/). Kommen in einer Sprache Monophthonge neben Diphthongen oder gar Triphthongen vor, ist es wichtig zu wissen, wie sich diese 'Polyphthonge' quantitativ zu den Monophthongen verhalten. Es ist möglich, daß Diphthonge unterschiedlicher Quantität existieren, z. B. [ai̯], [a·i̯] oder [ai̯·]. Solche Gesetzmäßigkeiten lassen sich unter Verwendung des Begriffs 'More' sehr gut fassen.

Wenn man in den rheinischen Dialekten drei Quantitäten annimmt (o. 118), kann folgendes Verhältnis aufgestellt werden[107]:

	kurz (1 More)	lang (2 Moren)	überlang (3 Moren)
Monophthonge	/a/	/a·/	/a:/
Diphthonge	–	/ai̯/	/ai̯·/
V + Sonorant[108]	–	/al/	/al·/

Eine ähnliche Verwendung der More für das Schottisch-Gälische findet sich bei Ternes (1989: 105 ff.).

[107] Die aufgeführten Qualitäten stehen nur als Beispiele für die ganze betreffende Lautklasse.

[108] In den meisten Fällen ist die Quantität auf einen Einzellaut (Vokal oder Konsonant) fokussiert. Wie die Tabelle zeigt, kann sie jedoch auch auf eine Gruppe von Lauten fokussiert sein, z. B. Diphthonge oder Verbindungen von Vokal plus Sonorant.

In manchen Sprachen ist es wichtig, bestimmte Silbentypen quantitativ zu erfassen, da davon z. B. die Position des Wortakzents abhängig ist. Dies ist z. B. im Lateinischen der Fall (vgl. u. 125). Das Lateinische unterscheidet zwei Arten von langen Silben, sog. naturlange und sog. positionslange Silben. Erstere enthalten einen langen Vokal. Daher ist ein Wort wie /le:ga:tus/ *legatus* 'Gesandter' der Regel entsprechend auf der vorletzten Silbe betont [–'– –]. Aber auch ein Wort wie /konkursus/ *concursus* 'Zusammentreffen' ist auf der vorletzten Silbe betont [–'– –], obwohl diese eigentlich nur den kurzen Vokal /u/ enthält. Der silbenschließende Konsonant (im vorliegenden Beispiel /r/) macht die Silbe 'positionslang'. Unter Verwendung des Begriffs 'More' kann man diese Gesetzmäßigkeit folgendermaßen ausdrücken: Ein Kurzvokal bildet eine More, ein Langvokal das Doppelte, also zwei Moren. Ein silbenschließender Konsonant fügt jeweils *eine* More hinzu. Ein Kurzvokal gefolgt von Konsonant hat demnach denselben quantitativen Wert wie ein Langvokal ohne Konsonant, nämlich zwei Moren. Eine genauere Formulierung der Regel für den lateinischen Wortakzent wäre demnach: Die vorletzte Silbe erhält den Akzent, wenn diese (mindestens) zweimorig ist. Eine Silbe, die aus einem langen Vokal, gefolgt von einem silbenschließenden Konsonanten, besteht, ist demnach dreimorig. Solche Regeln können auch für die Metrik, besonders bei einem quantifizierenden Versmaß, von großer Bedeutung sein.[109]

Das klassische Beispiel für die Verwendung des Begriffs 'More' ist das Altgriechische. Die Rekonstruktion der suprasegmentalen Eigenschaften des Altgriechischen ist mit vielen Problemen behaftet. Sicher ist, daß es eine Quantitätsopposition für Vokale und Konsonanten besaß. Sehr wahrscheinlich ist auch, daß das Altgriechische eine gemäßigte Tonsprache war (vgl. Kap. 7.3.2). Eine mögliche Interpretation besteht in der Annahme, daß es für die Kurzvokale eine phonologische Opposition hoch–tief, für die

[109] Das Versmaß des Lateinischen und Altgriechischen ist *quantifizierend*, da es auf der geregelten Abfolge von Silben unterschiedlicher Quantität beruht. Demgegenüber ist das Versmaß des Deutschen *akzentuierend*, da es auf der geregelten Abfolge betonter und unbetonter Silben beruht.

Langvokale eine Opposition steigend–fallend gab. Die griechische Schrift verwendet drei graphische Akzente zur graphischen Kennzeichnung dieser Eigenschaften: Akut (´), Gravis (`), Zirkumflex (˜). Falls die obige Interpretation zutrifft, dann bezeichnen bei Kurzvokalen der Akut den Hochton, der Gravis und ein unmarkierter Vokal den Tiefton, bei Langvokalen der Akut den steigenden Ton, der Zirkumflex den fallenden Ton. Minimalpaare sind ohne weiteres zu finden, z. B.[110] ὄρος /óros/ (hoch–tief) 'Berg' – ὀρός /orós/ (tief–hoch) 'Molke'; οἴκοι /oí̯koi̯ / (steigend) 'zu Hause' – οἶκοι /oĩ̯koi̯/[111] (fallend) 'Häuser'.

Obwohl die Distinktivität durch Minimalpaare nachweisbar ist, gehorcht andererseits das Vorkommen der graphischen Akzente und der damit verbundenen Tonunterschiede bestimmten Gesetzmäßigkeiten. Mit anderen Worten: Das Vorkommen ist zu einem gewissen Teil vorhersagbar, die Distinktivität somit eingeschränkt, der Akzent ist *beschränkt frei* (vgl. Serbokroatisch, u. 143 f.). Diese Gesetzmäßigkeiten beruhen auf der Quantität des Vokals und seiner Position innerhalb des Wortes, letztere gemessen in Silben vom Ende des Wortes her. Vokalquantität und Position der Silbe werden mit Hilfe des Begriffs der More genau quantifiziert. Die betreffenden Gesetzmäßigkeiten sind als *Dreimorengesetz* des Griechischen bekannt.

Dieses Gesetz besagt, daß der Akzent auf eine der *drei letzten Moren* des Wortes fallen muß. Die Endsilbe mit Kurzvokal zählt *eine* More, die Endsilbe mit Langvokal zählt zwei Moren. Jede andere Silbe (kurz oder lang) zählt *eine* More. Weiterhin gilt die Regel, daß der Akut auf kurzen und langen Vokalen, der Zirkumflex dagegen nur auf langen Vokalen stehen kann. Schließlich ist konventionell festgelegt, daß ein Langvokal mit Zirkumflex als auf der ersten More, ein Langvokal mit Akut als auf der zweiten More betont gilt.[112] Unter Berücksichtigung dieser Vorgaben er-

110 Wir behalten in der phonologischen Transkription die Form der graphischen Akzente bei.

111 Zum Verständnis der unten formulierten Gesetzmäßigkeiten: Auslautende -οι und -αι gelten als kurz.

112 Hierbei ergibt sich eine gewisse Inkonsequenz bei der Formulierung der Regel für nichtletzte Silben. Besonders betroffen ist die vorletz-

gibt sich nun eine Reihe von Beschränkungen und Abhängigkeiten für die Distribution der Akzente, z. B.

1. Der Akut kann nur auf einer der drei letzten Silben stehen.
2. Der Zirkumflex kann nur auf einer der zwei letzten Silben stehen.
3. Die drittletzte Silbe kann nur dann betont sein (nur durch Akut), wenn die letzte Silbe kurz ist.
4. Die vorletzte Silbe kann nur dann einen Zirkumflex tragen, wenn die letzte Silbe kurz ist.

Aus diesen Gesetzmäßigkeiten ergeben sich zahlreiche Akzentwechsel innerhalb von Flexionsparadigmen, z. B.

Sg.	Nom.	δῆμος	/dε̃:mos/	'(das) Volk'	(letzte Silbe kurz)
	Gen.	δήμου	/dέ:mu:/	'(des) Volkes'	(letzte Silbe lang)
Sg.	Nom.	ἄνθρωπος	/ánt^{h}rɔ:pos/	'(der) Mensch'	(letzte Silbe kurz)
	Gen.	ἀνθρώπου	/ant^{h}rɔ́:pu:/	'(des) Menschen'	(letzte Silbe lang)
Sg.	Nom.	χώρα	/k^{h}ɔ́:ra:/	'(das) Land'	(letzte Silbe lang)
Pl.		χῶραι	/k^{h}ɔ̃:rai̯/	'(die) Länder'	(letzte Silbe kurz)[113]

Sprachen, für die der Begriff 'More' Anwendung findet, werden gerne *morenzählende Sprachen* genannt. Diese Bezeichnung ist irreführend und daher nicht zu empfehlen. Das Morenzählen ist keine Eigenschaft der Sprache, sondern eine Tätigkeit des Analysators. Die More ist im Gegensatz zur Quantität keine kategorielle Eigenschaft, sondern lediglich eine Hilfskonstruktion, um bestimmte Quantitätsverhältnisse in der lautlichen oder grammatischen Analyse zu verdeutlichen. Die More kann von Sprache zu Sprache verschieden definiert werden. Für welche Sprachen und für welche Fälle diese Konstruktion Anwendung findet, ist durchaus relativ. Bei jeder Sprache, welche kurze und lange Vokale unterscheidet, könnte man von Einmorigkeit bzw. Zweimorigkeit der Vokale sprechen. Die Einführung des Begriffs 'More'

te Silbe. Einerseits spielt die Quantität des Vokals dieser Silbe keine Rolle, so daß sie in jedem Fall nur *eine* More zählt. Andererseits muß sie wegen der letztgenannten Konvention als in zwei Hälften zerlegbar gedacht werden, wenn sie einen langen Vokal enthält.

113 Vgl. Anm. 111.

würde in diesem Fall aber keine Erkenntnis vermitteln, welche über die Feststellung von der Distinktivität zweier Vokalquantitäten hinausreichte. Die Verwendung der More wäre in einem solchen Fall zwar nicht falsch, aber überflüssig. Die More bringt nur dann einen Gewinn, wenn es gilt, komplexere Quantitätsgesetze in Regeln zu fassen. Es gibt also keinen eigenen Sprachtypus 'morenzählende Sprachen'. Es gibt nur Sprachen mit mehr oder weniger komplexen Quantitätsgesetzen, wobei die Skala fließend und die Abgrenzung von 'mehr oder weniger komplex' relativ ist.[114]

7.2 Intensität

Der suprasegmentale Charakter der Intensität ist leichter einzusehen als derjenige der Quantität, zumal hier keine irreführenden Notationskonventionen im Wege stehen. Statt 'Intensität' sind auch die Bezeichnungen 'Wortakzent' oder einfach 'Akzent' gebräuchlich. Wir vermeiden insbesondere die letztere Bezeichnung wegen der vielfachen Polysemie dieses Wortes. Die Zusammensetzung 'Wortakzent' ist eher akzeptabel, da es in der Tat darum geht, innerhalb eines Wortes einen bestimmten Teil zu 'akzentuieren', d. h. hervorzuheben. Es ist klar, daß eine solche Hervorhebung kein Segment, welches auf ein anderes Segment (Vokal oder Konsonant) linear folgt oder ihm vorausgeht, sein kann. Vielmehr ist diese Hervorhebung eine phonetische Eigenschaft, welche sich den lautlichen Qualitäten des hervorgehobenen Segments (der hervorgehobenen Segmente) über- oder unterlagert.

Die Intensität ist gewöhnlich auf die Silbe fokussiert. In einem zwei- oder mehrsilbigen Wort könnten theoretisch alle Silben gleich stark hervortreten. In der Regel sind die Silben jedoch unterschiedlich gewichtet, wobei meist *eine* Silbe besonders stark hervortritt. In dt. *Leben* ist es die erste Silbe: ['le:bən]; in dt.

[114] Der Begriff 'More' kann auch bei der Beschreibung der *diachronen* Entwicklung von Quantitätsverhältnissen nützlich sein, ohne deshalb zwangsläufig bei der synchronen Beschreibung der jeweiligen Sprachzustände verwendet werden zu müssen.

Gebet ist es die zweite Silbe: [gə'be:t]. Innerhalb jeder Silbe – betont oder unbetont – tritt der Silbenkern, der in der Regel aus einem Vokal besteht, besonders hervor. Daher entsteht bei einer betonten (hervorgehobenen) Silbe der Eindruck, als sei der vokalische Kern 'Träger' der Hervorhebung. Infolgedessen existieren zwei unterschiedliche Notationskonventionen. Das eine Verfahren besteht darin, die hervorgehobene Silbe als Ganzes zu markieren, z. B. (nach IPA) durch einen dem Silbenanlaut vorangestellten kleinen senkrechten Strich: ['le:bən], [gə'be:t]. Dieses Zeichen ist nicht als Segment zu verstehen, sondern bezieht sich auf die ganze folgende Silbe. Das zweite Verfahren besteht darin, den Silbenkern der hervorgehobenen Silbe zu markieren, meist durch einen Akut, z. B. [lé:bən], [gəbé:t]. Dieses Zeichen kann kaum als Segment mißverstanden werden, da es sich über dem Zeichen für die Vokalqualität befindet. Man muß sich jedoch darüber im klaren sein, daß sich das Zeichen nicht nur auf den markierten Vokal, sondern auf die ganze Silbe bezieht. Es hat sich im Laufe der Zeit ergeben, daß die erste Notation (Hervorhebung der Silbe durch vorangestelltes Zeichen) überwiegend in phonetischer Schreibweise, die zweite Notation (Markierung des Silbenkerns) überwiegend in phonologischer Schreibweise verwendet wird. Wir folgen hier dieser Konvention.

Wir gebrauchen 'Intensität' im allgemeinen Sinne von 'Hervorhebung', nicht im spezielleren Sinne einer bestimmten Art von Hervorhebung. Die Hervorhebung kann phonetisch auf verschiedene Weise erfolgen. Einmal durch das, was man traditionell einen 'dynamischen Akzent' nennt. Man könnte hier auch von 'Intensität' im speziellen Sinne sprechen, hervorgerufen z. B. durch stärkere Muskelspannung und/oder höheren Luftverbrauch. Die hervorgehobene Silbe erscheint auf diese Weise 'lauter' als andere Silben. Zum zweiten kann die Hervorhebung durch das erfolgen, was man traditionell einen 'musikalischen Akzent' nennt, d. i. eine Veränderung der Tonhöhe, wodurch sich die betroffene Silbe von anderen Silben abhebt. In der Regel treten 'dynamischer Akzent' und 'musikalischer Akzent' kombiniert auf, wobei natürlich der eine oder andere Anteil überwiegen kann. Die Veränderung der Tonhöhe kann ihrerseits auf zwei verschiedene Weisen erfolgen. Entweder ist die hervorzuhebende Silbe höher als andere Silben, oder sie ist tiefer. Ersteres ist der weitaus häufigere Fall. Aber auch das Zweite kommt vor, z. B. im Dänischen, Walisischen und Schweizerdeutschen. Alle diese Möglichkeiten sind rein phonetisch. Für die phonologische Wertung kommt es nur darauf an, daß überhaupt eine Silbe gegenüber den anderen Silben des Wortes hervorgehoben ist, gleichgültig auf welche Weise.

Es gibt Sprachen, bei denen alle Silben eines Wortes ungefähr gleich stark sind. Hier kann die Intensität natürlich keine phonologische Rolle spielen. In den meisten Sprachen ist jedoch deutlich festzustellen, daß eine bestimmte Silbe innerhalb eines Wortes gegenüber den anderen Silben hervorgehoben ist.[115] Dies allein ist jedoch noch nicht phonologisch relevant. Entscheidend ist, ob der Wortakzent *gebunden* oder *frei* ist oder – in anderer Terminologie – *vorhersagbar* bzw. *nicht-vorhersagbar*.

Im ersteren Fall (gebunden oder vorhersagbar) ist immer dieselbe Silbe eines jeden Wortes hervorgehoben (insofern gebunden). Um welche Silbe es sich dabei handelt, kann durch eine einfache phonetische Regel angegeben werden (insofern vorhersagbar). Eine solche Regel kann von Sprache zu Sprache durchaus unterschiedlich sein. Es gibt u. a. folgende Möglichkeiten: Die erste Silbe eines jeden Wortes ist hervorgehoben (z. B. Tschechisch, Isländisch, Ungarisch, Finnisch). Die letzte Silbe ist hervorgehoben (z. B. Französisch), die vorletzte (Polnisch, Walisisch), die drittletzte (Makedonisch). Im Lateinischen ist die Regel ein wenig komplexer. Sie lautet: Die vorletzte Silbe eines Wortes ist hervorgehoben, wenn diese lang ist. Anderenfalls ist die drittletzte Silbe hervorgehoben, z. B. [a'mi:kus] *amicus* 'Freund' gegenüber ['ambitus] *ambitus* 'Umlauf'.

Auch im Fall des Lateinischen ist der Wortakzent vorhersagbar. Entscheidend ist, daß es in Sprachen dieser Art keine Möglichkeit gibt, zwei Wörter mit verschiedener (lexikalischer oder grammatischer) Bedeutung allein durch die unterschiedliche Position des Wortakzents zu unterscheiden, eben weil der Wortakzent durch

115 Wir behandeln hier den 'Wortakzent', d. h. die Intensitätsverhältnisse bei isolierten Wörtern. Daß der Wortakzent zugunsten eines Satzakzents verändert oder ganz aufgehoben werden kann (letzteres z. B. im Französischen), ist eine andere Frage.

eine *phonetische* Regel festgelegt ist. In allen bisher genannten Sprachen ist der Wortakzent nicht distinktiv und somit phonologisch irrelevant. Er wird daher in der phonologischen Transkription gar nicht berücksichtigt. Wir schreiben finn. /tuli/ *tuli* 'Feuer', /tu:li/ *tuuli* 'Wind' usw. Die Aussprache ['tuli], ['tu:li] ergibt sich automatisch aus der Regel, daß im Finnischen immer die erste Silbe eines Wortes hervorgehoben wird. Desgleichen frz. /lave/ *laver* 'waschen', phonetisch [la've], weil für das Französische die Regel lautet, daß die letzte Silbe eines Wortes hervorgehoben wird; poln. /kowo/ ['kɔwɔ] *koło* 'Rad', /kowovatɕ/ [kɔ'wɔvatɕ] *kołować* 'kreisen', /kowovatɕetɕ/ [kɔwɔ'vatɕɛtɕ] *kołowacieć* 'erstarren' (vorletzte Silbe); lat. /ami:kus/ [a'mi:kus] 'Freund', /ambitus/ ['ambitus] 'Umlauf' (vgl. o. 125).

Der Terminus 'freier Wortakzent' – auch 'beweglicher Wortakzent' – besagt natürlich nicht, daß die Setzung des Wortakzents beliebig ist. Er besagt, daß der Wortakzent *phonetisch* nicht gebunden ist, d. h., daß er nicht aufgrund rein phonetischer Angaben vorhersagbar ist. Natürlich ist die Intensität in einer Sprache mit 'freiem Wortakzent' bei jedem einzelnen Wort an eine bestimmte Silbe gebunden. Diese Bindung ist aber *lexikalisch* und/oder *grammatisch bedingt* und gehört damit der Inhaltsseite der Sprache an. In einer solchen Sprache kann der Wortakzent phonetisch gesehen auf jede beliebige Silbe fallen, die erste, letzte, vorletzte, drittletzte usw. Die Position des Wortakzents in einem bestimmten Wort unterscheidet dieses Wort von anderen Wörtern mit anderer lexikalischer oder grammatischer Bedeutung. Im Extremfall werden zwei Wörter, die segmental völlig identisch sind, nur durch die unterschiedliche Position des Wortakzents in ihrer Bedeutung unterschieden. Dies wäre ein Minimalpaar bezüglich des Wortakzents.

Das Russische besitzt einen phonologisch distinktiven Wortakzent, den es in der Orthographie aber nicht zum Ausdruck bringt. In der Orthographie erscheinen nur Segmente. Daher ist die orthographische Form russ. мука mehrdeutig. Je nachdem, ob wir die erste oder die letzte Silbe hervorheben, hat das Wort eine andere Bedeutung: ['mukɐ][116] heißt 'Qual, Pein', [mu'ka] heißt 'Mehl'. Damit erweist sich eindeutig die phonologische Distinktivität des Wortakzents. Wir schreiben dieses Paar in phonologi-

116 [ɐ] ist ein Allophon von /a/ im unbetonten Auslaut.

scher Transkription /múka/ 'Qual, Pein' – /muká/ 'Mehl'. Wenn der Wortakzent in einer Sprache als phonologisch distinktiv erkannt wurde, muß er selbstverständlich in der phonologischen Transkription *aller* mehrsilbigen Wörter geschrieben werden, auch wenn sie nicht unmittelbar an einem Minimalpaar oder einer minimalen Stellung teilhaben.

Weitere minimale Paare für das Russische sind:

/sláva/	слава	'Ehre'	–	/slavá/	слова	'Wörter'[117]
/rása/	раса	'Rasse'	–	/rasá/	роса	'Tau (Niederschlag)'[117]
/ʒíla/	жила	'Ader'	–	/ʒilá/	жила	'(sie) lebte'
/púʃka/	пушка	'Kanone'	–	/puʃká/	пушка	'des Flaumes'
/úxa/	уха	'des Ohres'	–	/uxá/	уха	'Fischsuppe'
/p'íʃtʃa/	пища	'Nahrung'	–	/p'iʃtʃá/	пища	'winselnd'
/párnaja/	парная	'paarig (fem.)'	–	/parnája/	парная	'frisch, warm [von Speisen] (fem.)'

Bei den bisherigen Minimalpaaren bewirkte die Position des Wortakzents eine lexikalische Differenzierung. Daneben gibt es im Russischen auch Minimalpaare, welche eine grammatische (meist morphologische) Differenzierung durch die Position des Wortakzents zeigen. Die Substantive /gubá/ губа 'Lippe' und /ruká/ рука 'Hand' (jeweils Nom. Sg.) haben folgende Kasusformen:

Gen. Sg.	/gubí/	губы	'der Lippe'	–	Nom. Pl.	/gúbi/	губы	'die Lippen'
	/rukí/	руки	'der Hand'	–		/rúki/	руки	'die Hände'

Im Russischen ist sowohl die lexikalische als auch die grammatische Differenzierung durch den Wortakzent ausgeprägt. Ähnlich verhält es sich im Neugriechischen. In manchen Sprachen überwiegt jedoch die eine oder andere Funktion des Wortakzents. Alle romanischen Sprachen – mit Ausnahme des Französischen – besitzen einen phonologischen Akzent. Er dient hauptsächlich zur Differenzierung innerhalb des Verbalparadigmas,[118] z. B.

[117] Trotz der unterschiedlichen Orthographie sind die beiden Wörter segmental jeweils völlig gleich. Im Russischen ist die Opposition zwischen /o/ und /a/ in vortoniger Silbe zugunsten von /a/ aufgehoben.

[118] Es gibt jedoch auch einige lexikalische Minimalpaare, vgl. ital. /ánkora/ *àncora* 'Anker' – /ankóra/ *ancora* 'noch'.

span. /kánto/ *canto* 'ich singe' – /kantó/ *cantó* 'er/sie sang'
rumän. /kɨ́ntə/ *cîntă* 'er/sie singt' – /kɨntə́/ *cîntă* 'er/sie sang'

Ähnliche Paare lassen sich in großer Menge in allen romanischen Sprachen – ausgenommen Französisch – finden. Besonders eindrucksvoll sind morphologisch zusammengehörende Dreiergruppen wie z. B.

span. /término/ *término* 'Termin'
/termíno/ *termino* 'ich beende'
/terminó/ *terminó* 'er/sie beendete'

span. /límite/ *límite* 'Grenze'
/limíte/ *limite* 'er/sie begrenze (Konjunktiv Präs.)'
/limité/ *limité* 'ich begrenzte'

Um einem häufig auftretenden Mißverständnis vorzubeugen, sei besonders hervorgehoben, daß die grammatische Differenzierung keineswegs eine mindere Funktion des Wortakzents gegenüber der lexikalischen Differenzierung darstellt. Beide Funktionen sind in gleicher Weise geeignet, den phonologischen Status des Wortakzents nachzuweisen. Entscheidend ist, daß der Wortakzent eine *inhaltliche* Differenzierung schafft, gleichgültig ob lexikalisch oder grammatisch. Nur ein Wortakzent, der *rein phonetischen* Gesetzmäßigkeiten gehorcht, ist nicht phonologisch distinktiv.[119]

Auch im Englischen ist der Wortakzent distinktiv. Es gibt einige lexikalische Minimalpaare, z. B.

/bíləu̯/ *billow* 'Woge' – /bɪlə́u̯/ *below* 'unten'

[119] Das nicht selten geäußerte Argument, der Wortakzent in Formen wie den obigen aus dem Spanischen sei aufgrund der morphologischen Form vorhersagbar, beinhaltet eine zirkuläre Denkweise. Der Wortakzent schafft die Differenzierung der morphologischen Form. Also kann diese Form nicht ihrerseits zur Bestimmung des Wortakzents herangezogen werden. Auf den lexikalischen und segmentalen Bereich übertragen würde eine solche Argumentation etwa folgender Äußerung entsprechen: „Das Einsetzen von [t] oder [f] in dt. *Tisch* und *Fisch* ist aufgrund der Bedeutung des Wortes vorhersagbar." Man wird die Unsinnigkeit einer solchen Äußerung vielleicht leichter erkennen.

Häufiger ist dagegen ein minimales Intensitätsmuster, welches grammatische Distinktionen von einer bisher noch nicht gezeigten Art schafft. Allein durch die Position des Wortakzents werden zwei verschiedene Wortarten vom selben Wortstamm unterschieden, und zwar dergestalt, daß das Substantiv oder Adjektiv den Wortakzent regelmäßig auf der ersten Silbe, das Verb regelmäßig auf der letzten Silbe trägt, z. B.

abstract	/ǽbstrækt/	'abstrakt'	– /æbstrǽkt/	'abstrahieren'
import	/ɪ́mpot/	'Import'	– /ɪmpót/	'importieren'
torment	/tóment/	'Qual, Pein'	– /tomént/	'quälen, peinigen'
transplant	/trǽnsplɑnt/	'Transplantat'	– /trænsplɑ́nt/	'transplantieren'
transport	/trǽnspot/	'Transport'	– /trænspót/	'transportieren'

Zu den europäischen Sprachen mit phonologisch distinktivem Wortakzent gehören: Russisch, Bulgarisch, Neugriechisch, Italienisch, Rumänisch, Spanisch, Englisch. In diesen Sprachen ist der Wortakzent 'frei', d. h., er kann jede Silbe des Wortes treffen.

In manchen Sprachen ist der Wortakzent 'bedingt frei', d. h., er ist von einer bestimmten Position (oder mehreren Positionen) ausgeschlossen, ist aber bei den übrigen Positionen distinktiv. Dies ist z. B. im Serbokroatischen der Fall. In dieser Sprache liegt der Wortakzent niemals auf der letzten Silbe eines Wortes, kann aber jede andere Silbe treffen und dabei distinktiv wirksam sein. Da das Serbokroatische eine zusätzliche Besonderheit aufweist, wird es weiter unten (143 f.) behandelt.

Etwas komplex ist die Beurteilung des Wortakzents im Deutschen. Wir betrachten zunächst Wörter germanischer Herkunft (d. h. keine 'Fremdwörter'). In den meisten Fällen liegt der Wortakzent auf der ersten Silbe, z. B. *leben* ['– –], *Vogel* ['– –], *Bruder* ['– –], *Abwechslung* ['– – –]. Wenn wir jedoch Wörter mit Präfixen (meist Verben oder davon abgeleitete Substantive) betrachten, stellen wir fest, daß gewisse Präfixe den Wortakzent auf sich ziehen, andere nicht. Man vergleiche *abwechseln*, *Abwechslung* ['– – –] mit *bedienen*, *Bedienung* [–'– –]. Es gibt sogar die berühmten Minimalpaare von der Art:

übersetzen ['– – – –] 'von einem Ufer ans andere fahren'
übersetzen [– –'– –] 'in eine andere Sprache übertragen'

umfahren ['– – –] 'fahrend zu Boden werfen'
umfahren [–'– –] 'fahrend ausweichen'

Paare dieser Art gibt es in recht großer Zahl. Wenn man dennoch zögert, den Wortakzent nach Maßgabe solcher Minimalpaare kurzweg für phonologisch zu erklären, dann ist der Grund darin zu suchen, daß es sich ausschließlich um zusammengesetzte Wörter handelt und sich die Glieder solcher Paare in der Flexion unterschiedlich verhalten. Die Verben mit Präfixhervorhebung werden in der Konjugation getrennt (vgl. *ich setze über, ich fahre um*; Partizip *übergesetzt, umgefahren*), während diejenigen mit Stammhervorhebung nicht getrennt werden (vgl. *ich übersetze, ich umfahre*; Partizip *übersetzt, umfahren*). Man könnte also sagen, daß zwischen *über-* und *setzen* in der Bedeutung 'ans andere Ufer fahren' eine andere (und zwar losere) Bindung besteht als zwischen *über-* und *setzen* in der Bedeutung 'in eine andere Sprache übertragen'. Im letzteren Fall ist die Bindung fester. Wenn wir auf diese Weise unterschiedliche Bindungen zwischen Präfix und Stamm annehmen, dann ist die phonetische Umgebung strenggenommen nicht dieselbe (vgl. Kap. 10 Junktur). Wir bezeichnen die losere Bindung mit +, die festere Bindung bleibt unbezeichnet. Dann erhalten wir ['yːbər+zɛt͜sən] 'ans andere Ufer fahren' und [yːbər'zɛt͜sən] 'in eine andere Sprache übertragen'. Wenn das Wort die Bindung (Junktur) [+] enthält, ist es auf dem Präfix betont, wenn es kein Bindungszeichen enthält, ist es auf dem Stamm betont. Wir haben auf diese Weise den Wortakzent vorhersagbar gemacht, uns aber statt dessen ein Junkturphonem eingehandelt (nämlich /+/), dem die ja objektiv nicht zu unterdrückende Distinktivität aufgeladen wird.

Es ist schwer zu sagen, welche der beiden Lösungen ökonomischer ist. Vielleicht könnte man schon bei diesem Stand der Diskussion eher zur Annahme des Wortakzents als phonologisch distinktiver Einheit im Deutschen neigen. Ein phonologischer Wortakzent ist eine häufige Erscheinung, während Junkturphoneme gerne als Ausweg oder Notlösung für Sonderfälle angesetzt werden (vgl. erneut Kap. 10 Junktur).

Neben diesem durchaus häufigen Typ gibt es im Deutschen einzelne Sonderfälle von Wörtern mit unvorhersehbarer Plazierung des Wortakzents, z. B. *lebendig* [–'– –][120], *Holunder* [–'– –], *Forelle* [–'– –]. Es wäre natürlich unsinnig, hier ein Junkturphonem ansetzen zu wollen, da zwischen den fraglichen Silben keine morphologische Fügung besteht (jedenfalls nicht synchron betrachtet). Fälle dieser Art lassen sich nur durch die Markierung des Wortakzents lösen. Damit wird aber der Wortakzent nicht-vorhersagbar, also phonologisch relevant, auch wenn keine Minimalpaare vorliegen. An dieser Stelle ist auch das Suffix *-ei* zu erwähnen, welches eine Akzentverlagerung bewirkt, vgl. *Bäcker* ['– –] gegenüber *Bäckerei* [– –'–]. Alle diese Fälle tendieren in die gleiche Richtung, die sich schon vorher abzuzeichnen begann. Man könnte durchaus in Erwägung ziehen, dem Wortakzent im Deutschen zumindest eine marginale phonologische Rolle zuzuschreiben.

Wenn wir schließlich Wörter nicht-germanischer Herkunft ('Fremdwörter') hinzuziehen, kommen wir ohne die Annahme eines phonologischen Wortakzents gar nicht aus. Dabei gibt es bessere Beispiele als das vielzitierte Wortpaar *Kaffee* ['kafe] 'Kaffeegetränk' – *Café* [ka'fe:] 'Kaffeehaus':

– *August*	['– –]	'männlicher Vorname'
August	[–'–]	'Monatsname'
– *Perfekt*	['– –]	'Tempus der Vergangenheit'
perfekt	[–'–]	'vollkommen'
– *Konstanz*	['– –]	'Stadt am Bodensee'
Konstanz	[–'–]	'Beständigkeit'

Weitere Paare sind segmental nicht hundertprozentig gleich, werden aber in erster Linie durch den unterschiedlichen Wortakzent differenziert:

– *modern*	['– –]	'faulen'
modern	[–'–]	'neuzeitlich'
– *Fidel*	['– –]	'Saiteninstrument'
fidel	[–'–]	'vergnügt'
– *Tenor*	['– –]	'grundlegender Gehalt'
Tenor	[–'–]	'hohe Männersingstimme'
– *Paris*	['– –]	'trojanischer Held'
Paris	[–'–]	'Hauptstadt von Frankreich'

120 Dieses Wort wird von Nichtdeutschsprachigen in der Tat häufig falsch betont, nämlich *['le:bəndɪç].

–	*Heroin*	[–'– –]	'Heldin'
	Heroin	[– –'–]	'Rauschgift'
–	*Maggi*	['– –]	'Speisewürze'
	Magie	[–'–]	'Geheimkunst'
–	*Phantásien*[121]	[fan'ta:zi̯ən]	'Phantasieland in dem Roman ›Die unendliche Geschichte‹ von Michael Ende'
	Phantasien	[fanta'zi:ən]	'Pl. zu *Phantasie*'

Ein interessanter Einzelaspekt besteht darin, daß grammatische Termini (immer auf der ersten Silbe betont) häufig mit Wörtern kontrastieren, die auf der letzten Silbe betont sind:

–	*Perfekt*	['– –]	'Tempus der Vergangenheit'
	perfekt	[–'–]	'vollkommen'
–	*Präsens*	['– –]	'Tempus der Gegenwart'
	Präsenz	[–'–]	'Anwesenheit'
–	*Aktiv*	['– –]	'Genus verbi: Tatform'
	aktiv	[–'–]	'tätig'
–	*Subjekt*	['– –]	'Satzgegenstand'
	Subjekt	[–'–]	'Mensch, Person'
–	*Objekt*	['– –]	'Satzergänzung'
	Objekt	[–'–]	'Gegenstand'
–	*Stativ*	['– –]	'Verbform in manchen Sprachen (z. B. Akkadisch, Bantusprachen)'
	Stativ	[–'–]	'dreibeiniges Gestell'
–	*Dual*	['– –]	'Numerus: Zweizahl'
	dual	[–'–]	'eine Zweiheit bildend'

Einige der aufgeführten Wortpaare mögen in ihrer Gegenüberstellung überraschend sein. Sie zeigen aber, daß das Deutsche ohne weiteres in der Lage ist, durch die unterschiedliche Plazierung des Wortakzents segmental identische oder fast identische Wörter unterschiedlicher Bedeutungen zu unterscheiden. Der Schriftsteller Michael Ende hat bewußt mit dieser Möglichkeit der deutschen Sprache gespielt, indem er aus dem Wort *Phantasie* 'Einbildungskraft' in Anlehnung an Formen wie *Eurasien* das Land *Phantásien* schuf. Er war gezwungen, den (phonologischen!) Akzent zu schreiben, um die richtige Aussprache (und Bedeutung!) des Wortes sicherzustellen. Daß ein Deutschsprachiger überhaupt in der Lage ist, solche Unterscheidungen vorzunehmen, zeigt die Un-

[121] Vom Autor Michael Ende im Original so geschrieben.

vorhersagbarkeit und relativ freie Beweglichkeit des Wortakzents im Deutschen. Ein solches Vorgehen ist in einer Sprache, deren Wortakzent wirklich eindeutig festliegt, nicht möglich. Im Französischen, wo der Wortakzent ausnahmslos auf der letzten Silbe liegt, wird die Hauptstadt *Paris* [pa'ʀi], die Sagengestalt *Paris* [pɑ'ʀis], beide mit identischer Akzentverteilung, gesprochen.

Kontrastive Betrachtungen zeigen ebenfalls die Beweglichkeit des deutschen Wortakzents, z. B. Aussprachefehler wie *['prɔfɛsɔr] *Professor*, *['fɔnɛti:k] *Phonetik* o. ä. bei Angehörigen von Sprachen mit ausnahmslosem Anfangsakzent (Ungarn, Tschechen, Isländer u. a.). Bei im nichtdeutschsprachigen Ausland entstandenen zweisprachigen Wörterbüchern Deutsch – Fremdsprache finden sich häufig im Lemma als einzige phonetische Angabe Hinweise zur Betonung des deutschen Wortes, und zwar nicht nur bei Fremdwörtern, sondern auch bei Wörtern germanischer Abstammung (mit und ohne Präfixe).

Jeder der drei genannten Punkte (1. Verbalpräfixe, 2. einzelne Wörter und Formen, 3. Fremdwörter) fällt für sich genommen vielleicht nicht besonders stark ins Gewicht. Sie weisen jedoch alle drei in dieselbe Richtung, so daß man letztendlich dem Deutschen einen phonologischen Akzent mit zumindest marginalem Status nicht gut absprechen kann. In einer Sprache mit distinktivem Wortakzent muß dieser in phonologischer Schreibweise im Prinzip bei jedem mehrsilbigen Wort angegeben werden. Im Falle des Deutschen würde bei einem solchen Vorgehen natürlich viel Redundanz entstehen. Daher könnte man hier von dieser Vorschrift abrücken und z. B. folgende Konvention einführen: Der Wortakzent wird nur angegeben, wenn er nicht auf der ersten Silbe liegt.

7.3 Tonbewegung

Wir betrachten in diesem Kapitel die Tonbewegung innerhalb des Wortes. Fragen der Satzintonation bleiben unberührt. Bei der Tonbewegung ist besonders leicht einzusehen, daß es sich um eine suprasegmentale Erscheinung handelt. Eine Tonbewegung ist ohne segmentalen 'Träger' (Vokale oder stimmhafte Konsonanten) gar nicht realisierbar.

Trotz gewisser Ähnlichkeiten unterscheidet sich die Tonbewegung von der Intensität in charakteristischer Weise. Wir stellten im Kap. 'Intensität' fest, daß die Hervorhebung einer Silbe phonetisch auf verschiedene Weise erfolgen kann (vgl. o. 124f.). Eine der Möglichkeiten ist die Veränderung der Tonhöhe der hervorzuhebenden Silbe (Hebung oder Senkung) gegenüber den übrigen Silben. Die Verwendung dieses phonetischen Mittels gehört für sich also noch nicht in den Bereich 'Tonbewegung'. Es dient der Hervorhebung einer Silbe und steht lediglich im Kontrast zu seiner eigenen Abwesenheit. Damit der Bereich 'Tonbewegung' relevant wird, müssen mindestens zwei verschiedene Tonbewegungen im Kontrast zueinander stehen, z.B. hoch – tief, steigend – fallend. Im Fall der Hervorhebung einer Silbe durch Tonhebung ist die Hebung als solche nur phonetischer Ausdruck des phonologischen Merkmals 'Intensität'. Das gleiche phonologische Merkmal kann auch durch andere phonetische Mittel, z.B. Tonsenkung, Erhöhung der Lautstärke, Verlängerung des Vokals, erreicht werden. Bei einem phonologischen Kontrast hoch – tief ist die Höhe selbst das phonologische Merkmal und kann nicht durch ein anderes phonetisches Mittel ersetzt werden. Bei der Tonbewegung als distinktiver sprachlicher Einheit kommt es – im Gegensatz zur Musik – niemals auf absolute, sondern ausschließlich auf relative Werte an, z.B. relative Tonhöhe (höher oder tiefer, nicht *wie* hoch oder *wie* tief), relative Intervalle (länger oder kürzer steigend oder fallend, nicht um welches Intervall steigend oder fallend).

Sprachen, die phonologisch distinktive Tonbewegungen verwenden, werden etwas salopp als *Tonsprachen* bezeichnet. Die einzelnen distinktiven Tonbewegungen werden meist ebenso salopp *Töne* genannt. Fachsprachlich exakter ist der Begriff *Toneme* (Sg. das *Tonem*), gebildet als emische Einheit in Anlehnung an 'Phonem'. Entsprechend dieser Terminologie gibt es auch *Allotone*, das sind (meist positionsbedingte) phonetische Varianten eines Tonems.

7.3.1 Tonsprachen im strengen Sinn

Es ist zu unterscheiden zwischen Tonsprachen im strengen Sinne und Tonsprachen im gemäßigten Sinne. Bei Tonsprachen im strengen Sinn ist jede (oder fast jede) einzelne Silbe in bezug auf die Tonbewegung festgelegt. Jede einzelne Silbe trägt einen phonologisch distinktiven Ton. Sprachen dieses Typs kommen in Europa nicht vor. Es gibt drei große Zonen auf der Welt, wo sie verstärkt auftreten: 1. Ost- und Südostasien (z. B. Chinesisch, Vietnamesisch), 2. Westafrika (z. B. Ewe, Yoruba), 3. Zentralamerika (z. B. Jukatekisch[122], Mixtekisch).

Die bekannteste Tonsprache überhaupt ist zweifellos das Chinesische. Es ist eine Tonsprache im strengen Sinne. In seiner standardsprachlichen Ausprägung (Peking-Chinesisch) besitzt es vier Töne. Die Reihenfolge, in der die Töne aufgezählt werden, ist im Prinzip beliebig. Sie ist jedoch in den Sprachen, welche eine längere grammatische Tradition besitzen, meist konventionell festgelegt. Die vier chinesischen Töne in ihrer konventionellen Reihenfolge sind folgendermaßen charakterisiert (hinter der verbalen Umschreibung befindet sich ein graphisches Zeichen, welches den Tonverlauf symbolisiert):

1. Ton: flach —
2. Ton: steigend /
3. Ton: fallend-steigend ∨
4. Ton: fallend \

Diese graphischen Symbole dienen auch zur Wiedergabe der Töne in phonologischer Transkription, indem sie entweder *vor* die betreffende Silbe oder *auf* den Vokal der Silbe gesetzt werden. Ein anderes Verfahren ist die Plazierung der Zahlen 1–4, deren Reihenfolge ja normiert ist, als Exponent vor die betreffende Silbe, z. B. /mā/ oder /¯ma/ oder /^{1}ma/ (alles 1. Ton).

Minimale Paare für die Distinktivität der Töne gibt es im Chinesischen zu Hunderten. Selbst minimale Vierergruppen sind nicht selten. Beispiele:

1. Ton:	/mā/	'Mutter'	/kī/[123]	'Maschine'
2. Ton:	/má/	'Hanf'	/kí/	'sammeln'
3. Ton:	/mǎ/	'Pferd'	/kǐ/	'wieviel?'
4. Ton:	/mà/	'schimpfen'	/kì/	'auswendig lernen'

122 Eine der heutigen Fortsetzungen der Sprache der Maya.

123 In der für das Chinesische verwendeten Lateinschrift (Pinyin) *jī* usw. Zum Phonemsystem des Chinesischen vgl. u. 174ff.

Auch Toneme haben phonetische Eigenschaften als Ausdruck ihrer phonetischen Realisierung, die über die redundanzfreien phonologischen Merkmale hinausgehen. Dazu gehören auch positionsbedingte oder freie phonetische Varianten (Allotone). Toneme unterscheiden sich in dieser Hinsicht also in keiner Weise von segmentalen Phonemen. Für die Töne des Chinesischen kann man u. a. folgende phonetische Eigenschaften nennen: 1) Der 1. Ton ist hoch. Phonologisch ist sein flacher Verlauf (nicht steigend, nicht fallend) relevant. Die Höhe ist eine redundante phonetische Eigenschaft. 2) Der 3. Ton ist kurz-fallend und lang-steigend. Er fällt von einer mittleren Stufe aus und steigt dann höher als der Ausgangspunkt des Falles, graphisch √. Phonologisch distinktiv ist nur, daß er fällt und steigt, nicht die Intervalle, um die er fällt und steigt. 3) Der 4. Ton fällt normalerweise um eine lange Strecke. Vor einem weiteren 4. Ton hat er jedoch das Alloton 'kurz-fallend', wobei er von der hohen Position nur bis zu einer mittleren Stufe fällt. Phonologisch /4 4/ oder /\ \/ = phonetisch [\ \].

Auch Aufhebung der Opposition in bestimmten Stellungen kommt bei Tonemen vor (vgl. Auslautverhärtung des Deutschen, u. 215 ff.). Zwei aufeinanderfolgende 3. Töne sind im Chinesischen nicht möglich: Vor einem 3. Ton ist die Opposition zwischen dem 2. und dem 3. Ton zugunsten des 2. Tons aufgehoben. Stoßen aufgrund z. B. einer syntaktischen Fügung zwei Silben, die beide im Lexikon mit dem 3. Ton versehen sind, aufeinander, so wird der erste der beiden zum 2. Ton. Graphisch:

V	V	→	/	V
3	3		2	3

Im Chinesischen spielt die relative Tonhöhe keine Rolle. Die Differenzierung der vier Töne kommt durch die unterschiedliche *Bewegungsrichtung* zum Ausdruck: gleichbleibend, steigend, fallend und die Kombination fallend-steigend. Man nennt Töne dieser Art *Konturtöne*. Das Chinesische ist demzufolge eine *Konturtonsprache*.

Im Gegensatz dazu stehen *Registertöne* bzw. *Registertonsprachen*. Bei einer solchen Sprache werden mehrere relative Tonhöhen unterschieden. Nicht die Tonbewegung ist entscheidend, sondern der relative Abstand zwischen den einzelnen Tönen. Konturtöne sind gerichtete Größen (ähnlich den Vektoren in der Mathematik). Registertöne sind Punkte; sie haben keine Richtung. Die einfachste denkbare Registertonsprache unterscheidet zwei Töne: hoch und tief, graphisch —•—•—. Solche Sprachen sind z. B. Bambara (Mali) und Jukatekisch (Mexiko, Halbinsel Yucatán). Yoruba (Nigeria) unterscheidet drei Tonregister: hoch – mittel – tief. Töne dieser Art sind phonologisch in der Tat als Punkte zu betrachten. Allerdings ergeben sich bei der phonetischen Realisierung mehrerer aufeinanderfolgender Töne unterschiedlicher Höhe natürlich keine 'Sprünge'. Vielmehr entstehen ganz automatisch ineinander übergehende fallende oder steigende Gleitbewegungen. Diese sind aber nicht phonologisch distinktiv. Man kann auch hier, im suprasegmentalen Bereich, von einer durch die physiologischen Gegebenheiten zwangsläufig bedingten Koartikulation (vgl. o. 41) sprechen.

Manche Sprachen verbinden Konturtöne mit Registertönen. Dann sind sowohl verschiedene Register (z. B. hoch-tief) zu unterscheiden als auch die Bewegungsrichtung innerhalb dieser Register. Bei nur zwei Registern ist es möglich, mindestens 8 verschiedene Töne zu differenzieren: 1. im oberen Register gleichbleibend (hoch flach), 2. im unteren Register gleichbleibend (tief flach), 3. im oberen Register steigend (hoch steigend), 4. im unteren Register steigend (tief steigend), 5. über beide Register steigend (ganz steigend), 6. im oberen Register fallend (hoch fallend), 7. im unteren Register fallend (tief fallend), 8. über beide Register fallend (ganz fallend). Graphisch:

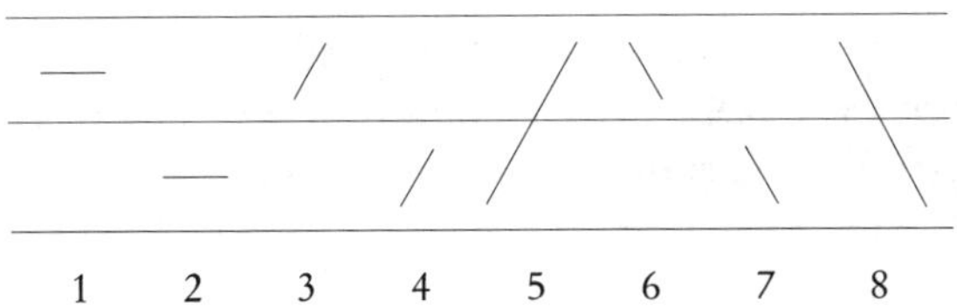

Abb. 9: Registerkonturtöne.

Durch Kombinationen von fallend und steigend wären weitere Differenzierungen möglich. Auf diese Weise entstehen recht komplexe Systeme mit einer Vielzahl distinktiver Töne. In der Praxis dürfte vermutlich keine Sprache auf der Welt mehr als ca. 12 distinktive Töne besitzen.

Das Vietnamesische unterscheidet sechs Töne. Außer Registern und Konturen verwendet es noch eine dritte Dimension, die Glottalisierung (in volkstümlicher Terminologie auch als 'Knarrstimme' bezeichnet). Diese ist ebenfalls als suprasegmentales Merkmal zu werten (vgl. u. 141 ff. die Diskussion über Dänisch). Die sechs Töne des Vietnamesischen sind, nach Beseitigung der durch die phonetische Realisierung bedingten Redundanz: 1. Ton = hoch, 2. Ton = tief, 3. Ton = tief steigend, 4. Ton = hoch glottalisiert, 5. Ton = hoch steigend, 6. Ton = tief glottalisiert. Dies kann in folgendem Schema dargestellt werden:

	flach	steigend	glottalisiert
hoch	1	5	4
tief	2	3	6

Abb. 10: Die Töne des Vietnamesischen.

Die vietnamesische Orthographie verwendet die Lateinschrift, wobei die sechs Töne durch fünf diakritische Zeichen eindeutig und redundanzfrei dargestellt werden. Eine minimale Sechsergruppe (in phonologischer Transkription und in Orthographie):

1. Ton: /^{1}ma/ *ma* 'Gespenst'
2. Ton: /^{2}ma/ *mà* 'aber'
3. Ton: /^{3}ma/ *mả* 'Grab'
4. Ton: /^{4}ma/ *mã* 'Pferd'
5. Ton: /^{5}ma/ *má* 'Wange'
6. Ton: /^{6}ma/ *mạ* 'Reisschößling'

Kantonesisch (Südchina) besitzt ebenfalls sechs Töne und eine Kombination von Registertönen und Konturtönen. Sie lassen sich redundanzfrei in folgendem Schema darstellen[124]:

	flach	steigend	fallend
hoch	1	3	5
tief	2	4	6

Abb. 11: Die Töne des Kantonesischen.

[124] Die numerische Reihenfolge der Töne ist im Kantonesischen nicht

Ähnlich wie bei der Intensität können auch Töne lexikalischen oder grammatikalischen Differenzierungen dienen. Wir sprechen demnach von *lexikalischen Tönen* bzw. von *grammatikalischen Tönen*. Die oben angeführten minimalen Gruppen im Chinesischen und im Vietnamesischen sind lexikalischer Natur. Dies ist in den Tonsprachen Ost- und Südostasiens überwiegend der Fall. Die afrikanischen Tonsprachen zeigen dagegen neben lexikalischen Tönen auch eine intensive Verwendung grammatikalischer Töne (auch *Tonflexion* genannt). So können z. B. beim Verbum verschiedene Tempora oder affirmative von negativen Formen, beim Substantiv Kasusformen oder Numeri allein durch die Tonstruktur des Wortes unterschieden werden. Beispiel: Im Jukun (Nigeria) werden Vergangenheit und Hortativ durch unterschiedliche Töne auf dem jeweiligen Personalpronomen ausgedrückt[125]:

Sg.	1	m̀ ya	'ich ging'	ḿ ya	'soll ich gehen?'
	2	ù ya	'du gingst'	ú ya	'geh!'
	3	ku ya	'er ging'	kú ya	'er soll gehen'
Pl.	1	i ya	'wir gingen'	í ya	'laßt uns gehen!'
	2	ni ya	'ihr gingt'	ní ya	'geht!'
	3	be ya	'sie gingen'	bé ya	'sie sollen gehen'

In der Vergangenheit haben die Pronomina der 1. und 2. Sg. Tiefton, die übrigen Personen mittleren Ton. Im Hortativ haben durchgehend alle Pronomina Hochton. Beispiel für die Unterscheidung von verschiedenen Kasus durch Töne aus dem Kipsigis (Kenia)[126]:

Subjektkasus:	Jèesó	'Jesus'	Pètèró	'Petrus'
Objektkasus:	Jéesò		Pétèrò	

Der Subjektkasus ist durch Tiefton auf der ersten und Hochton auf der letzten Silbe gekennzeichnet, der Objektkasus umgekehrt durch Hochton auf der ersten und Tiefton auf der letzten Silbe.

konventionell festgelegt. Das gleiche Tonsystem wird übrigens für das Altchinesische (600–1200) rekonstruiert.

125 Beispiel nach Welmers (1973, S. 132). Wir verwenden hier in Übereinstimmung mit der Quelle die in der Afrikanistik gebräuchliche Transkription: ´ auf dem Vokal = Hochton, ` = Tiefton, unmarkiert = mittlerer Ton; /y/ = IPA /j/.

126 Nach Jungraithmayr/Möhlig (1983, S. 246). ´ auf dem Vokal = Hochton, ` = Tiefton.

Beispiel für Numerusbildung aus dem Hausa. Der Singular hat das Tonmuster tief – hoch, der Plural hoch – hoch:

Sg. mà:tá: 'Frau' Pl. má:tá:

7.3.2 Gemäßigte Tonsprachen

Als gemäßigte Tonsprachen werden solche Sprachen bezeichnet, bei denen die Tonbewegung nicht für jede einzelne Silbe, sondern für das Wort als Ganzes festgelegt ist. Bei mehrsilbigen Wörtern ist also für alle Silben zusammen nur eine einzige Tonbewegung distinktiv. Neben der hier verwendeten sind u. a. auch folgende Bezeichnungen für diesen Sprachtyp gebräuchlich: eingeschränkte Tonsprachen (engl. *restricted tone languages*), Tonakzentsprachen (engl. *pitch-accent languages*).

Sprachen dieses Typs kommen auch in Europa vor, z. B. Norwegisch, Schwedisch, Litauisch, Serbokroatisch. Auch Altgriechisch gehörte zu diesem Typ, während Neugriechisch diese Eigenschaft nicht mehr besitzt. Die Tonbewegung kann sich über alle Silben des Wortes erstrecken (Norwegisch, Schwedisch) oder sich nur auf *eine* Silbe beziehen, während die anderen Silben neutral sind (Serbokroatisch).

Das Schwedische und Norwegische unterscheiden zwei Toneme, traditionell als 'Akzent 1' und 'Akzent 2' bezeichnet. Die beiden Toneme sind nur bei Wörtern von mindestens zwei Silben distinktiv. Für einsilbige Wörter ist die Unterscheidung aufgehoben. Die beiden sog. 'Akzente' sind durch eine Tonbewegung charakterisiert, die sich dem ganzen mehrsilbigen Wort von Anfang bis Ende überlagert. Die phonologischen Verhältnisse sind im Schwedischen und Norwegischen sehr ähnlich. Die genaue phonetische Realisierung der Distinktion variiert jedoch nicht nur zwischen den beiden Sprachen, sondern innerhalb jeder Sprache auch von Dialekt zu Dialekt. Wir beschreiben im folgenden die Verhältnisse im Standardschwedischen (Stockholmer Aussprache).

'Akzent 1' ist eingipflig und hat eine insgesamt fallende Bewegung, 'Akzent 2' ist zweigipflig und hat eine fallend-steigend-fallende Bewegung. Dabei ist der zweite Gipfel tiefer als der erste Gipfel. Graphisch:

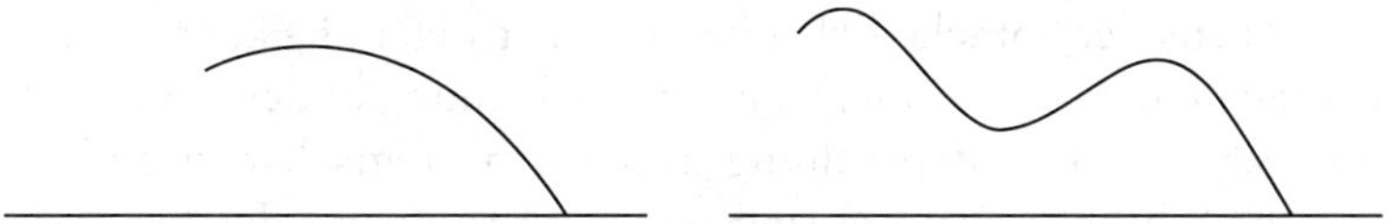

Abb. 12: Die Töne des Schwedischen.

Diese Tonkurven verteilen sich – wie gesagt – über das ganze Wort. Minimalpaare sind recht zahlreich, im Norwegischen noch mehr als im Schwedischen. Beispiele (schwedisch)[127]:

/^{1}andən/	*anden*	'die Ente'	–	/^{2}andən/	*anden*	'der Geist'
/^{1}taŋkən/	*tanken*	'der Tank'	–	/^{2}taŋkən/	*tanken*	'der Gedanke'
/^{1}aksəl/	*axel*	'Achsel'	–	/^{2}aksəl/	*axel*	'Achse'
/^{1}bʉ:rən/	*buren*	'der Käfig'	–	/^{2}bʉ:rən/	*buren*	'getragen'

Im Dänischen existiert der sog. Stoßton (dän. *stød* 'Stoß'), phonetisch ein Glottalverschlußlaut [ʔ], der mit einer Glottalisierung der benachbarten Laute verbunden sein kann. Der Stoßton wird nicht als segmentales Phonem, sondern – wie der Name besagt – als suprasegmentale Erscheinung gewertet. Es ist durch historische und sprachvergleichende Betrachtungen erwiesen, daß der dänische Stoßton in Verbindung mit der Opposition von Akzent 1 – Akzent 2 im Norwegischen und Schwedischen steht, und zwar auf folgende Weise: Das Vorkommen des Stoßtons in einem dänischen Wort entspricht dem Akzent 1 in einem schwedischen oder norwegischen Wort, das Nichtvorhandensein des Stoßtons im Dänischen entspricht dem Akzent 2 im Schwedischen/Norwegischen.

Es leuchtet nicht unmittelbar ein, daß der dänische *stød* als suprasegmentales Merkmal anzusehen ist, da er phonetisch durchaus als das Segment [ʔ] beschrieben werden kann. Die Beziehung zu der Akzent 1/Akzent 2-Opposition im Schwedischen und Norwegischen spielt für die Interpretation des Dänischen letztlich keine Rolle. Die Ermittlung des Phonemsystems einer Spra-

127 Die Exponenten ^{1} und ^{2} bezeichnen die beiden distinktiven Töne 'Akzent 1' resp. 'Akzent 2' und beziehen sich auf das ganze Wort. Die Distinktion wird in der Orthographie nicht zum Ausdruck gebracht.

che hat aus der Sprache selbst heraus zu erfolgen. Es kann durchaus sein, daß eine suprasegmentale Erscheinung in der Sprache A eine segmentale Entsprechung in der genealogisch verwandten Sprache B besitzt. Welches sind also die Argumente, die den dänischen *stød* zur suprasegmentalen Erscheinung machen?[128]

Das Vorkommen des *stød* bezieht sich jeweils auf das ganze Wort. Jedes Wort kann höchstens *einen* stød enthalten. Seine Position in der Lautkette ist stellungsbedingt und hängt von der Silbenstruktur des Wortes ab. Die Regeln sind kurz zusammengefaßt folgende: 1. Der *stød* steht immer hinter dem Silbenkern, niemals davor. 2. Enthält das Wort einen Langvokal oder Diphthong, folgt der *stød* unmittelbar auf diesen. 3. Enthält das Wort einen Kurzvokal, folgt der *stød* dem Konsonanten, der unmittelbar nach dem Kurzvokal steht. Aus Regel 3 folgt 4: Ein Wort mit Kurzvokal in offener Silbe kann keinen *stød* enthalten. Diese einfachen Regeln gelten *mutatis mutandis* für ein- und mehrsilbige Wörter. Im Grunde muß man sich nur die Regeln 2 und 3 merken. Die Regeln 1 und 4 ergeben sich dann automatisch.
Beispiele:

Regel 2:	[b̥y:ʔ]	*by*	‘Stadt, Dorf’
	[g̊u:ʔl]	*gul*	‘gelb’
	[he:ʔðənsg̊]	*hedensk*	‘heidnisch’
	[smi:ʔəʁ]	*smiger*	‘Schmeichelei’
Regel 3:	[vænʔ]	*vand*	‘Wasser’
	[sulʔd̥]	*sult*	‘Hunger’
	[hænʔəl]	*handel*	‘Handel’

Man könnte das Vorkommen des *stød* in einem Wort durch ein abstraktes Symbol, z. B. den vorgestellten Exponenten ^{s}, markieren. Die genaue Position des Glottalverschlußlautes [ʔ] ergibt sich dann automatisch aus den obigen Regeln. Dieses Symbol bezieht sich ebenso auf das ganze Wort wie die Exponenten ^{1} oder ^{2} für die Kennzeichnung von Akzent 1/Akzent 2 im Schwedischen und Norwegischen. Im Dänischen ist nur *ein* Exponent notwendig, da Vorhandensein und Nichtvorhandensein miteinander in Kontrast

[128] Es ist generell festzustellen, daß bei Tonsprachen – auch bei solchen im strengen Sinn – Glottalität die Funktion von Tönen übernehmen kann, vgl. o. 138 Vietnamesisch.

stehen. Die obigen Beispiele sähen dann in phonologischer Transkription folgendermaßen aus:

/^{s}by:/	'Stadt, Dorf'	/^{s}van/	'Wasser'
/^{s}gu:l/	'gelb'	/^{s}suld/	'Hunger'
/^{s}he:ðənsg/	'heidnisch'	/^{s}hanəl/	'Handel'
/^{s}smi:əʁ/	'Schmeichelei'		

Eine solche Schreibweise ist in der Skandinavistik nicht üblich. Wir führen sie hier vor, um das phonologische Prinzip deutlich zu machen. Die Distinktivität des *stød* ergibt sich aus Minimalpaaren wie den folgenden (in abstrakter phonologischer Schreibweise, sodann in phonetischer Transkription, welche die Position des *stød* genau angibt):

/^{s}mo:ʁ/	[mo:ʔʁ]	*mord*	'Mord'	–	/mo:ʁ/	[mo:ʁ]	*mor*	'Mutter'
/^{s}vanəð/	[vænʔəð]	*vandet*	'das Wasser'	–	/vanəð/	[vænəð]	*vandet*	'wässerig'
/^{s}tɛnəʁ/	[t^hɛnʔəʁ]	*tænder*	'Zähne'	–	/tɛnəʁ/	[t^hɛnəʁ]	*tænder*	'(er/sie) zündet'
/^{s}ma:ləʁ/	[mæ:ʔləʁ]	*maler*	'(er/sie) malt'	–	/ma:ləʁ/	[mæ:ləʁ]	*maler*	'Maler'
/^{s}sgal/	[sg̊ælʔ]	*skal*	'Schale'	–	/sgal/	[sg̊æl]	*skal*	'soll'

Von etwas anderer Natur als in den erwähnten skandinavischen Sprachen sind die Töne im Serbokroatischen. Es gilt jedoch auch hier, daß nur je *eine* Tonbewegung für das ganze Wort distinktiv ist. Das Serbokroatische unterscheidet zwei Tonbewegungen: steigend und fallend. Sie beziehen sich auf den Silbenkern (Vokal) der jeweiligen Silbe. Da die Vokale außerdem eine Quantitätsopposition kurz–lang aufweisen, ergeben sich insgesamt vier Kombinationsmöglichkeiten: kurz und steigend, lang und steigend, kurz und fallend, lang und fallend. Die Vokalquantität kann in jeder Silbe eines Wortes distinktiv sein. Die Tonbewegung kann in jeder Silbe mit Ausnahme der letzten vorkommen, aber immer nur in *einer* Silbe pro Wort. Nicht nur die Tonbewegung als solche ist distinktiv, sondern auch die Position der Tonbewegung innerhalb des Wortes (mit Ausschluß der letzten Silbe). Das Serbokroatische verbindet also Eigenschaften einer Tonsprache und Eigenschaften einer Sprache mit (bedingt) freiem Wortakzent. Dies unterscheidet das Serbokroatische von den erwähnten skandinavischen Sprachen. Bei letzteren genügt es, das Wort als Ganzes für die Art der Tonalität zu markieren. Alles übrige ergibt sich aus den phonetischen Realisierungsregeln. Im Serbokroatischen müssen die Tonalität *und* die Silbe, auf die sie sich bezieht, markiert werden. Wir verwenden hier nicht die in der Slawistik gebräuchlichen kombinierten Zeichen für Quantität und Tonbewegung, da sie in ihrer Form etwas irreführend sind. Wir kennzeichnen die Vokalquantität auf die übliche Weise (kurz bleibt unbezeichnet, lang mit Doppelpunkt). Auf den Vokal der betreffenden Silbe setzen wir den Akut ´ für steigend, den Gravis ` für fallend.

Es ist zunächst nachzuweisen, daß die Quantität unabhängig von der Tonbewegung distinktiv ist[129]:

grad	/gràd/	'Hagel'	–	/grà:d/	'Stadt'
pas	/pàs/	'Hund'	–	/pà:s/	'Gürtel'
dug	/dùg/	'lang'	–	/dù:g/	'Schuld'
vojnika	/vojní:ka/	'des Soldaten (Gen. Sg.)'	–	/vojní:ka:/	'der Soldaten (Gen. Pl.)'
kos	/kòs/	'schräg'	–	/kò:s/	'Amsel'

Sodann ist nachzuweisen, daß die Tonbewegung unabhängig von der Quantität distinktiv ist:

sela	/séla/	'des Dorfes (Gen. Sg.)'	–	/sèla/	'die Dörfer (Nom. Pl.)'
vrata	/vrá:ta/	'Tür'	–	/vrà:ta/	'des Halses (Gen. Sg.)'
žutim	/ʒú:ti:m/	'ich werde gelb'	–	/ʒù:ti:m/	'ich mache gelb'
vedro	/védro/	'Eimer'	–	/vèdro/	'klar (neutr.)'
para	/pára/	'Münzeinheit ($^1/_{100}$ Dinar)'	–	/pàra/	'Dampf'

Die Distinktivität der Position des Akzents ergibt sich aus den folgenden minimalen oder fast minimalen Paaren:

težina	/téʒina/	'Hanffaser'	–	/teʒína/	'Gewicht'
izumiti	/ízumiti/	'täuschen'	–	/izúmiti/	'auswaschen'
kamenica	/kàmenit͜sa/	'Auster'	–	/kaménit͜sa/	'kleiner Stein'
vremena	/vrèmena/	'der Zeit (Gen. Sg.)'	–	/vreména/	'die Zeiten (Nom. Pl.)'
priviknuti	/príviknuti/	'gewöhnen'	–	/privíːknuti/	'herbeirufen'

129 In der serbokroatischen Orthographie werden weder Quantität noch Tonbewegung zum Ausdruck gebracht.

Es wurde schon (o. 118) angedeutet, daß Sprachen mit drei Quantitäten auch als gemäßigte Tonsprachen interpretiert werden können. Die beiden längeren Quantitäten (lang und überlang) sind in der Regel mit einer je unterschiedlichen tonalen Bewegung verbunden. So ist z. B. im Moselfränkischen der 'lange' Vokal durch eine stark fallende Tonbewegung, der 'überlange' Vokal durch eine leicht fallend-steigende Tonbewegung charakterisiert. In Ternes (1980) erwies sich, daß die interdialektale Variation im Schottisch-Gälischen genau jene Erscheinungen zeigt, die im Falle der skandinavischen Sprachen schon immer als (gemäßigte) Töne interpretiert wurden. Neuere Erkenntnisse haben gezeigt, daß dieselbe Variation von Erscheinungen auch für andere Sprachen gilt und daß die Ursachen immer die gleichen sind. Die Forschung ist in diesem Punkt noch nicht abgeschlossen. Wir stellen aber vorläufig fest, daß Sprachen mit drei Quantitätsstufen auch als gemäßigte Tonsprachen betrachtet werden können. Demnach würden auch Nordniedersächsisch, Rheinisch, Estnisch sowie Schottisch-Gälisch diesem Typ angehören. Das minimale Tripel des Moselfränkischen (o. 118) würde folgendermaßen re-interpretiert: Es besteht eine binäre Quantitätsopposition kurz–lang; dazu besteht eine Opposition von Akzent 1 (fallend) und Akzent 2 (fallend–steigend):

/klat/	'glatt'
/^{1}kla:t/	'(er/sie) kleidet'
/^{2}kla:t/	'Kleid'

Die bekannteste Tonsprache des gemäßigten Typs außerhalb Europas ist sicherlich das Japanische. Im Japanischen ist jede Silbe eines Wortes durch einen von zwei Tönen charakterisiert: hoch und tief. Die Verteilung der Töne innerhalb des Wortes ist jedoch so, daß nicht jede einzelne Silbe gekennzeichnet werden muß, sondern daß eine einzige Angabe genügt, um die Verteilung von Hoch- und Tieftönen bei mehrsilbigen Wörtern festzulegen. Die folgenden Minimalpaare zeigen zunächst die Distinktivität der Töne (H = Hochton, T = Tiefton):

/hasi/	H T	'Eßstäbchen'	/hasi/	T H	'Brücke'
/kaki/	H T	'Auster'	/kaki/	T H	'Zaun'
/naru/	H T	'werden'	/naru/	T H	'klingen, tönen'

Für die Verteilung der Töne in mehrsilbigen Wörtern ist als einzige Angabe die Position der *Tonbruchstelle* (markiert durch ˥) erforderlich. An dieser Stelle fällt der Ton von hoch nach tief, d. h., die Silbe vor der Tonbruchstelle ist hoch, die Silbe nach der Tonbruchstelle ist tief. Dann gelten folgende Regeln:

1. Folgt die Tonbruchstelle unmittelbar der ersten Silbe eines Wortes, dann ist diese Silbe hoch, die folgenden Silben sind tief.
2. Folgt die Tonbruchstelle auf eine nichterste Silbe des Wortes, dann ist die erste Silbe tief, die folgenden Silben sind hoch bis zur Tonbruchstelle, danach wieder tief.

Diese Regeln dehnen sich auch auf Suffixe aus. Beispiele:

/ha˥si/	H	T			'Eßstäbchen'
/hasi˥/	T	H	(Suffix T)		'Brücke'
/hasi/	T	H	(Suffix H)		'Rand, Kante'
/ma˥kura/	H	T	T		'Kopfkissen'
/koko˥ro/	T	H	T		'Herz, Sinn'
/atama˥/	T	H	H	(Suffix T)	'Kopf'
/sakana/	T	H	H	(Suffix H)	'Fisch'

Literatur zu Tonsprachen: Pike (1948), Fromkin (1978), Weidert (1981); zu verschiedenen suprasegmentalen Eigenschaften: Garde (1968).

7.4 Lange Komponenten

Eine besondere Kategorie innerhalb der suprasegmentalen Eigenschaften bilden die *langen Komponenten*. Sie stehen außerhalb des Bereiches, der durch die drei Begriffe Quantität, Intensität, Tonbewegung umrissen wurde. Es handelt sich um phonetische Erscheinungen, die normalerweise dem segmentalen Bereich zugerechnet werden. Erst durch eine Besonderheit ihres Vorkommens werden sie zu suprasegmentalen Eigenschaften.

Voraussetzung ist zunächst das Vorhandensein einer sekundären Modifikation wie z. B. Velarisierung oder Nasalierung. Es können Vokale und/oder Konsonanten betroffen sein. Diese sekundäre Modifikation bildet phonologische Oppositionen, ähnlich der Patalisierung der Konsonanten im Russischen (vgl. u. 160f.)

oder der Nasalierung der Vokale im Französischen (vgl. u. 151). In Fällen wie den beiden letzteren sprechen wir von phonologischen *Korrelationen* (vgl. u. 161). Solche Korrelationen gehören normalerweise zum segmentalen Bereich: Bei jeder vokalischen oder konsonantischen Qualität, für welche die Korrelation gilt, besteht paradigmatisch gesehen die Wahl zwischen der Form ohne und der Form mit sekundärer Modifikation (sofern nicht phonotaktische Gesetzmäßigkeiten dagegenstehen). Daher können in *einem* Wort sowohl Phoneme mit als auch Phoneme ohne die betreffende sekundäre Eigenschaft enthalten sein: russ. /l'es/ лес 'Wald' enthält ein palatalisiertes /l'/ und ein nicht-palatalisiertes /s/; umgekehrt ist die Verteilung bei /kon'/ конь 'Pferd': nicht-palatalisiertes /k/, gefolgt von palatalisiertem /n'/. Entsprechend frz. /talõ/ *talon* 'Ferse': nicht-nasaliertes /a/, dann nasaliertes /õ/; oder umgekehrt /kõʒe/ *congé* 'Urlaub'. Die Entscheidung, ob eine sekundäre Modifikation vorliegt oder nicht, erfolgt also syntagmatisch gesehen – abgesehen von phonotaktischen Restriktionen – für jedes einzelne Segment des Wortes getrennt.

Im Gegensatz zu den bisherigen Beispielen betrachte man das Wortpaar [bæ:bæ] 'ihre Tür' – [ɓɑ:ɓɑ][130] 'Vater' aus dem arabischen Dialekt der Provinz Mardin (Südosttürkei) (Sasse 1971: 32). Diese zwei Wörter scheinen zunächst alles andere als ein Minimalpaar zu bilden, da jedes der vier Segmente verschieden ist. Eine nähere Betrachtung zeigt jedoch, daß in dieser Sprache entweder *alle* Konsonanten eines Wortes 'emphatisch' sind oder gar keiner. Eine paradigmatische Entscheidung für jeden einzelnen Konsonanten innerhalb eines Wortes besteht also nicht. Die Entscheidung kann sich nur auf das Wort als Ganzes beziehen. Das Wort ist als Ganzes 'emphatisch' oder 'nicht-emphatisch'. Auch die Qualität der Vokale ist davon abhängig: Die Phoneme /a/ und /a:/ haben (abgesehen von der Quantität) das Allophon [æ] in nicht-emphatischen Wörtern, das Allophon [ɑ] in emphatischen Wörtern. Eine entsprechende Variation zeigen die anderen Vokalphoneme.

[130] Die durchgezogene Wellenlinie (IPA: Velarisierung und Pharyngalisierung) bezeichnet die für die semitischen Sprachen charakteristische sog. Emphase, die phonetisch aus einer Kombination von Velarisierung und Pharyngalisierung besteht.

Nach diesen Beobachtungen können wir feststellen, daß es sich bei dem obigen Wortpaar tatsächlich um ein echtes Minimalpaar handelt. Die Existenz bzw. Abwesenheit nur *eines* emphatischen Segments hat automatisch den emphatischen bzw. nicht-emphatischen Charakter aller anderen Segmente (Konsonanten und Vokale) des Wortes zur Folge. Eine Entscheidung von Segment zu Segment besteht also nicht. Welches Segment das bestimmende ist, dem sich die anderen Segmente gewissermaßen 'assimilieren', ist synchron nicht zu ermitteln. Daher wäre die Markierung eines bestimmten Segments für 'emphatisch' oder 'nicht-emphatisch' willkürlich. Nur das Wort als Ganzes kann für 'emphatisch' oder 'nicht-emphatisch' gekennzeichnet werden. Da die betreffende Eigenschaft nicht einem bestimmten Segment zuzuordnen ist, muß sie unter diesen besonderen Umständen als *suprasegmental* bezeichnet werden. Eine phonologische Eigenschaft dieser Art bezeichnet man als *lange Komponente*.

Die phonologische Kennzeichnung einer langen Komponente wirft notations- und drucktechnische Fragen auf, die wir in Ternes (1989: 139ff.) näher diskutiert haben. Es bestehen im wesentlichen die folgenden drei Möglichkeiten:

1. Kennzeichnung durch Index oder Exponenten. Diese Möglichkeit hat Sasse (op. cit.) gewählt. Er schreibt ein voranstehendes hochgestelltes $^{+}$ für 'Emphase', keine Markierung für 'Nicht-Emphase'. Das obige Minimalpaar hat in redundanzfreier phonologischer Schreibweise folgendes Aussehen: /baba/ 'ihre Tür' – /$^{+}$baba/ 'Vater'.

2. Unterscheidung durch verschiedene Schrifttypen, z. B. aufrechte Schrift für 'Nicht-Emphase', kursive Schrift für 'Emphase'. Dieses Verfahren wird bei Garbell (1965) verwendet. Es bringt jedoch schreib- und drucktechnische Probleme mit sich.

3. Sofern ein bestimmtes Segment innerhalb des Wortes strukturell hervorgehoben ist, kann dieses für die lange Komponente markiert werden. So wurde in Ternes (1989) der silbenbildende Vokal der betonten Silbe für die lange Komponente 'Nasalität' markiert.

Beispiele für die lange Komponente 'Emphase' finden sich in zahlreichen arabischen Dialekten (z. B. Sasse 1971, Jastrow 1973,

1978[131]), desgleichen in neuaramäischen Dialekten (Garbell 1965, Jacobi 1973). Beispiele für die lange Komponente 'Nasalität' finden sich u. a. in keltischen Sprachen (Ternes 1989: 123ff.), in austronesischen Sprachen im indonesisch-malaysischen Raum (Durie 1985: 23–26) und in südamerikanischen Indianersprachen (Bendor-Samuel 1960, Gregores/Suárez 1967).[132]

[131] Jastrow verwendet zur Kennzeichnung der langen Komponente ein diachrones Verfahren, indem er jeweils den 'etymologisch richtigen' Konsonanten markiert. Da auch hier nur ein einziges Segment pro Wort gekennzeichnet wird, ist die Ökonomie der Beschreibung gewahrt.

[132] Einige Autoren arbeiten im Rahmen der sog. 'prosodischen Analyse' nach J. R. Firth und sprechen daher von *Prosodie* statt von *langer Komponente* (vgl. die einleitenden Bemerkungen o. 113).

8. VERSCHIEDENE PHONEMSYSTEME

Nach der ausführlichen Diskussion des Deutschen führen wir nunmehr die kompletten Phonemsysteme einiger weiterer Sprachen vor, jeweils mit kurzen Kommentaren versehen. Dabei soll besonders die Verschiedenartigkeit im Aufbau bei Vokal- und Konsonantensystemen gezeigt werden.

Bei allen Sprachen erhebt sich die prinzipielle Frage, ob und bis zu welchem Grade Fremdwörter bei der Aufstellung des Phonemsystems berücksichtigt werden sollen. Um das jeweils Typische eines Phonemsystems deutlich hervortreten zu lassen, verfolgen wir grundsätzlich die Linie, deutlich erkennbare Phoneme fremder Herkunft nicht zu berücksichtigen. Inwieweit ein Wort lautlich und/oder lexikalisch als integriert zu betrachten ist, unterliegt letztlich einer subjektiven Entscheidung. Ob z. B. das aus dem Englischen stammende Wort *Catch* 'Art Ringkampf' lexikalisch als integriert betrachtet wird, hängt u. a. auch von persönlichen Vorlieben oder Abneigungen ab. Ob das gleiche Wort von einem/einer Deutschsprachigen [kɛt͜ʃ] oder [kæt͜ʃ] ausgesprochen wird, hängt u. a. auch von seinen/ihren Englischkenntnissen, der Aussprachebegabung und dem Geltungsbedürfnis ab. Entsprechendes gilt z. B. für [ʒ] in Wörtern französischer Herkunft wie *Genie*, *Journalist*.

Für das Phonemsystem des Deutschen lassen wir also unberücksichtigt: engl. [æ], frz. [ʒ], alle französischen Nasalvokale (wie z. B. in *Fasson* [fa'sõ:] 'Art Haarschnitt') und weitere. Auf der gleichen Linie liegt unsere Entscheidung bei den Phonemsystemen anderer Sprachen. Für das Französische bleibt z. B. das aus dem Englischen stammende [ŋ] (wie in *camping* [kɑ̃'piŋ] 'Camping') unberücksichtigt.

Die Angaben beruhen für alle Sprachen auf Untersuchungen des Autors.

8.1 Französisch

Oralvokale:			
	i	y	u
	e	ø	o
	ɛ	œ	ɔ
	a		ɑ

Französisch besitzt ein vierstufiges, dreiklassiges (vordere ungerundete, vordere gerundete, hintere Vokale) Vierecksystem. Dazu kommt ein unklassifiziertes [ə] in unbetonter Silbe. Die Opposition /a/ – /ɑ/ ist in heutiger Umgangssprache im Schwinden begriffen. Minimalpaare werden dann homophon mit einer mittleren [a]-Qualität, so daß die Oralvokale zu einem Dreiecksystem tendieren. Die Vokalquantität ist nicht distinktiv (siehe o. 84f.). In einer heute als veraltet anzusehenden Aussprache, die aber noch gelegentlich im Fremdsprachenunterricht gelehrt wird, ist die Quantität für eine einzige Vokalqualität distinktiv, nämlich /ɛ/ – /ɛ:/. Minimalpaar: /mɛtr/ *mettre* ‘setzen, stellen, legen’ – /mɛ:tr/ *maître* ‘Meister’. In der heute gültigen Aussprache sind beide Wörter homophon in der Form /mɛtr/.

Nasalierte Vokale:			
	ɛ̃	œ̃	õ
		ɑ̃	

Wenn Anzahl und Qualität von oralen und nasalierten Vokalphonemen in einer Sprache identisch sind, können beide Subsysteme in einer einzigen Graphik unter Hinzufügung von ± /˜/ dargestellt werden. Meist sind jedoch nasalierte (oder anderweitig modifizierte) Vokale geringer an der Zahl als die ‘reinen’ Vokale. Dies gilt auch für das Französische (Verhältnis oral : nasaliert = 11 : 4). In solchen Fällen ist es günstiger, beide Subsysteme getrennt darzustellen.

Das System der nasalierten Vokale ist also gegenüber dem der oralen Vokale reduziert: Es ist ein zweistufiges, dreiklassiges Dreiecksystem. Genaugenommen enthalten die Zeichen innerhalb des Systems der nasalierten Vokale eine Menge Redundanz, da wir zwar in der Anordnung der Graphik die Anzahl der Klassen entsprechend reduziert, die den oralen Vokalen entsprechenden Zeichensymbole aber beibehalten haben. Wir haben dies getan, einerseits um deutlich zu machen, auf welche Weise die verschiedenen Klassen reduziert worden sind, andererseits um die tatsächliche Aussprache zum Ausdruck zu bringen. Bei vollständiger Beseitigung der Redundanz auch bei den Zeichensymbolen sähe das Subsystem der nasalierten Vokale folgendermaßen aus:

ẽ	ø̃	õ
	ã	

Minimalpaare für die Distinktivität der Nasalität sind leicht zu finden:

/bo/	*beau*	'schön'	–	/bõ/	*bon*	'gut'
/bɑ/	*bas*	'Strumpf'	–	/bɑ̃/	*banc*	'Bank (Sitzgelegenheit)'
/bɛ/	*baie*	'Bucht'	–	/bɛ̃/	*bain*	'Bad'

Die Distinktivität der nasalierten Vokale untereinander ergibt sich ebenfalls aus diesen Paaren.

Konsonanten:

	labial	dental	palatal	velar
stimmlose Verschlußlaute	p	t		k
stimmhafte Verschlußlaute	b	d		g
stimmlose Frikative	f	s	ʃ	
stimmhafte Frikative	v	z	ʒ	
Nasalkonsonanten	m	n	ɲ	
Lateral		l		
Vibrant		(r)		r
Approximanten	w, ɥ		j	

Das Französische besitzt nur *einen* Vibranten. Er ist überwiegend uvular [ʀ], kann in freier Variation aber auch als [r] realisiert werden (vgl. o. 87f.). – Es zeigt sich, daß die beiden Kolonnen 'palatal' und 'velar' komplementär sind: Verschlußlaute und Vibrant sind velar; palatale Verschlußlaute und Vibranten gibt es nicht. Umgekehrt sind Frikative, Nasalkonsonant und Approximant palatal; velare Frikative, Nasalkonsonanten und Approximanten gibt es nicht. Man hätte also eigentlich die beiden Kolonnen zu einer einzigen vereinigen sollen, um dann insgesamt nur drei zu erhalten. Wir haben jedoch darauf verzichtet, um nicht zu kraß mit den traditionellen Darstellungsweisen der französischen Phonetik und

Phonologie zu brechen. Auch wäre man in terminologischen Schwierigkeiten bezüglich der Bezeichnung der 'vereinigten' Kolonne. Man könnte sie versuchsweise 'palatovelar' nennen. Jedenfalls besitzt das Französische bei strenger Anwendung des Kriteriums der Beseitigung von Redundanz tatsächlich nur drei distinktive Artikulationsstellen für Konsonanten. Dieser Befund verdient es immerhin, festgehalten zu werden.

Etwas unharmonisch wirkt es, daß die Position 'labialer Approximant' von zwei Phonemen, /w/ und /ɥ/, eingenommen wird. Dies liegt in der Natur der Approximanten begründet, die an der Grenze von Vokalen und Konsonanten stehen. Sie können vokalische und konsonantische Eigenschaften in sich vereinigen: Zusätzlich zu der Labialität hat /w/ die Eigenschaften von hinteren Vokalen, /ɥ/ dagegen die von vorderen Vokalen. Um nicht noch mehr Redundanz zu schaffen, haben wir auf die Integrierung weiterer Merkmale verzichtet und diese Unschönheit dabei in Kauf genommen. Approximanten sind häufig ein gewisser Restposten, der nicht besonders gut in das übrige System paßt (vgl. auch die isolierte Stellung von deutsch /j/, o. 104f.).

Die Quantität ist bei den Konsonanten im Französischen normalerweise nicht distinktiv. Sie kann gelegentlich eine marginale Rolle spielen, hervorgerufen durch gewisse Morphemfügungen sowie etymologisierende Aussprachen bei sog. *mots savants*, z. B. *inné* /ine/ oder /inne/ 'angeboren'.

Der *Wortakzent* ist im Französischen nicht distinktiv: Er fällt regelmäßig auf die letzte Silbe des Wortes.

8.2 Spanisch (Europäisches Spanisch)

Vokale:	i				u
		e		o	
			a		

Die fünf Vokalphoneme des Spanischen bilden ein dreistufiges, zweiklassiges Dreiecksystem. Dies ist ein sehr einfaches Vokalsystem mit geringer Phonemzahl. Genau dieses System ist auf der ganzen Welt verbreitet: Es findet sich in den verschiedensten Sprachfamilien und in allen Erdteilen, außer im Spanischen z. B. im Russischen (Osteuropa), Georgischen (Kaukasus), Swahili (Afrika), Hausa (Afrika), Jukatekischen (Mittelamerika), Japanischen (Ostasien), Samoanischen (Pazifik). Die allophonische Variation der Vokale im Spanischen ist gering. Eine Quantitätsopposition für die Vokale existiert nicht.

Konsonanten:

	labial	dental	palatal	velar
stimmlose Verschlußlaute	p	t	t͜ʃ	k
stimmhafte Verschlußlaute	b	d		g
Frikative	f	θ	s	x
Nasalkonsonanten	m	n	ɲ	
Laterale		l	ʎ	
Vibranten		r, ɾ		

Auch bei den Konsonanten hat das Spanische eine relativ geringe Phonemzahl. Auffällig ist das Fehlen stimmhafter Frikative. Da bei den Frikativen der Gegensatz stimmlos–stimmhaft nicht distinktiv ist, wird die entsprechende Spezifizierung in der Phonemtabelle als redundant weggelassen. Das Phonem /θ/ gehört selbstverständlich in die Spalte ‘dental’. Daher wird das Phonem /s/ in die Spalte ‘palatal’ eingeordnet.[133] Dem entspricht die tatsächliche Aussprache von /s/: Sie ist stark alveolar, also weiter hinten als ein dentales [s] und einem [ʃ] ähnlich. Die Affrikate /t͜ʃ/ kann nicht anders als monophonematisch interpretiert werden, da ein Phonem */ʃ/, welchem der zweite Bestandteil zugeordnet werden könnte, nicht existiert. Die Annahme einer eigenen Zeile ‘Affrikaten’ würde sehr viel Redundanz schaffen. Da die Position ‘stimmloser palataler Verschlußlaut’ ohnehin frei ist, kann /t͜ʃ/ ganz zwanglos dort eingeordnet werden, zumal seine Aussprache dem palatalen Verschlußlaut [c] recht nahekommt. – Eine Quantitätsopposition bei den Konsonanten existiert im Spanischen nicht. Die Opposition [r] – [ɾ] würde – bei Annahme eines quan-

[133] In den meisten Sprachen wird /s/ der Spalte ‘dental’ zugeordnet. Dies zeigt deutlich, wie das gleiche Phonem je nach den Umständen im *System* einen unterschiedlichen Stellenwert haben kann.

titativen Gegensatzes – ganz isoliert dastehen. Es ist daher vorzuziehen, diese Opposition als einen *qualitativen* Gegensatz 'gerollt–geschlagen' zu interpretieren. Aus diesem Grund werden für die phonologische Schreibweise zwei graphisch verschiedene Zeichen verwendet. Zu der Allophonie der stimmhaften Verschlußlaute vgl. o. 80f.

Distinktiver Wortakzent: /´/ (vgl. o. 128).

8.3 Italienisch

Vokale:							
	i						u
		e				o	
			ɛ		ɔ		
				a			

Dieses Vokalsystem ist vierstufig, zweiklassig und dreieckig. Es unterscheidet sich von dem des Spanischen durch einen zusätzlichen Öffnungsgrad. Die allophonische Variation der Vokale ist sehr gering. Eine Quantitätsopposition existiert nicht.

Konsonanten:

	labial	dental	palatal	velar	
stimmlose Verschlußlaute	p	t		k	± /:/ (außer: vgl. Text)
stimmhafte Verschlußlaute	b	d		g	
stimmlose Affrikaten		t͜s	t͜ʃ		
stimmhafte Affrikaten		d͜z	d͜ʒ		
stimmlose Frikative	f	s	ʃ		
stimmhafte Frikative	v	z			
Nasalkonsonanten	m	n	ɲ		
Laterale		l	ʎ		
Vibrant		r			

Das Italienische besitzt vier Affrikaten, die monophonematisch zu interpretieren sind. Einer der Gründe ist, daß es kein Phonem */ʒ/ gibt, welchem der zweite Bestandteil der Affrikate [d͜ʒ] zugeordnet werden könnte. Damit ist /d͜ʒ/ eindeutig monophonematisch. Da sich die übrigen Affrikaten auf allen Ebenen (phonetisch, phonologisch und morphophonologisch) genau parallel zu /d͜ʒ/ verhalten, können auch sie nicht anders als monophonematisch interpretiert werden. Für die Einordnung der Affrikaten werden zwei eigene Zeilen (stimmlos–stimmhaft) angesetzt: /t͡s, d͡z/ gehören in die dentale Spalte; in dieser Spalte sind aber die Positionen der Verschlußlaute schon durch /t, d/ besetzt. Aus Gründen der Parallelität stehen /t͡ʃ, d͡ʒ/ auf der gleichen Zeile wie /t͡s, d͡z/. Damit bleibt die Spalte 'palatal' bei den Verschlußlauten frei. – Die Quantitätsopposition gilt für alle Konsonanten außer /t͡s, d͡z, ʃ, z, ɲ, ʎ/ (vgl. o. 116).

Distinktiver Wortakzent: /´/.

8.4 Griechisch (Neugriechisch)

Vokale:					
	i				u
		e		o	
			a		

Das neugriechische Vokalsystem ist dreistufig, zweiklassig und dreieckig. Es ist das gleiche System, das uns schon mehrfach begegnet ist und welches überall auf der Welt verbreitet ist (vgl. 8.2 Spanisch).

Konsonanten:

	labial	dental	alveolar	palatal	velar
stimmlose Verschlußlaute	p	t	t͡s	c	k
stimmhafte Verschlußlaute	b	d	d͡z	ɟ	g
stimmlose Frikative	f	θ	s	ç	x
stimmhafte Frikative	v	ð	z	j	ɣ
Nasalkonsonanten	m	n		ɲ	
Laterale		l		ʎ	
Vibrant		r			

Die Aufstellung des neugriechischen Konsonantensystems ist durch die stark historische Orthographie und überhaupt eine gewisse geistige Dominanz des Altgriechischen erschwert. Das obige System wurde ohne Rücksicht auf historisierende oder etymologisierende Tendenzen rein synchron ermittelt. Auffällig ist die Unterscheidung einer dentalen und einer alveolaren Artikulationsstelle. Da die Phoneme /θ, ð/ eindeutig dental, die Phoneme /ç, j/ eindeutig palatal sind, muß für /s, z/ eine weitere Artikulationsstelle angenommen werden. Die Einordnung unter 'alveolar' wird durch die tatsächliche Aussprache gestützt: Wegen des Fehlens der Phoneme */ʃ, ʒ/ werden /s, z/ in der Tat stark alveolar ausgesprochen (ähnlich wie 8.2 Spanisch). Entsprechend verhalten sich auch die Affrikaten /t͜s, d͜z/, die sich auf diese Weise sehr ökonomisch den Verschlußlauten zuordnen lassen. – Bemerkenswert (im Vergleich zum Altgriechischen) ist die Existenz einer voll ausgebildeten palatalen Spalte, z. B. /çóni/ χιόνι 'Schnee'. – Das Phonem /j/ wird der Reihe der stimmhaften Frikative zugeordnet.

Distinktiver Wortakzent: /´/. Beispiel: /póli/ πόλη 'Stadt' – /polí/ πολύ 'viel'.

8.5 Englisch (Britisch-Englisch)

Vokale:

i		u
ɪ	ɜ	ʊ
e	ʌ	o
æ	ɑ	ɒ

Wir haben oben (90 ff.) ausführlich die Problematik des Verhältnisses von Quantität und Qualität bei den Vokalen im Deutschen diskutiert. Letztlich haben wir uns für das Primat der Quantität über die Qualität entschieden. Dabei deuteten wir bereits an, daß das Englische ein ähnliches Problem aufweist, in seiner Entwicklung aber weiter fortgeschritten ist, so daß man für das Englische einem Vokalsystem ganz ohne Vokalquantität, dafür mit entsprechend mehr Qualitäten, den Vorzug gibt. Dies zeigt die obige Anordnung. Es ist ein vierstufiges, dreiklassiges Vierecksystem. Neben den üblichen Klassen 'vordere (ungerundete)' und 'hintere (gerundete)' besteht eine dritte Klasse, die als 'zentral (ungerundet)' bezeichnet werden kann.[134] Außerdem existiert ein unklassifiziertes [ə] in unbetonter Silbe. Um die einzelnen Vokalqualitäten eindeutig zu identifizieren, geben wir für jede Qualität je ein Beispiel: /pit/ *peat* 'Torf', /pɪt/ *pit* 'Kohlengrube', /pet/ *pet* 'Schoßtier', /pæt/ *pat* 'leicht klopfen', /pɑt/ *part* 'Teil', /but/ *boot* 'Stiefel', /pʊt/ *put*

[134] Die jeweils redundanten Merkmale stehen in Klammern.

'stellen, setzen, legen', /pot/ *port* 'Hafen', /pɒt/ *pot* 'Topf', /pɜs/ *purse* 'Geldbörse', /bʌt/ *but* 'aber'. – Neben den Monophthongen gibt es eine Reihe von Diphthongen, die am besten monophonematisch gewertet werden: /eɪ̯, aɪ̯, oɪ̯, aʊ̯, əʊ̯, ɪə̯, ʊə̯, eə̯/.

Konsonanten:

	labial	dental	alveolar	palatal	velar
stimmlose Verschlußlaute	p		t	t͜ʃ	k
stimmhafte Verschlußlaute	b		d	d͜ʒ	g
stimmlose Frikative	f	θ	s	ʃ	h
stimmhafte Frikative	v	ð	z	ʒ	
Nasalkonsonanten	m		n		ŋ
Lateral			l		
Approximanten	w		r	j	

Der auffälligste Umstand ist die Unterscheidung der beiden Artikulationsstellen 'dental' und 'alveolar'. In der Tat sind alle Konsonanten der letzteren Spalte auch phonetisch ausgeprägt alveolar. Diese Anordnung erlaubt die systematische Gegenüberstellung /θ/ – /s/, /ð/ – /z/. – Die Affrikaten /t͜ʃ, d͜ʒ/ sind monophonematisch und können sehr gut (vgl. Spanisch) in die Spalte 'palatal' eingeordnet werden. Dadurch schließen sich Lücken, die Redundanz wird verringert. – Das Phonem /h/ – phonetisch glottal – wird der Spalte 'velar' zugeordnet, da ein Phonem */x/ nicht existiert (im Gegensatz zum Deutschen). – Auffällig ist das Fehlen einer Zeile 'Vibranten' und die Einordnung von /r/ in die Zeile 'Approximanten'. Dabei ist die Verwendung des Symbols *r* eine reine Konvention. Der phonetisch genaue Wert ist der alveolare Approximant [ɹ]. Das Englische ist also eine Sprache ohne Vibranten. – Eine Quantitätsopposition bei den Konsonanten existiert nicht.

Distinktiver Wortakzent: /ˊ/ (vgl. o. 128f.).

8.6 Dänisch

Vokale:		
	i y u e ø o ɛ œ ɔ a	} ± /:/

Das dänische Vokalsystem ist vierstufig, dreiklassig und dreieckig. Die meisten Vokale zeigen positionsbedingte Allophone in Abhängigkeit von den umgebenden Konsonanten. Besonders /a/, /a:/ variieren in dieser Hinsicht sehr stark. Wenn die sog. *r*-Vokalisierung, die noch weiter fortgeschritten ist als im Deutschen, konsequent berücksichtigt wird, entstehen weitere vokalische Phoneme, nämlich /ɑ/ und eventuell auch /ɒ/, wodurch das Vokalsystem viereckig würde. Beispiel: *har* '(er/sie) hat', traditionell als /ˢha:ʁ/analysiert, würde zu /ˢhɑ:/. – Zusätzlich existiert eine Anzahl von Diphthongen sowie – wie im Deutschen und in anderen Sprachen – ein nicht-klassifiziertes [ə] in unbetonter Silbe.

Konsonanten:

	labial	dental	übrige
stimmlose Verschlußlaute	p	t	k
stimmhafte Verschlußlaute	b	d	g
stimmlose Frikative	f	s	h
stimmhafte Frikative	v	ð	ʁ
Nasalkonsonanten	m	n	ŋ
Lateral		l	
Approximant			j

Das Konsonantensystem wirkt recht kompakt, insbesondere durch die redundanzfreie Zusammenfassung verschiedener Artikulationsstellen unter der Überschrift 'übrige': /k, g, ŋ/ sind phonetisch velar, /h/ ist glottal, /ʁ/ ist uvular, und /j/ ist palatal. – Die stimmlosen Verschlußlaute sind stark aspiriert [p^h, t^h, k^h], die stimmhaften Verschlußlaute sind entsonorisiert [b̥, d̥, g̊], so daß man nicht mehr weit von der Annahme einer Aspirations- statt einer Stimmhaftigkeitskorrelation entfernt ist. Die Opposition von stimmlosen und stimmhaften Verschlußlauten besteht nur im Wortanlaut, da die stimmlosen nur in dieser Position vorkommen. In allen anderen Positionen (inlautend, auslautend) ist die Opposition zugunsten der stimmhaften (entsonorisierten) Verschlußlaute neutralisiert. – Das Dänische besitzt keine Vibranten. Das orthographisch *r* geschriebene Phonem wird eindeutig als stimmhafter uvularer Frikativ /ʁ/ gewertet. Da im Laufe des 20. Jahrhunderts in der Standardsprache das Phonem /ɣ/ geschwunden ist, läßt sich der aus *r* entstandene uvulare Frikativ /ʁ/ zwanglos in die Spalte 'übrige Artikulationsstellen' einordnen. –

Auffällig ist schließlich das Phonempaar /s/ – /ð/ für die Opposition zwischen stimmlosen und stimmhaften dentalen Frikativen.

Ton: Dänisch ist eine gemäßigte Tonsprache. Es kontrastieren Wörter mit und ohne Stoßton (dän. *stød*), siehe o. 141 ff.

8.7 Russisch

Vokale:

i				u
	e		o	
		a		

Das Russische besitzt das gleiche Vokalsystem wie das Spanische: dieselben fünf Phoneme, die sich zu einem dreistufigen, zweiklassigen Dreiecksystem ordnen. Eine Quantitätsopposition besteht nicht. Die phonetische Realisierung ist allerdings von derjenigen im Spanischen sehr verschieden. Die russischen Vokalphoneme haben eine starke allophonische Variation in positionsbedingter Abhängigkeit 1. von der Art der vorausgehenden und folgenden Konsonanten, 2. von der Stellung der betreffenden Silbe zum Wortakzent. Beide Abhängigkeiten ergeben ein sehr komplexes Gefüge, welches eine große Menge lautlicher Schattierungen zur Folge hat. Beispiel: Es ist im Russischen wichtig, ob der einem Vokal vorausgehende Konsonant palatalisiert oder nicht-palatalisiert ist. Im ersteren Fall hat z. B. das Phonem /i/ das Allophon [i], im letzteren das Allophon [ɨ]: /b'it'/ [b^jit^j] бить 'schlagen' – /bit'/ [bɨt^j] быть 'sein (Verb)'. Dies bildet einen starken Kontrast zum Spanischen, wo die Vokalphoneme /i, e, a, o, u/ auch phonetisch leicht als solche zu identifizieren sind.

Konsonanten:

	labial	dental	palatal	velar
stimmlose Verschlußlaute	p p'	t t'		k
stimmhafte Verschlußlaute	b b'	d d'		g
Affrikaten		t͜s	tʃ	
stimmlose Frikative	f f'	s s'	ʃ	x
stimmhafte Frikative	v v'	z z'	ʒ	
Nasalkonsonanten	m m'	n n'		
Laterale		l l'		
Vibranten		r r'		
Approximant			j	

Das Russische besitzt bei jeder Position der labialen und dentalen Spalte (ausgenommen /t͜s/) zwei Phoneme: der unmarkierte Konsonant ist neutral, der markierte ist palatalisiert.[135] Insgesamt existieren 12 Paare von neutralen (oder nicht-palatalisierten) und palatalisierten Konsonanten. Die Palatalisierung tritt also nicht als isoliertes Phänomen auf, sondern durchzieht den größten Teil des ganzen Konsonantensystems. Eine solche distinktive Eigenschaft, die für das ganze System oder einen großen Teil gilt, heißt *Korrelation*.[136] Das Russische besitzt also eine *Palatalisierungskorrelation*. Einige minimale Paare:

/pil/	пыл	'Glut, Hitze'	–	/p'il/	пил	'(er) trank'
/bit'/	быть	'sein (Verb)'	–	/b'it'/	бить	'schlagen'
/tok/	ток	'elektrischer Strom'	–	/t'ok/	тек	'(er) floß'
/pil/	пыл	'Glut, Hitze'	–	/pil'/	пыль	'Staub'
/rof/	ров	'Graben'	–	/r'of/	рев	'Gebrüll'

Folgende Konsonanten nehmen nicht an der Palatalisierungskorrelation teil: /t͜s, t͜ʃ, ʃ, ʒ, j, k, g, x/. Diese acht Konsonanten zerfallen in drei Gruppen: 1. /t͜s, ʃ, ʒ/ verhalten sich wie nicht-palatalisierte Konsonanten,[137] 2. /t͜ʃ, j/ verhalten sich wie palatalisierte Konsonanten. Sie brauchen aber nicht als solche markiert zu werden, da die Palatalisierung hier redundant ist. 3. /k, g, x/ verhalten sich gegenüber der Palatalisierungskorrelation neutral. Jedes dieser Phoneme hat je ein nicht-palatalisiertes und ein palatalisiertes Allophon, in Abhängigkeit vom folgenden Vokal: [k, g, x] vor /a, o, u/, [kʲ, gʲ, xʲ] vor /i, e/. – Die Konsonantenquantität ist im Prinzip distinktiv, hat aber einen marginalen Status. Es gibt insgesamt nur wenige Formen mit langen Konsonanten.

Distinktiver Wortakzent: /´/ (vgl. o. 126f.).

135 In phonologischer Schreibweise verwenden wir das in der Slawistik gebräuchliche Zeichen zur Kennzeichnung der Palatalisierung, z. B. /t'/. In der phonetischen Transkription folgen wir der IPA-Konvention, z. B. [tʲ].

136 Auch die Stimmbeteiligung (stimmlos – stimmhaft) oder (z. B. bei den Vokalen im Französischen) die Nasalität bilden Korrelationen: Stimmbeteiligungskorrelation, Nasalitätskorrelation. Vgl. u. 226ff.

137 Es besteht eine Tendenz, die Palatalisierungskorrelation auch auf /ʃ, ʒ/ auszudehnen. Dabei kommt die Palatalisierung nur zusammen mit

8.8 Bulgarisch

Vokale:

i				u
	e	ə	o	
		a		

Das Vokalsystem des Bulgarischen ist dreistufig, dreiklassig und dreieckig. Die mittlere Klasse wird durch das Phonem /ə/ repräsentiert, welches – wie andere Vokalphoneme – in betonter und unbetonter Silbe vorkommt, z. B. /pət/ път 'Weg', /ə́gəl/ ъгъл 'Ecke'. Phonetisch ist es eher ein hinterer Vokal und kommt der Qualität [ɤ] nahe, so daß dieses Phonem – z. B. für typologische Zwecke – als hinterer ungerundeter Vokal zu werten ist. Ein Vokalphonem dieser Art ist typisch für die sog. Balkansprachen und findet sich auch im Albanischen und Rumänischen.

Konsonanten:

	labial	dental	palatal	velar
stimmlose Verschlußlaute	p	t		k
stimmhafte Verschlußlaute	b	d		g
stimmlose Affrikaten		t͜s	t͜ʃ	
stimmhafte Affrikaten		(d͜z)	d͜ʒ	
stimmlose Frikative	f	s	ʃ	x
stimmhafte Frikative	v	z	ʒ	
Nasalkonsonanten	m	n		
Lateral		l		
Vibrant		r		
Approximant			j	

Von bulgarischen Phonetikern wird in Anlehnung an das Russische häufig eine Palatalisierungskorrelation der Konsonanten angenommen. In Wirklichkeit existiert eine solche Korrelation in der Standardsprache, die auf der west- und zentralbulgarischen Aussprache beruht, nicht, vgl. russ. /kon'/ конь gegenüber bulg. /kon/ кон 'Pferd'. Die Palatalisierungskorrelation existiert aber in ostbulgarischen Dialekten. – Das Phonem /d͜z/ ist selten. Das Phonem /f/ kommt eigentlich nur in Fremdwörtern der verschiedensten Herkunft vor, muß aber wegen der großen Zahl und der Geläufigkeit dieser Wörter als integriert betrachtet werden.

Konsonantenlänge vor, also /ʃ'ʃ', ʒ'ʒ'/. Beispiel: /ʃt͜ʃel'/ oder /ʃ'ʃ'el'/ щель 'Spalte'.

Distinktiver Wortakzent: /´/. Beispiel: /ránen/ ранен 'früh' – /ranén/ ранен 'verwundet'.

8.9 Ungarisch

Vokale:

i y		u		
	e ø	o		± /:/
	a			

Das Ungarische besitzt ein dreistufiges, dreiklassiges Dreiecksystem. Die mittlere Klasse wird von vorderen gerundeten Vokalen gebildet. Die Quantität ist für alle Vokale distinktiv. Zwei phonologische Vokalqualitäten haben eine unterschiedliche phonetische Realisierung in Abhängigkeit von der Quantität: /e/ = [ɛ], /e:/ = [e:]; /a/ = [ɒ], /a:/ = [a:]. Diese Eigenschaft erinnert an das Deutsche. Da die Abhängigkeit jedoch nur für zwei Vokale gilt und alle anderen Vokale bei Kürze und Länge dieselbe phonetische Qualität besitzen, kann kein Zweifel darüber bestehen, daß die Quantität das entscheidende distinktive Merkmal für *alle* Vokale des Ungarischen ist.

Konsonanten:

	labial	dental	palatal	velar	
stimmlose Verschlußlaute	p	t	c	k	± /:/
stimmhafte Verschlußlaute	b	d	ɟ	g	
stimmlose Affrikaten		t͜s	t͜ʃ		
stimmhafte Affrikaten		d͜z	d͜ʒ		
stimmlose Frikative	f	s	ʃ	h	
stimmhafte Frikative	v	z	ʒ		
Nasalkonsonanten	m	n	ɲ		
Lateral		l			
Vibrant		r			
Approximant			j		

Die Quantität ist ohne Ausnahme für alle Konsonanten distinktiv. Bemerkenswert ist die Opposition zwischen palatalen Verschlußlauten /c, ɟ/ und den entsprechenden Affrikaten /t͜ʃ, d͜ʒ/. Damit ist es ganz klar, daß die Affrikaten eine eigene Konsonantenklasse darstellen und nicht den Verschlußlauten zugeordnet werden können.

Der *Wortakzent* ist nicht distinktiv. Er fällt ohne Ausnahme auf die erste Silbe eines Wortes.

8.10 Finnisch

Vokale:

i	y	u		
e	ø	o		± /:/
æ		ɑ		

Das finnische Vokalsystem gleicht dem ungarischen, allerdings mit einem entscheidenden Unterschied: Das Finnische besitzt ein Vierecksystem. Die Quantität ist distinktiv für alle Vokale, ohne daß die phonetische Realisierung davon berührt würde.

Konsonanten:

	labial	dental	übrige	
stimmlose Verschlußlaute	p	t	k	
stimmhafter Verschlußlaut		d		
Frikative	v	s	h	
Nasalkonsonanten	m	n	ŋ	± /:/ (außer für /d, v, h, j/)
Lateral		l		
Vibrant		r		
Approximant			j	

Das Finnische besitzt nur eine sehr geringe Zahl von Konsonantenphonemen. Besonders auffällig ist dabei, daß die Stimmbeteiligung für die Frikative nicht distinktiv ist.[138] Diese Tatsache wird noch verstärkt, wenn man berücksichtigt, daß das Phonem /d/ eine zum Zwecke der Standardisierung künstlich geschaffene Synthese aus verschiedenen dialektalen Formen ist. Ohne dieses Kunstprodukt /d/ wäre das Finnische eine Sprache, welche überhaupt keine phonologisch distinktive Stimmbeteiligung besäße. – Unter der Bezeichnung 'übrige' können mehrere Artikulationsstellen zusammengefaßt werden, die komplementär verteilt sind: /k/ und /ŋ/ sind velar, /h/ ist glottal, /j/ ist palatal.

Der *Wortakzent* ist nicht distinktiv. Er fällt ohne Ausnahme auf die erste Silbe eines Wortes.

[138] [f] kommt nur in nicht-angepaßten Fremdwörtern vor, z. B. ['foneti:kka] *fonetiikka* 'Phonetik'. Dagegen /kirahvi/ *kirahvi* 'Giraffe'.

8.11 Schottisch-Gälisch[139]

Oralvokale:

i				ɯ		u	± /ː/
	e		ɤ		o		
		ɛ		ɔ			
			a				

Das Schottisch-Gälische hat ein vierstufiges, dreiklassiges Dreiecksystem. Die Besonderheit dieses Systems liegt darin, daß die mittlere Klasse – anders als in den meisten europäischen Sprachen – von hinteren ungerundeten Vokalen gebildet wird. Die drei Klassen lauten also (redundantes Merkmal in Klammern): vordere (ungerundete), hintere ungerundete, hintere gerundete Vokale. Die Quantität ist für alle Vokale distinktiv, ohne Einfluß auf die phonetische Qualität.

Nasalierung: Die phonologisch distinktive Nasalierung stellt im Schottisch-Gälischen eine *lange Komponente* dar und gehört somit in den suprasegmentalen Bereich (vgl. Kap. 7.4). Die Kennzeichnung erfolgt am besten auf dem silbenbildenden Vokal der betonten Silbe, z. B. /tãv/ *damh* 'Ochse', /ãjəL/ *aingeal* 'Engel'. Dabei können folgende Vokale betroffen sein:

i		ɯ		u	± /˜/
	ɛ		ɔ		
		a			

Das Subsystem der Vokale, welche nasaliert sein können, umfaßt also – ähnlich wie im Französischen – weniger Einheiten als das System der oralen Vokale (Verhältnis 9 : 6). Es besitzt einen Öffnungsgrad weniger. Wir haben auch hier die Redundanz in der Form der Zeichen beibehalten, um die Beziehungen zwischen oralen und nasalierten Vokalen zu verdeutlichen (vgl. o. 151 f.).

Zusätzlich besitzt das Schottisch-Gälische eine große Zahl von *Diphthongen*, die hier nicht im einzelnen aufgeführt werden.

[139] Keltische Sprache, gesprochen im Schottischen Hochland und auf den Hebriden von ca. 90 000 Menschen. Für Einzelheiten zur phonologischen Analyse s. Ternes (1983, 1989).

Konsonanten:

	labial	dental		velar		glottal
nicht-aspirierte Verschlußlaute	p	t	t'	k'	k	
aspirierte Verschlußlaute	p^h	t^h	t'^h	k'^h	k^h	
stimmlose Frikative	f	s	ʃ	ç	x	h
stimmhafte Frikative	v			j	ɣ	
Nasalkonsonanten	m	n	n'		N	
Laterale		l	l'		L	
Vibranten		r	r'		R	

Das Konsonantensystem weist eine Reihe von Besonderheiten auf. Statt der Opposition stimmlos – stimmhaft bei den Verschlußlauten existiert hier die Opposition nicht-aspiriert – aspiriert. Beide Reihen von Verschlußlauten sind stimmlos; das distinktive Merkmal ist also eindeutig die Aspiration. Eine weitere europäische Sprache mit dieser Eigenschaft ist Isländisch, eine außereuropäische Sprache ist Chinesisch (vgl. u. 175). Das Altgriechische (klassisches Attisch, ca. 500 v. Chr.) verbindet Stimmbeteiligungs- mit Aspirierungskorrelation und weist so drei Reihen von Verschlußlautphonemen auf (mit dem entsprechenden griechischen Buchstaben neben dem Phonem):

stimmlos unaspiriert	/p/	π	/t/	τ	/k/	κ
stimmlos aspiriert	/p^h/	φ	/t^h/	ϑ	/k^h/	χ
stimmhaft (unaspiriert)	/b/	β	/d/	δ	/g/	γ

Die Verbindung beider Korrelationsmerkmale ergibt die Möglichkeit, maximal vier Verschlußlautreihen zu unterscheiden: stimmlos unaspiriert, stimmlos aspiriert, stimmhaft unaspiriert, stimmhaft aspiriert, z. B. /p, p^h, b, b^h/. Diese vier Reihen finden sich in indischen Sprachen (z. B. Hindi).

Das Schottisch-Gälische besitzt wie das Russische eine Palatalisierungskorrelation. Sie gilt für die dentale und velare Spalte.[140] Für die Frikative haben wir je zwei verschiedene Zeichen verwendet, nämlich diejenigen, welche der tatsächlichen Aussprache dieser Phoneme entsprechen. Aus der Anordnung ergibt sich jedoch,

[140] Für die phonologische Schreibweise der Palatalisierung verwenden wir hier das gleiche Zeichen wie beim Russischen, nämlich einen kleinen hochgestellten Strich, der auch in der Keltologie gebräuchlich ist.

daß /s – ʃ/, /x – ç/ und /ɣ – j/ im gleichen Verhältnis zueinander stehen wie /t – t'/, /k – k'/ usw., sich also auf der phonologischen Ebene durch das Korrelationsmerkmal der Palatalisierung unterscheiden. Hervorzuheben ist, daß /j/ hier nicht als Approximant zu werten ist, sondern als stimmhafter Frikativ und palatalisiertes Gegenstück zu /ɣ/.

Auffällig ist schließlich die große Zahl von Nasalkonsonanten, Lateralen und Vibranten. Die entsprechend den keltologischen Transkriptionsgewohnheiten /N, L, R/ wiedergegebenen Phoneme sind velarisiert, also phonetisch [n̴, ɫ, r̴]. Die *n*-, *l*-, *r*-Phoneme bilden einen dreifachen Kontrast: nicht-modifiziert – palatalisiert – velarisiert. – Die Konsonantenquantität ist im Schottisch-Gälischen nicht distinktiv.

Schottisch-Gälisch ist eine *gemäßigte Tonsprache* (Kap. 7.3.2). Zu unterscheiden sind Akzent 1 und Akzent 2, die je nach Dialekt eine unterschiedliche phonetische Ausprägung erfahren (Ternes 1980).

8.12 Türkisch

Vokale:				
	i	y	ɯ	u
	e	ø	ɑ	o

Die Anordnung des türkischen Vokalsystems unterscheidet sich stark von den bisher behandelten Systemen. Es ist zweistufig, vierklassig und viereckig. Die Oppositionen vordere – hintere Vokale und gespreizte – gerundete Vokale werden maximal ausgenutzt und führen zur Bildung von vier Vokalklassen: vordere ungerundete, vordere gerundete, hintere ungerundete und hintere gerundete Vokale. – Die Vokalquantität ist ursprünglich nicht distinktiv. Eine jüngere Lautentwicklung (Verlust des Phonems /ɣ/) hat jedoch zu einigen Formen geführt, bei denen die Quantität marginal distinktiv ist, z. B. /dɑː/ *dağ* 'Berg'.

Konsonanten:

	labial	dental	palatal	velar
stimmlose Verschlußlaute	p	t	t͡ʃ	k
stimmhafte Verschlußlaute	b	d	d͡ʒ	g
stimmlose Frikative	f	s	ʃ	h
stimmhafte Frikative	v	z		
Nasalkonsonanten	m	n		
Lateral		l		
Vibrant		r		
Approximant			j	

Die Konsonantenquantität hat einen marginalen Status. Abgesehen von Wörtern arabischer Herkunft gibt es nur ganz wenige Stammformen mit langen Konsonanten. Etwas häufiger sind lange Konsonanten, die durch morphologische Prozesse entstanden sind, z. B. /eller/ *eller* 'Hände' (/el/ *el* 'Hand' + /-ler/ *-ler* Pluralsuffix).

Der *Wortakzent* hat ebenfalls einen marginalen Status. Stammformen sind fast ausschließlich auf der letzten Silbe akzentuiert. Einige Abweichungen entstehen durch bestimmte morphologische Prozesse.

8.13 Persisch

Vokale:

i	u
e	o
æ	ɑ

Das Persische besitzt ein zweiklassiges, dreistufiges Vierecksystem. Die Vokalquantität ist nicht distinktiv.

Konsonanten:

	labial	dental	palatal	velar	uvular/ glottal
stimmlose Verschlußlaute	p	t	t͡ʃ	k	q
stimmhafte Verschlußlaute	b	d	d͡ʒ	g	
stimmlose Frikative	f	s	ʃ	x	h
stimmhafte Frikative	v	z	ʒ		
Nasalkonsonanten	m	n			
Lateral		l			
Vibrant		r			
Approximant			j		

Auffällig ist die Unterscheidung von velarem /k/ und uvularem /q/. Letzteres hat in bestimmten Stellungen das Allophon [ɣ]. Es besteht eine Tendenz, dieses [ɣ] in allen Positionen zu verallgemeinern. Diese progressive Form des Persischen hätte kein Phonem /q/ mehr, sondern statt dessen ein Phonem /ɣ/, welches in die velare Spalte der stimmhaften Frikative einzuordnen wäre. – Uvulares [q] und glottales [h] können wir in *einer* Spalte zusammenfassen. Wenn man Wörter arabischer Herkunft unberücksichtigt läßt, kann der Glottalverschlußlaut [ʔ] als stellungsbedingt interpretiert werden (am Wortanfang und zwischen Vokalen, ähnlich wie im Deutschen, vgl. u. 202f.). – Die Konsonantenquantität hat einen marginalen Status. Abgesehen von Wörtern arabischer Herkunft ist sie nur in wenigen Fällen distinktiv.

Der *Wortakzent* ist distinktiv: /´/. In Stammformen liegt er zwar fast ausschließlich auf der letzten Silbe. Er hat jedoch eine deutlich distinktive Funktion in einigen häufig wiederkehrenden morphologischen Prozessen, z.B.[141]

/ʃǽhri/	'eine Stadt'	–	/ʃæhrí/	'städtisch, Städter'
/zǽni/	'eine Frau'	–	/zæní/	'Weiblichkeit'

8.14 Arabisch (Klassisches Arabisch)

Vokale:

i		u	± /:/
	a		

Das Arabische hat ein sehr einfaches Vokalsystem, welches nur aus drei Einheiten besteht. Es ist zweiklassig, zweistufig und dreieckig. Die drei Vokalqualitäten weisen eine starke allophonische Variation in Abhängigkeit von den umgebenden Konsonanten auf. Die Quantität ist durchgehend distinktiv.

141 Vgl. die interessante Diskussion bei Ferguson (1957).

Konsonanten:

	labial	inter-dental	dental	dental 'emphatisch'	palatal	velar	uvular/pharyngal	glottal
stimmlose Verschlußlaute			t	ṭ		k	q	ʔ
stimmhafte Verschlußlaute	b		d	ḍ	d͜ʒ			
stimmlose Frikative	f	θ	s	ṣ	ʃ	x	ħ	h
stimmhafte Frikative		ð	z	ẓ		ɣ	ʕ	
Nasal-konsonanten	m		n					
Laterale			l	(ḷ)				
Vibrant			r					
Approximanten	w				j			

(alle Zeilen:) ± /:/

Im Gegensatz zum Vokalsystem ist das arabische Konsonantensystem ziemlich umfangreich und komplex. Besonders bemerkenswert ist die Spalte der sog. 'emphatischen' Konsonanten. Wir verwenden hier diesen in der Semitistik gebräuchlichen Begriff, einschließlich der dort verwendeten Schreibweise mit untergesetztem Punkt. Phonetisch handelt es sich um dentale Konsonanten mit einer zusätzlichen Kombination von Velarisierung und Pharyngalisierung, also [t̴, d̴, s̴, z̴][142]. Das marginale Phonem /ḷ/ ist nur velarisiert: [ɫ]. Minimalpaare:

/ti:n/	'Feigen'	–	/ṭi:n/	'Lehm, Ton'
/dalla/	'führen'	–	/ḍalla/	'sich verirren'
/tasli:ħ/	'Bewaffnung'	–	/taṣli:ħ/	'Reparatur'
/ħazz/	'Kerbe'	–	/ħaẓẓ/	'Los, Geschick'

Das Phonem /ḷ/ ist marginal. Es kommt nur in einem einzigen Wort vor, nämlich /ʔaḷḷa:h/ 'Gott', das allerdings zum zentralen Wortschatz gerechnet werden muß.[143]

Bei den Verschlußlauten fallen einige Lücken auf, insbesondere das Fehlen eines Phonems */p/. Andererseits ist der Glottalver-

[142] Die durchgezogene Wellenlinie wird in der IPA-Transkription für Velarisierung und Pharyngalisierung verwendet.

[143] Vgl. die interessante phonologische Diskussion bei Ferguson (1956).

schlußlaut /ʔ/ eindeutig als Phonem zu werten: Er kommt in allen Positionen vor, in denen auch andere Konsonanten stehen können; er kann auch phonologisch gelängt sein, also /ʔʔ/. – Es gibt keine andere Möglichkeit, als die interdentalen Frikative /θ, ð/ als eigene Klasse anzusetzen. Andererseits können der uvulare Verschlußlaut /q/ und die pharyngalen Frikative /ħ, ʕ/ zu einer Klasse zusammengezogen werden. – Die Quantitätsdistinktion gilt für alle Konsonanten.

Der *Wortakzent* ist nicht phonologisch. Die Regel, nach der er vorhersagbar ist, entspricht derjenigen für das Latein (vgl. o. 125): Der Wortakzent liegt auf der vorletzten Silbe, wenn diese lang ist. Andernfalls ist die drittletzte Silbe akzentuiert.

8.15 Japanisch

Vokale:	i			u
		e	o	
		a		

Japanisch besitzt das bekannte dreistufige, zweiklassige und dreieckige Vokalsystem. Eine Besonderheit ist allerdings, daß das Phonem /u/ in den meisten Positionen als hinterer geschlossener ungerundeter Vokal [ɯ] realisiert wird. Außerdem werden die geschlossenen Vokale in bestimmten Positionen entsonorisiert, also [i̥, ɯ̥]. – Ein gewisses Problem stellt die Vokalquantität dar. Es kommen phonetisch kurze und lange Vokale vor. Nach überwiegender Auffassung ist es jedoch günstiger – u. a. wegen des Verhaltens der Töne –, lange Vokale phonologisch als eine Aufeinanderfolge zweier kurzer Vokale zu interpretieren, also z. B. [u:] ist phonologisch /uu/. Ein Minimalpaar, welches gleichzeitig die Argumentation bezüglich der Töne exemplifiziert, ist /su˥/ ‘Essig’ – /su˥u/ ‘Zahl’.

Konsonanten:

	labial	dental	übrige	
stimmlose Verschlußlaute	p	t	k	
stimmhafte Verschlußlaute	b	d	g	
stimmlose Frikative		s	h	± /:/
stimmhafter Frikativ		z		(s. Text)
Nasalkonsonanten	m	n	ŋ	
Vibrant		r		
Approximanten	w		j	

Die Artikulationsstelle der redundanzfrei unter 'übrige' zusammengefaßten Konsonanten ergibt sich aus den verwendeten Zeichen: /k, g, ŋ/ sind velar, /h/ ist glottal, /j/ ist palatal.

Dieses auf den ersten Blick recht einfach erscheinende Konsonantensystem birgt eine Reihe von Komplikationen. Die Analyse wird außerdem durch fest verwurzelte (teilweise durch die Natur der japanischen Schrift bedingte) japanologische Traditionen erschwert. Hier können nur einige Probleme angedeutet werden: 1. Der Status von /p/ ist schwach. Es kommt überwiegend in der Konsonantengruppe /mp/ und gelängt als /pp/ vor. 2. Die Phoneme /t, d, s, z/ zeigen eine ausgeprägte und sich in komplizierter Weise überschneidende Allophonie in Abhängigkeit von dem folgenden Vokal. Sie werden realisiert (in der genannten Reihenfolge) als [t͜ɕ, d͜ʑ, ɕ, d͜ʑ] vor /i/, als [t͜s, d͜z, s, d͜z] vor /u/, als [t, d, s, z] vor den übrigen Vokalen. Da auch die Konsonantengruppen [tj, sj, zj/ (*/dj/ kommt nicht vor) als [t͜ɕ, ɕ, d͜ʑ] realisiert werden (allerdings bei eingeschränktem Vorkommen), ist es denkbar, /t͜ɕ, d͜ʑ, ɕ/ als eigene Phoneme zu werten. Dadurch würde eine zusätzliche palatale Spalte entstehen, der dann auch /j/ zuzuordnen wäre.

Weitere Besonderheiten: Das Phonem /h/ hat die Allophone [ɸ] vor /u/, [ç] vor /i/ und [h] vor /a, e, o/. – Japanisch zeigt das für viele ostasiatische Sprachen charakteristische Fehlen einer Opposition von Lateralen und Vibranten (vgl. 8.16 Koreanisch, 8.17 Chinesisch). Das Phonem /r/ ist ein geschlagenes [ɾ] mit gleichzeitigen lateralen Öffnungen, vereinigt artikulatorisch also Merkmale beider Lautklassen. – Die Quantitätsdistinktion gilt für /p, t, k, s, m, n/, in Fremdwörtern auch für stimmhafte Verschlußlaute.

Ton: Japanisch ist eine gemäßigte Tonsprache. Die Plazierung der *Tonbruchstelle* innerhalb des Wortes ist phonologisch distinktiv (o. 145f.).

8.16 Koreanisch

Vokale:

i	y	ɯ	u
e	ø	ɤ	o
ɛ		ɑ	

Das Vokalsystem des Koreanischen hat in seiner maximalen Ausprägung eine sehr ausgewogene Struktur: Es ist dreistufig, vierklassig und viereckig. Allerdings ist die Klasse der vorderen gerundeten Vokale instabil und variiert in der Form /y/ ~ /wi/, /ø/ ~ /we/. Dabei zeigt besonders die jüngere Generation eine Tendenz zur Verfestigung von /y, ø/. Umgekehrt ist bei der jüngeren Generation die Opposition /e/ – /ɛ/ im Schwinden begriffen und fällt tendenziell in /e/ zusammen, wodurch bei den vorderen ungerundeten Vokalen ein Öffnungsgrad verlorengeht und die Figur dreieckig wird. – Die Vokalquantität ist in heutiger Aussprache nicht distinktiv. Da sie aber erst in jüngerer Zeit geschwunden ist, wird sie für eine kleine Zahl von Wörtern in Wörterbüchern und anderen sprachwissenschaftlichen Werken noch verzeichnet und in einer Art hyperkorrekter Aussprache mitunter auch realisiert. In Wirklichkeit sind jedoch Minimalpaare wie /nun/ ‘Auge’ – /nu:n/ ‘Schnee’ als veraltet anzusehen. In normaler Umgangssprache werden beide Wörter in der Form /nun/ homophon. Entsprechendes gilt für andere Paare dieser Art.

Konsonanten:

	labial	dental	palatal	velar
unmarkierte Verschlußlaute (I)	p	t	c	k
laryngalisierte Verschlußlaute (II)	p’	t’	c’	k’
aspirierte Verschlußlaute (III)	p^h	t^h	c^h	k^h
unmarkierte Frikative (I)		s		h
laryngalisierter Frikativ (II)		s’		
Nasalkonsonanten	m	n		ŋ
Lateral		l		
Approximanten	w		j	

Das koreanische Konsonantensystem besitzt drei Reihen von Verschlußlauten und zwei Reihen von Frikativen, die alle monophonematisch zu interpretieren sind und deren Hauptallophone alle stimmlos sind. Dies wirft terminologische und notationstechnische Probleme auf. Dementsprechend existieren unterschiedliche Beschreibungskonventionen. Die Verschlußlaute I kommen im Anlaut, Inlaut und Auslaut vor und weisen in diesen Stellungen unterschiedliche Allophone auf: Im Anlaut sind sie stimmlos und schwach aspiriert, im Inlaut etwas sonorisiert [b̥] usw., im Auslaut stimmlos und nicht-explodiert. Die Verschlußlaute II und III kommen im Anlaut und Inlaut, aber nicht im Auslaut vor. Sie zeigen keine allophonische Variation. Die Verschlußlaute II sind stimmlos, nicht-aspiriert und laryngalisiert (nicht ejektiv; genaue phonetische Beschreibung bei Ladefoged u. Maddieson 1996: 55 ff.). Die Verschlußlaute III sind stimmlos und stark aspiriert. Wir haben also phonetisch die seltene Erscheinung von drei Stärkegraden von Aspiration vorliegen. Aus verschiedenen Gründen ist es phonologisch angezeigt, die Reihe Verschlußlaute I als unmarkiert, die Reihen II und III als markiert durch die Merkmale 'laryngalisiert' bzw. 'aspiriert' anzusehen. Die Numerierung der Frikative erfolgt analog zu den Verschlußlauten. Demnach ist der Frikativ I /s/ im Anlaut stimmlos und schwach aspiriert, im Inlaut etwas sonorisiert [z̥], im Auslaut nicht vorkommend. Der Frikativ II /s'/ hat keine allophonische Variation: Er ist stimmlos, nicht-aspiriert und laryngalisiert. Im Auslaut kommt er nicht vor.

Die palatalen Verschlußlaute sind affriziert und schwanken um den Wert [tɕ]. – Koreanisch zeigt das für viele ostasiatische Sprachen charakteristische Fehlen einer Opposition von Lateralen und Vibranten.

Der *Wortakzent* ist nicht distinktiv. Er ist nur schwach ausgeprägt und liegt immer auf der ersten Silbe eines Wortes.

8.17 Chinesisch (Peking-Chinesisch)

Vokale:				
	i	y		u
		e	o	
			a	

Auf diesem Vokalsystem (dreistufig, dreiklassig und dreieckig) beruht die chinesische Lateinschrift (Pinyin). Es ist jedoch möglich, mit leicht einsichtigen Regeln [e] und [o] als stellungsbedingte Allophone eines einzigen Phonems zu betrachten, welches am besten mit /ɤ/ wiedergegeben wird. Dann erhalten wir ein Vokalsystem von recht ungewöhnlicher Form:

i	y		u
		ɤ	
		a	

Nur die geschlossenen Vokale weisen drei Klassen auf. Die beiden übrigen Öffnungsgrade bestehen aus nur je einer Klasse, in der die Oppositionen vorne/hinten und gerundet/ungerundet aufgehoben sind.

Nach beiden Interpretationen besteht die Klasse der vorderen gerundeten Vokale allein aus dem Phonem /y/. Zu den Monophthongen kommen zahlreiche Diphthonge und sogar Triphthonge. Die Quantität ist nicht distinktiv.

Konsonanten:

	labial	dental	retroflex	velar
nicht-aspirierte Verschlußlaute	p	t		k
aspirierte Verschlußlaute	p^h	t^h		k^h
nicht-aspirierte Affrikaten		t͡s	t͡ʂ	
aspirierte Affrikaten		$t͡s^h$	$t͡ʂ^h$	
stimmlose Frikative	f	s	ʂ	x
stimmhafter Frikativ			ʐ	
Nasalkonsonanten	m	n		ŋ
Lateral		l		

Abgesehen von dem isolierten Phonempaar /ʂ/ – /ʐ/ kennt das Chinesische keine Stimmbeteiligungskorrelation. Statt dessen ist bei Verschlußlauten und Affrikaten die Aspiration distinktiv.[144] Eine eigene Lautklasse bilden die retroflexen Konsonanten. Auffällig ist das Fehlen von Vibranten. Die Phoneme /k, k^h, x/ haben die Allophone [tɕ, $tɕ^h$, ɕ] vor /i, y/ und die Allophone [k, k^h, x] in allen anderen Stellungen. – Die Quantität ist nicht distinktiv.

144 Aus Gründen der Zeichenökonomie verwendet die chinesische Lateinschrift (Pinyin) diejenigen Buchstaben, die in den meisten europäischen Orthographien den Gegensatz stimmlos – stimmhaft ausdrücken, z. B. /p/ *b* – /p^h/ *p*.

Töne: flach /-/, steigend /´/, fallend-steigend /ˇ/, fallend /`/ (vgl. o. 135).

8.18 Vietnamesisch

Die Beschreibung erfolgt für die Standardsprache, auf der Basis der Lautverhältnisse im Nordvietnamesischen.

Vokale:

i						ɯ	u
	e				ɤ	o	
		ɛ		ʌ	ɔ		
			a, a:				

Das Vokalsystem des Vietnamesischen ist vierstufig, dreiklassig und dreieckig. Die Klasse der hinteren ungerundeten Vokale ist für alle Öffnungsgrade voll ausgebildet. Die Quantitätsopposition gilt nur für /a/. Da diese Opposition isoliert erscheint, versuchen manche Autoren, auch hier einen Qualitätsunterschied anzunehmen, z. B. /ɐ/ – /a/ statt /a/ – /a:/. Nach unseren Beobachtungen ist aber die Quantität bestimmend. Neben den Monophthongen existiert eine große Zahl von diphthongischen und triphthongischen Vokalfolgen, die unter Verwendung der Approximanten /j/ und /w/ ökonomisch und konsistent dargestellt werden können, z. B. /^{2}ŋaj/ *ngày* 'Tag', /^{2}ŋa:j/ *ngài* 'Exzellenz', /^{1}tiə̯w/ *tiêu* 'Pfeffer', /^{1}ŋwyə̯n/ *nguyên* 'Quelle'.

Konsonanten:

	labial	dental	retroflex	palatal	velar	glottal
stimmlose nicht-aspirierte Verschlußlaute		t	ʈ	c	k	
stimmloser aspirierter Verschlußlaut		t^h				
stimmhafte Verschlußlaute	b	d			g	
stimmlose Frikative	f	s		ʃ	x	h
stimmhafte Frikative	v	z		ʒ		
Nasalkonsonanten	m	n		ɲ	ŋ	
Lateral		l				
Vibrant		r				
Approximanten	w			j		

Der stimmlose retroflexe Verschlußlaut /ʈ/ und der aspirierte dentale Verschlußlaut /t^h/ stehen isoliert. Im Auslaut ist die Opposition zwischen stimmlosen und stimmhaften Verschlußlauten neutralisiert zugunsten der stimmlosen. Damit hat das Fehlen eines Phonems */p/ zu tun: Da im Wortanlaut kein [p] vorkommt, wird sein Vorkommen im Wortauslaut als Allophon von /b/ gewertet. – Die Verschlußlaute sind im Auslaut grundsätzlich nicht-explodiert, d. h., der Verschluß wird nicht gelöst.

Töne: 6 Töne (o. 138).

8.19 Hausa

Hausa ist neben Swahili die wichtigste Sprache Schwarzafrikas. Neben ihrem Kerngebiet in Nordnigeria und Niger wird sie in weiten Teilen West- und Zentralafrikas als Verkehrssprache gesprochen. Hausa gehört zu den tschadischen Sprachen, die ihrerseits einen Zweig der afroasiatischen Sprachfamilie bilden.

Vokale:

i				u	
	e		o		± /:/
		a			

Hausa besitzt das bekannte dreistufige, zweiklassige und dreieckige Vokalsystem. Alle Vokale kommen kurz und lang vor. Ähnlich wie im Deutschen werden Langvokale geschlossener, Kurzvokale offener realisiert, z. B. /e:/ ist [e:], /e/ ist [ɛ]. – Neben den Monophthongen existieren zwei monophonematisch zu wertende Diphthonge: /ai̯/ und /au̯/.

Konsonanten:

	labial	dental	palatal	velar	glottal	
stimmlose Verschlußlaute		t	t͜ʃ	k k^j k^w	ʔ	
stimmhafte Verschlußlaute	b	d	d͜ʒ	g g^j g^w		
glottalisierte Verschlußlaute	ɓ	ɗ		ƙ $ƙ^j$ $ƙ^w$		
stimmlose Frikative	f (f^j)	s	ʃ		h	
stimmhafter Frikativ		z				± /:/
glottalisierte Frikative		s’	j’			
Nasalkonsonanten	m	n				
Lateral		l				
Vibranten		r, ɾ				
Approximanten			j	w		

Das Konsonantensystem des Hausa ist recht umfangreich und komplex. Eine hohe Zahl von Konsonantenphonemen ist generell für afroasiatische Sprachen charakteristisch (vgl. 8.14 Arabisch). Wie beim Arabischen fallen auch beim Hausa das Fehlen eines Phonems */p/ und umgekehrt die Existenz des glottalen Verschlußlautes /ʔ/ auf. Die phonetische Realisierung des Phonems /f/ ist bilabial [ɸ].

Bei Verschlußlauten und Frikativen existiert je eine Reihe von glottalisierten Phonemen. Dabei ist 'glottalisiert' ein Oberbegriff für zwei komplementär verteilte Artikulationen: Die labialen und dentalen Verschlußlaute /ɓ, ɗ/ werden implosiv, alle übrigen 'glottalisierten' Konsonanten werden ejektiv artikuliert. Die graphische Wiedergabe bereitet Schwierigkeiten, da bei den velaren Verschlußlauten weitere Modifizierungen gekennzeichnet werden müssen (s. u.). Wir markieren alle glottalisierten Verschlußlaute einheitlich durch einen Haken (entsprechend der Hausa-Orthographie), die glottalisierten Frikative dagegen durch das IPA-Zeichen für 'ejektiv'. Das Phonem /s'/ weist in der Realisierung die freie Variation [s'] ~ [t͡s'] auf. Weiterhin fällt auf, daß die Stimmbeteiligung bei den 'glottalisierten' Konsonanten redundant ist und an die jeweilige Artikulationsart und -stelle gebunden ist: Bei den Verschlußlauten sind labiale und dentale immer stimmhaft, die velaren dagegen stimmlos. Bei den Frikativen ist dental gleich stimmlos, palatal dagegen stimmhaft.

Die velaren Verschlußlaute weisen drei Spalten mit zwei Korrelationen auf: 1. nicht-modifiziert, 2. palatalisiert, 3. labialisiert. Außerdem existiert als marginales Phonem ein palatalisiertes /fʲ/, welches nur in ganz wenigen Wörtern vorkommt. Palatalisierung und Labialisierung werden hier – gemäß den Konventionen der IPA – durch die Exponenten ʲ und ʷ gekennzeichnet. Da der Approximant /w/ genaugenommen zwei Artikulationsstellen hat (velar und labial, sog. synchrone Artikulation), wird er hier der Spalte der labialisierten Velare zugeordnet, für die die gleichen beiden Artikulationsstellen gelten.

Die beiden *r*-Phoneme unterscheiden sich sowohl quantitativ wie qualitativ: /r/ ist gerollt und dental, /ɾ/ ist geschlagen und retroflex. – Die Quantitätsunterscheidung gilt im Prinzip für alle Konsonanten, wobei gewisse Restriktionen auftreten können.

Töne: Hausa ist eine Tonsprache im strengen Sinn. Es besitzt 3 Töne (in Klammern die in der Afrikanistik übliche Kennzeichnung): hoch (´), tief (`), fallend (ˆ). Diese Töne sind sowohl lexikalisch als auch grammatikalisch distinktiv (vgl. o. 140).

8.20 Pfälzisch (Stadt Landau)

Wir stellen zum Abschluß dieses Kapitels das Phonemsystem eines deutschen Dialekts vor, um auf diese Weise die strukturelle Eigenständigkeit von Dialekten zu demonstrieren. Aus diesem Grunde weisen wir auch auf die Unterschiede des Phonemsystems von Landau gegenüber demjenigen der deutschen Standardsprache hin.

Vokale:

i		u	} ± /:/
e		o	
ɛ			
	a		

Diphthonge: /ai̯, au̯/.

Wie im Standarddeutschen existiert außerdem ein unklassifiziertes [ə] in unbetonter Silbe. – Das Phonemsystem von Landau ist zweiklassig, vierstufig (asymmetrisch) und dreieckig. Gegenüber dem standarddeutschen System fällt zunächst das Fehlen der Klasse 'vordere gerundete Vokale' auf. Mindestens ebenso bemerkenswert ist, daß die Quantitätsopposition ausnahmslos für alle Vokalqualitäten gilt, auch für die Stufen /e/ und /ɛ/. Diese beiden Phoneme weisen daher nicht die für das Standarddeutsche charakteristische Abhängigkeit von Quantität und Qualität auf. Statt dessen gibt es phonologische Oppositionen und damit Minimalpaare, wie sie im Standarddeutschen nicht möglich sind (vgl. 58):

/hel/ 'Hölle' – /hɛl/ 'hell'
/hel/ 'Hölle' – /he:l/ 'Höhle'
/ʃɛl/ 'Schelle, Klingel' – /ʃɛ:l/ 'scheeläugig'

Die Zahl der Diphthonge weicht ebenfalls vom Standarddeutschen ab.[145]

[145] Die Nasalierung bei Vokalen und Diphthongen ist phonologisch

Konsonanten:

	labial	dental	palatal	velar	glottal
stimmlose Verschlußlaute	p	(t)		k	
stimmhafte Verschlußlaute	b	d		g	
Affrikaten		t͜s	t͜ʃ		
stimmlose Frikative	f	s	ʃ	x	h
stimmhafter Frikativ	v				
Nasalkonsonanten	m	n		ŋ	
Lateral		l			
Vibrant				r	
Approximant			j		

Gegenüber dem Standarddeutschen fehlen die Affrikate */p͜f/ sowie */z/ als stimmhaftes Gegenstück zu /s/. Dagegen ist es angebracht, ein zusätzliches Phonem /t͜ʃ/ anzusetzen. – Der Vibrant /r/ ist in der Stadt Landau ausschließlich uvulares [ʀ], in den umliegenden Dörfern kommt jedoch auch dentales [r] vor.

Die Unterschiede zwischen dem Dialekt von Landau und dem Standarddeutschen erscheinen beim Konsonantensystem weniger ausgeprägt als beim Vokalsystem. Dieser Anschein täuscht jedoch ein wenig. Die Einklammerung von /t/ weist auf den marginalen Status dieses Phonems hin. Mit diesem Umstand ist eine schwierige Problematik verknüpft. Viele standarddeutsche Wörter mit /t/ haben im Pfälzischen Entsprechungen mit /d/: /daʃ/ 'Tasche', /diʃ/ 'Tisch', /di:r/ 'Tür', /dɛ:l/ 'Teil' u. v. a. Man könnte geradezu sagen, das Phonem /t/ finde sich im Pfälzischen nur in 'Fremdwörtern', wie z. B. in /tord/ 'Torte'.[146] Im Wortinnern steht nicht nur pfälzisch /d/ anstelle von standarddeutsch /t/, sondern auch /b, g/ anstelle von /p, k/: /bidə/ 'bitten', /migə/ 'Mücken', /rigə/ 'Rücken' u. v. a. Im Pfälzischen sind also /b, d, g/ sehr viel stärker belastet als /p, t, k/, während im Standarddeutschen die Belastung für beide Lautklassen etwa gleich stark ist. Eine genauere *phonetische* Untersuchung zeigt zudem, daß /b, d, g/ in den meisten Fällen entsonorisiert gesprochen werden, in enger phonetischer

nicht distinktiv. Standardsprachliche Paare wie *Reihe – Rhein*, *Weihe – Wein* werden im Dialekt von Landau homophon: /rai̯/, vai̯/.

[146] Im Pfälzischen wie in jedem anderen Dialekt ist ein Wort, welches direkt aus der Standardsprache übernommen wurde, ein 'Fremdwort'.

Transkription als [b̥, d̥, g̊], wenn nicht gar [p, t, k] (ohne Aspiration!). Demgegenüber sind in enger phonetischer Transkription /p, k/ und das seltene /t/ mit Aspiration zu versehen, also [p^h, t^h, k^h].

Bei dieser Sachlage kann man sich ernsthaft fragen, ob nicht die *Merkmalhaftigkeit* und damit die Reihenfolge der beiden Verschlußlautzeilen *umgekehrt* werden sollten. Im Standarddeutschen steht die Zeile 'stimmlose Verschlußlaute' zuerst, da sie *merkmallos* ist (keine Stimmhaftigkeit), während die zweite Zeile 'stimmhafte Verschlußlaute' sich gegenüber der ersten Zeile durch ein zusätzliches Merkmal, eben die Stimmhaftigkeit, auszeichnet. Im Pfälzischen könnte es dagegen angebracht erscheinen, die Aspiration zum distinktiven Merkmal zu erheben und damit die Reihenfolge der beiden ersten Zeilen umzukehren. Aus

p	(t)	k
b	d	g

in der obigen Tabelle würde dann:

p	t	k
p^h	(t^h)	k^h

In phonologischer Schreibweise würden wir dann erhalten: /taʃ/ 'Tasche', /tiʃ/ 'Tisch' usw., andererseits /p^{h}ikə/ 'picken', /k^{h}us/ 'Kuß', /t^{h}ort/ 'Torte' usw.

Wenn wir dieser Analyse folgen, würde sich das pfälzische Konsonantensystem, welches dem standarddeutschen nach der obigen Konsonantentabelle zunächst recht ähnlich sieht, sogar ganz erheblich vom Standarddeutschen unterscheiden. Wir können diese Problematik hier nicht weiterverfolgen.[147] Wir weisen aber noch einmal auf die strukturelle Eigenständigkeit jedes, auch des kleinsten, Dialektes hin. Die Entscheidung muß letztlich sprachimmanent erfolgen. Wenn wir das Pfälzische von Landau als ein in sich geschlossenes System betrachten, wäre die letztere Interpretation vielleicht sogar vorzuziehen. Die Konsonantentabelle auf S. 180 wäre dann entsprechend zu ändern. Wenn wir das

[147] Das Problem besteht in ähnlicher Form für alle mitteldeutschen Dialekte.

Pfälzische dagegen aus dem Blickwinkel des Standarddeutschen lediglich als 'Abweichung' betrachten, kommen wir automatisch zu einer Darstellung wie der obigen, vielleicht ohne uns der darin liegenden Problematik überhaupt bewußt zu werden.

9. PHONOTAKTIK

9.1 Paradigmatisch – syntagmatisch

Zu den fundamentalen Begriffen der Sprachwissenschaft gehört die Dichotomie *paradigmatisch – syntagmatisch*. Auf allen sprachlichen Beschreibungsebenen können Beziehungen beider Arten voneinander unterschieden werden. *Paradigmatisch* sind die Beziehungen zwischen Einheiten der Sprache, die in einem gegebenen Kontext *gegeneinander ausgetauscht* werden können (*füreinander substituierbar* sind). Mehrere Einheiten dieser Art, die zur selben Beschreibungsebene gehören, bilden ein *Paradigma. Syntagmatisch* sind die Beziehungen zwischen Einheiten der Sprache, die in einem gegebenen Kontext *aufeinanderfolgen*. Mehrere Einheiten dieser Art, die zur selben Beschreibungsebene gehören, bilden ein *Syntagma*.

Auf der Ebene der *Phonologie* bilden die Phoneme einer Sprache ein (phonologisches) Paradigma. Die Phoneme sind diejenigen lautlichen Einheiten, die gegeneinander ausgetauscht werden können und dadurch einen Bedeutungsunterschied hervorrufen. Wir haben uns bisher fast ausschließlich mit der Ermittlung der Phoneme einer Sprache und ihrer Anordnung zu einem System, d. h. mit paradigmatischen Beziehungen auf der lautlichen Ebene befaßt. Gelegentlich haben wir auch schon syntagmatische Überlegungen vorweggenommen. Dies war unvermeidlich, wenn wir bei der Aufstellung des phonologischen Paradigmas nicht zu falschen Ergebnissen kommen wollten. Eine solche Überlegung war z. B. der Hinweis, daß man nach minimalen Oppositionen nicht immer in derselben Stellung (z. B. wortanlautend) suchen dürfe, da eventuell bestimmte Oppositionen in bestimmten Stellungen nicht vorkommen (vgl. o. 64 ff.). Mit anderen Worten, die Aufeinanderfolge der Phoneme bei der Bildung von Wörtern ist nicht beliebig, sondern bestimmten Gesetzmäßigkeiten und Beschränkungen unterworfen, die von Sprache zu Sprache verschieden sind. Daß */ŋfuvʃ/ kein Wort der deutschen Sprache ist, obwohl dieses Gebilde nur Einheiten aus dem Phonemsystem des Deutschen enthält, kann jeder/jede Deutschsprachige erkennen. Diese syntagmatischen Gesetzmäßigkeiten zu ermitteln, ist Aufgabe der Phonotaktik. Die *Phonotaktik* (oder *Phonemkombinatorik*) untersucht die *Möglichkeiten der Reihenfolge und der gegenseitigen Kombinierbarkeit von Phonemen.*

Zur Verdeutlichung des Begriffspaares paradigmatisch – syntagmatisch zeigen wir kurz einige Verwendungsweisen auf anderen als der lautlichen Beschreibungsebene. Im Bereich der *Morphologie* bestehen paradigmatische Beziehungen z. B. zwischen Formen wie *(ich) laufe, (du) läufst, (er/sie/es) läuft, (wir) laufen, (ihr) lauft, (sie) laufen* oder zwischen lat. *amicus, amici, amico, amicum* ... Solche morphologisch zusammengehörenden Formen, die von jeweils *einem* Stamm abgeleitet sind, bilden ein *morphologisches Paradigma.* Diese Verwendungsweise ist so verbreitet, daß das morphologische Paradigma häufig als das 'Paradigma' schlechthin angesehen wird. Über der beherrschenden Stellung des Begriffs 'Paradigma' im Bereich der Morphologie darf man nicht vergessen, daß dieser Begriff auch in anderen Bereichen existiert. Zwischen den Morphemen, aus denen sich ein Wort zusammensetzt, bestehen syntagmatische Beziehungen. Zu den Gesetzmäßigkeiten in diesem Bereich gehört z. B. die Unterscheidung von Präfixen und Suffixen und die festgelegte Reihenfolge mehrerer Präfixe oder Suffixe in einem Wort. Im Deutschen ist *ver-* ein Präfix, *-ung* ein Suffix. Die drei Suffixe in *Ver-ein-heit-lich-ung* stehen obligatorisch in eben dieser Reihenfolge, also nicht z. B. **Vereinlichungheit.*

Im Rahmen der *Syntax* bestehen paradigmatische Beziehungen zwischen verschiedenen Satztypen, wie z. B. Aussagesatz – Fragesatz, transitiver Satz – intransitiver Satz, Kausalsatz – Temporalsatz – Relativsatz – Konditionalsatz. Innerhalb der Syntax lassen sich wiederum verschiedene Ebenen unterscheiden. Unterhalb der Ebene des ganzen Satzes, aber oberhalb der Ebene der Morphologie, bestehen paradigmatische Beziehungen zwischen Konstruktionen wie *der Hund, dieser Hund, jener Hund, mancher Hund, kein Hund, sein Hund* usw. Zu den syntagmatischen Beziehungen gehört die Reihenfolge der Wörter im Satz. So hat z. B.

ein Aussagesatz im Deutschen normalerweise die Reihenfolge Subjekt–Prädikat–Objekt. Wenn man diese Reihenfolge in Prädikat–Subjekt–Objekt vertauscht, wird aus dem Aussagesatz ein Fragesatz *(Du bist müde. – Bist du müde?).*

Im Bereich der *Semantik* bestehen paradigmatische Beziehungen zwischen den Wörtern eines Wortfeldes, z. B. *Stuhl, Sessel, Sofa, Hocker, Bank* usw. innerhalb des Wortfeldes 'Sitzmöbel'. Man kann das Wortfeld geradezu als semantisches Paradigma bezeichnen. Syntagmatischer Natur sind die sog. *wesenhaften Bedeutungsbeziehungen*, wie sie bestehen z. B. zwischen *bellen* und *Hund, fällen* und *Baum, blond* und *Haar.*

Eine Verbindung von semantischen und syntaktischen Paradigmen kommt in den sog. *Strukturmustern* oder *Strukturübungen* (engl. *pattern drills*) zum Ausdruck, wie sie in der Fremdsprachendidaktik zum Einüben des Wortschatzes im Rahmen bestimmter syntaktischer Muster verwendet werden, z. B.

ich gehe zur Schule
ich gehe zum Bahnhof
ich gehe ins Kino
ich gehe nach Hause usw.

Die Phonotaktik (oder allgemeiner formuliert: die syntagmatische Phonologie) untersucht also, nach welchen Gesetzen die Wörter einer Sprache aus den zur Verfügung stehenden Einheiten des Phoneminventars (= phonologisches Paradigma) aufgebaut oder zusammengesetzt werden. Dies kommt sehr anschaulich in dem Titel ›Die Architektonik des deutschen Wortschatzes‹ des klassischen Werkes von Menzerath (1954) zum Ausdruck.

9.2 Silbenstruktur

Der Aufbau der Wörter einer Sprache ergibt sich zunächst aus der Untersuchung der *Silbenstruktur.* Eine Silbe besteht aus einem obligatorischen *Silbenkern* und einem (meist fakultativen) *Silbenrand.* Der Silbenkern besteht in der Regel aus einem Vokal. Dies kann jede Art von Vokal sein, welche in der betreffenden Sprache als phonologische Kategorie vorkommt, also ein Kurzvokal, ein

Langvokal, ein Oralvokal, ein Nasalvokal, ein Monophthong, ein Diphthong (sofern letzterer monophonematisch interpretiert wird).

Der Silbenrand besteht in der Regel aus einem oder mehreren Konsonanten, die dem Silbenkern vorausgehen und/oder ihm folgen. Er ist insofern fakultativ, als ein Wort auch aus einem vokalischen Kern allein bestehen kann, z. B. im Französischen /o/ *eau* 'Wasser', /u/ *houe* 'Hacke', /i/ *y* 'dort', /e/ *et* 'und', /ø/ *œufs* 'Eier', /y/ *eu* 'gehabt', /ɛ/ *haie* 'Hecke', /œ̃/ *un* 'ein', /ɑ̃/ *an* 'Jahr'. Im Deutschen gibt es – wenn man von Interjektionen *(oh, ah)* und Namen (Flußnahme *Aa*) absieht – genau drei Wörter dieses Typs: /e:/ *eh*, /ai̯/ *Ei*, /au̯/ *Au*. Wir können den vokalischen Kern mit V, jeden Konsonanten des Silbenrands mit K symbolisieren. Dann erhalten wir für die deutschen Einsilbler folgende Strukturen:

V	/ai̯/	*Ei*
KV	/du:/	*du*
KKV	/fro:/	*froh*
KKKV	/ʃtrɔi̯/	*Streu*
VK	/an/	*an*
KVK	/bal/	*Ball*
KKVK	/klaŋ/	*Klang*
KKKVK	/ʃtra:l/	*Strahl*
VKK	/ast/	*Ast*
KVKK	/mist/	*Mist*
KKVKK	/brust/	*Brust*
KKKVKK	/ʃtrant/	*Strand*
VKKK	/o:pst/	*Obst*
KVKKK	/markt/	*Markt*
KKVKKK	/ʃvulst/	*Schwulst*
VKKKK	/ernst/	*Ernst*
KVKKKK	/herpst/	*Herbst*

Affrikaten, sofern sie monophonematisch interpretiert werden, gelten als K:

/t͜sai̯t/	*Zeit*	= KVK
/p͜fe:rt/	*Pferd*	= KVKK
/malt͜s/	*Malz*	= KVKK
/ʃtrump͜f/	*Strumpf*	= KKKVKK

Man könnte weiter differenzieren, indem man unterscheidet zwischen V = Kurzvokal, V: = Langvokal und VV̯ = Diphthong.

Auch dabei würden sich charakteristische Strukturen und bestimmte Gesetzmäßigkeiten ergeben.

Weiterhin wäre zu differenzieren zwischen reinen Stammformen und Wörtern, die eine Morphemgrenze enthalten. Unter den obigen Beispielen finden sich ausschließlich reine Stammformen. Die Kombinationsmöglichkeiten für Wörter dieser Art sind mit den oben aufgeführten Strukturtypen erschöpft. Zusätzliche Stukturen erhalten wir jedoch, wenn wir Wörter mit Morphemgrenze (flektierte Formen) hinzuziehen:

KKVKKKK	/ʃvaŋkst/	*(du) schwankst*
KKKVKKK	/ʃprixst/	*(du) sprichst*
	/ʃtrolxt/	*(er/sie) strolcht*
KKKVKKKK	/ʃtrolxst/	*(du) strolchst*

Dies sind alle vorkommenden Silbenstrukturen von deutschen Einsilblern. Als nächstes wären zweisilbige Wörter zu untersuchen, dann dreisilbige usw. Bei jedem Strukturtyp könnte unterschieden werden zwischen Stammformen und flektierten Formen, z. B. für zweisilbige Wörter (– deutet die Morphemfuge an):

KKVKV	/krai̯də/	*Kreide*
KKVK–V	/krai̯zə/	*Kreise*

Die vollständige Erfassung aller Silbentypen für alle ein- und mehrsilbigen Wörter einer Sprache kann ein recht umfangreiches Unterfangen sein. Sie kann unter Umständen aber auch sehr schnell vonstatten gehen. Dies hängt von der Komplexität der Silbenstruktur der betreffenden Sprache ab. Das Deutsche gehört zu den komplexeren Sprachen in diesem Bereich. Eine entsprechende Untersuchung für das Spanische oder das Finnische würde wesentlich weniger Silbentypen zutage fördern und wäre daher schneller abgeschlossen. Die Sprachen der Welt unterscheiden sich in dieser Hinsicht ganz beträchtlich. Manche Sprachen besitzen nur Silben vom Typ V und KV. Mehrsilbige Wörter können dann nur aus einer Aneinanderreihung dieser beiden Silbentypen bestehen. Extrem einfache Silbenstrukturen haben z. B. manche Sprachen Westafrikas (z. B. Yoruba) oder ozeanische Sprachen (z. B. Samoanisch). Besonders komplexe Silbenstrukturen zeigen umgekehrt z. B. kaukasische Sprachen (bes. westkaukasische

Sprachen, z. B. Ubychisch) und Indianersprachen der Nordwestküste Nordamerikas (z. B. Bella Coola). Das Deutsche stellt im Weltmaßstab kein Extrem dar, befindet sich aber durchaus oberhalb eines angenommenen Durchschnitts. Innerhalb Europas gehört Deutsch aber zu den extremen Sprachen in diesem Bereich (zusammen mit den slawischen Sprachen). Detaillierte Untersuchungen zur Silbenstruktur des Deutschen finden sich bei Menzerath (1954) und Seiler (1962).

Die Beschreibung der Silbenstruktur einer Sprache ist kaum weniger wichtig als die Ermittlung des Phonemsystems. Wie schon festgestellt, unterscheiden sich die Sprachen der Welt in dieser Hinsicht sehr stark. Die Typen der erlaubten Silbenkonstruktionen sind für eine Sprache ebenso charakteristisch wie das Inventar der Phoneme. Dies zeigt sich z. B. bei kontrastiven Betrachtungen. Sprecher von Sprachen mit einfacher Silbenstruktur haben erhebliche Ausspracheschwierigkeiten beim Erlernen einer Sprache mit komplexer Silbenstruktur. Dabei kommt es zu vielfältigen Interferenzerscheinungen (vgl. Ternes 1978). Ähnliche Erscheinungen lassen sich bei Entlehnungen zwischen Sprachen von unterschiedlicher Silbenstruktur beobachten, z. B. span. *espía* 'Spion' aus got. **spaíha* (vgl. dt. *spähen*), finn. *lasi* 'Glas' aus schwed. *glas*. Schließlich kann ein und dieselbe Sprache ihre Silbenstruktur im Laufe ihrer diachronen Entwicklung entscheidend verändern, vgl. span. *escribir* 'schreiben' aus lat. *scribere*, frz. *espérer* 'hoffen' aus lat. *sperare*. Bei allen genannten Beispielen handelt es sich darum, daß eine bestimmte Sprache oder Sprachform bestimmte KK-Verbindungen im Wortanlaut nicht zuläßt und daher bestimmte Umgestaltungen vornimmt. Diese können von Sprache zu Sprache wiederum sehr verschieden sein, z. B. Weglassen eines der beiden Konsonanten (finn. *lasi*), Einschub eines prothetischen Vokals (span. *espía*) (vgl. erneut Ternes 1978).

9.3 Distributionsbeschränkungen

Für die Schreibung der Silbenstrukturformeln (Kap. 9.2) haben wir die Symbole K und V für jeden beliebigen Konsonanten bzw. jeden beliebigen Vokal, der an der betreffenden Stelle erscheinen kann, verwendet. Im Rahmen einer noch genaueren Untersuchung kann festgestellt werden, um welche Konsonanten oder Vokale es sich im einzelnen handelt. Denn nicht jeder Konsonant oder Vokal kann in jeder Position vorkommen. Dabei ist es oft ökonomischer und auch einprägsamer, das Vorkommen negativ zu beschreiben, d. h., es wird nicht festgehalten, in welcher Stellung welches Phonem vorkommen kann, sondern in welcher Stellung welches Phonem *nicht* vorkommen kann. Zu diesen sog. *Distributionsbeschränkungen* gehören im Deutschen u. a. folgende:

1. Die Opposition stimmlos – stimmhaft ist bei paarigen Konsonanten im Auslaut zugunsten der stimmlosen aufgehoben (‘Auslautverhärtung’). Folgende Konsonantenphoneme kommen im Auslaut also nicht vor: /b, d, g, v, z/.

2. Die Opposition /s/ – /z/ ist im Anlaut zugunsten von /z/ aufgehoben. Im Anlaut kommt also kein /s/ vor, vgl. /zi:k/ *Sieg*.

3. Das Phonem /ŋ/ kommt wort- und morphemanlautend nicht vor. Es steht also nur in- und auslautend, vgl. /ziŋən/ *singen*, /laŋ/ *lang*.

4. Das Phonem /h/ kommt wortauslautend nicht vor. Abgesehen von einigen ganz wenigen Ausnahmen (z. B. *Uhu*) kommt es auch intervokalisch nicht vor, vgl. /ze:ən/ *sehen*, /e:ə/ *Ehe*.[148]

5. Im betonten Auslaut sind nur lange Vokale oder Diphthonge möglich, keine kurzen Vokale, vgl. /fi:/ *Vieh*, /ze:/ *See*, /ro:/ *roh*, /zau̯/ *Sau*, /nɔi̯/ *neu*, nicht */fi/, */ze/, */ro/; /magí:/ *Magie*, nicht */magí/.

9.4 Konsonantengruppen, Vokalgruppen

Ein Sonderfall von Distributionsbeschränkung betrifft die Verbindung von Konsonanten untereinander, also *Konsonantengruppen* wie KK, KKK usw. So ist z. B. die Konsonantengruppe /zl/ im Deutschen nicht erlaubt. Bei den Konsonantengruppen ist es günstiger, positiv zu formulieren, d. h. anzugeben, welche Konso-

148 Aussprachen wie [e:hə] *Ehe* sind von der Orthographie beeinflußt und als hyperkorrekt zu werten.

nantengruppen tatsächlich vorkommen. Andere als diese tatsächlich vorkommenden Gruppen erliegen dann Distributionsbeschränkungen. Bei der Aufzählung muß unterschieden werden zwischen zweigliedrigen, dreigliedrigen, viergliedrigen usw. Konsonantengruppen. Weiterhin muß unterschieden werden zwischen dem Vorkommen in Anlaut, Inlaut und Auslaut. Schließlich ist zu unterscheiden zwischen Konsonantengruppen mit und ohne Morphemfuge. Bei einer Sprache, die eine so komplexe Silbenstruktur aufweist wie das Deutsche, erfordert dies alles langwierige Untersuchungen.

Es ist zweckmäßig, die Konsonantengruppen übersichtlich und phonetisch sinnvoll anzuordnen. Am besten geschieht dies in der Form von Matrizen. Dabei werden die Konsonanten linear so aneinandergereiht, wie es den Zeilen (= Artikulationsarten) des Systems der Konsonantenphoneme (o. 104) entspricht. Wir exemplifizieren dies an einer Matrix für die zweigliedrigen Konsonantengruppen (ohne Morphemfuge) im Anlaut deutscher Wörter:

	p	t	k	b	d	g	p͜f	t͜s	f	s	ʃ	x	h	v	z	m	n	ŋ	l	r	j
p																			+	+	
t																				+	
k														+			+		+	+	
b																			+	+	
d																				+	
g																	+		+	+	
p͜f																			+	+	
t͜s														+							
f																			+	+	
s																					
ʃ	+	+												+		+	+		+	+	
x																					
h																					
v																					
z																					
m																					
n																					
ŋ																					
l																					
r																					
j																					

Die senkrechte Spalte links gibt das erste Glied der Konsonantengruppe an, die waagerechte Zeile oben das zweite Glied. Ein + bedeutet, daß die betreffende Gruppe vorkommt, ein freies Feld, daß sie nicht vorkommt. Beispiele:

/pl/:	/plat͜s/	*Platz*	/p͜fl/:	/p͜flau̯mə/	*Pflaume*
/pr/:	/prai̯s/	*Preis*	/p͜fr/:	/p͜fri:m/	*Pfriem*
/tr/:	/tra:gən/	*tragen*	/t͜sv/:	/t͜svaŋ/	*Zwang*
/kv/:	/kvelə/	*Quelle*	/fl/:	/flax/	*flach*
/kn/:	/kni:/	*Knie*	/fr/:	/frai̯/	*frei*
/kl/:	/klai̯t/	*Kleid*	/ʃp/:	/ʃpit͜s/	*spitz*
/kr/:	/krai̯s/	*Kreis*	/ʃt/:	/ʃtat/	*Stadt*
/bl/:	/blat/	*Blatt*	/ʃv/:	/ʃvai̯n/	*Schwein*
/br/:	/bro:t/	*Brot*	/ʃm/:	/ʃmuk/	*Schmuck*
/dr/:	/drek/	*Dreck*	/ʃn/:	/ʃnu:r/	*Schnur*
/gn/:	/gna:də/	*Gnade*	/ʃl/:	/ʃlau̯x/	*Schlauch*
/gl/:	/gli:t/	*Glied*	/ʃr/:	/ʃrek/	*Schreck*
/gr/:	/gro:s/	*groß*			

Die Gesamtzahl der zweigliedrigen Konsonantengruppen im Anlaut deutscher Wörter ist 25. Die Tabelle erlaubt viele interessante Beobachtungen, z. B.:

1. Als erste Konsonanten kommen vor: /p, t, k, b, d, g, p͜f, t͜s, f, ʃ/.
2. Als zweite Konsonanten kommen vor: /p, t, v, m, n, l, r/.
3. Die einzigen Konsonanten, die als erstes *und* zweites Glied fungieren können, sind /p, t/.
4. Der häufigste Konsonant als erstes Glied ist /ʃ/ (7mal), gefolgt von /k/ (4mal).
5. Der häufigste Konsonant als zweites Glied ist /r/ (9mal), gefolgt von /l/ (7mal).
6. Überhaupt nicht an Konsonantengruppen beteiligt sind folgende Konsonanten: /s, x, h, z, ŋ, j/.
7. /p, b/ bilden Gruppen mit /l/ und /r/, /t, d/ dagegen nur mit /r/.

Ähnliche Tabellen wären für zweigliedrige Konsonantengruppen im In- und Auslaut sowie für drei- und mehrgliedrige Gruppen zu erstellen.

Manche Sprachen erlauben *Vokalgruppen*, die sich über mehrere Silben verteilen (im Gegensatz zu Diphthongen, die immer zu *einer* Silbe gehören). Diese können in ähnlichen Matrizen wie die Konsonantengruppen dargestellt werden.

9.5 Grenzsignale

Wir haben durch induktives Vorgehen die Gesetzmäßigkeiten ermittelt, nach denen die Phoneme einer Sprache miteinander kombiniert werden können. Eine negative Formulierung dieser Gesetzmäßigkeiten führt zur Angabe von *Distributionsbeschränkungen*, wodurch Einschränkungen im syntagmatischen Vorkommen der Phoneme zum Ausdruck kommen. Diese Beschränkungen beziehen sich auf Positionen wie Wortanlaut, -inlaut oder -auslaut, auf Morphemgrenzen, auf die Silbenzahl (erste Silbe, zweite Silbe, letzte Silbe usw.), auf die Position zum Wortakzent (betonte Silbe, unbetonte Silbe, vortonige Silbe usw.) u. a. Durch eine Umkehrung der Blickrichtung kann man die Kenntnis der Distributionsbeschränkungen zugrunde legen und von diesen auf eben jene Positionen schließen, auf die sie sich beziehen. Die Funktion, die eine Distributionsbeschränkung auf diese Weise bekommt, hat *delimitativen* (oder *demarkativen*) Charakter und wird als *Grenzsignal* bezeichnet. Letztlich können alle syntagmatischen Gesetzmäßigkeiten einer Sprache als Grenzsignal dienen. Natürlich wird man dabei vornehmlich solche Gesetzmäßigkeiten auswählen, die in bezug auf ihren delimitativen Charakter besonders aussagekräftig sind.

Die in Kap. 9.3 formulierten Distributionsbeschränkungen für Konsonantenphoneme des Deutschen besagen in ihrer Eigenschaft als Grenzsignale folgendes:

1. 'Auslautverhärtung': Das Vorkommen der Phoneme /b, d, g, v, z/ besagt, daß nach ihnen das Wort nicht zu Ende sein kann. Es kann sich nur um Wortanfang (oder Anfang eines Wortstammes, vgl. *bedeuten*) oder Wortinneres handeln.

2. Umgekehrt besagt das Vorkommen der Phoneme /s, ŋ/, daß an dieser Stelle das Wort nicht beginnen kann. Es kann sich nur um Wortinneres oder Wortende handeln.

3. Das Vorkommen des Phonems /h/ besagt, daß – abgesehen von ganz wenigen Ausnahmen – an dieser Stelle ein Wort (oder ein Wortstamm, vgl. *behalten*) beginnt.

In ähnlicher Weise können Konsonantengruppen, die in ihrem Vorkommen auf eine bestimmte Position beschränkt sind, als Grenzsignale dienen. So kann die Konsonantengruppe /rn/ im Deutschen wortinlautend und wortauslautend vorkommen (vgl. *lernen*, *gern*), aber nicht anlautend. Folglich ist ihr Vorkommen ein Hinweis darauf, daß es sich nicht um den Anfang eines Wortes handeln kann. Umgekehrt ist die Konsonantengruppe /t͜sv/ nur im Anlaut erlaubt, ihr Vorkommen weist also auf den Wortanfang hin usw. Die Kenntnis von Gesetzmäßigkeiten dieser Art kann übrigens eine wichtige Rolle bei der Entschlüsselung von chiffrierten Texten spielen.

Dies waren Grenzsignale auf der phonologischen Ebene. Aber auch syntagmatische Erscheinungen, die keinen phonologischen Status besitzen, können delimitative Funktion haben. Dies wird gelegentlich zur Entscheidungsfindung bei der phonologischen Analyse herangezogen. Ein charakteristischer Fall ist der Glottalverschlußlaut [ʔ] im Deutschen. Eine Untersuchung seines syntagmatischen Verhaltens ergibt, daß er nur wortanlautend ([ʔaxtʊŋ] *Achtung*) oder stammanlautend ([bəˈʔaxtən] *beachten*) vor Vokal vorkommt. Umgekehrt *muß* jedem Vokal in diesen beiden Positionen ein Glottalverschlußlaut vorangehen. Daraus folgt, daß das Phon [ʔ] zwar eine delimitative, aber keine distinktive Funktion hat. Es tritt automatisch in bestimmten Positionen auf. Daher wird es nicht als Phonem gewertet, sondern als eine vorhersagbare, rein phonetische Eigenschaft. Für Fälle wie [bəˈʔaxtən] *beachten* setzt diese Interpretation allerdings voraus, daß die Morphemgrenze (*be-achten*) bekannt ist. Damit erhält notgedrungen die Morphemgrenze phonologischen Status (s. Kap. 10 Junktur).

Zu den rein phonetischen Eigenschaften, die als Grenzsignale dienen können, gehört auch der Wortakzent, sofern dieser aufgrund der Silbenzahl vorhersagbar ist. In Sprachen mit Anfangsakzent (z. B. Finnisch, Ungarisch, Tschechisch, Isländisch) weist die Hervorhebung einer Silbe darauf hin, daß es sich um die erste Silbe des Wortes handelt. Entsprechendes gilt für Sprachen, deren Wortakzent auf der letzten Silbe, der vorletzten Silbe liegt usw.[149]

149 Zur Verwendung einer weiteren phonetischen Eigenschaft im *seg-*

Grenzsignale können eine wichtige kommunikative Funktion haben. Indem sie Hinweise auf Wortgrenzen, Morphemgrenzen und bestimmte Positionen geben, erleichtern sie dem Hörer die grammatische Analyse und damit das Verständnis eines gesprochenen Textes. Zum Beispiel sind in einer Sprache wie Ungarisch durch den starken Anfangsakzent die Wörter als grammatische Einheiten leicht herauszuhören, selbst dann, wenn man keine weiteren Kenntnisse von der Sprache besitzt. Umgekehrt wird in einer Sprache wie Französisch das Hörverständnis erschwert, da hier in einem gesprochenen Text die einzelnen Wortakzente (bei isolierten Wörtern auf der letzten Silbe) zugunsten eines übergeordneten Satzakzents vollständig verschwinden. Damit ist das Wort als phonetische Einheit suprasegmental nicht mehr erkennbar. Dieses weitgehende Fehlen von Grenzsignalen, welches auch für den segmentalen Bereich gilt, stellt im Französischen eine der wichtigsten Voraussetzungen für die Bildung von sog. *calembours* (Wortspielen) dar.[150] So sind z. B. die Folgen *il est ouvert* 'er ist offen' und *il est tout vert* 'er ist ganz grün' in der Aussprache [ilɛtu'vɛːʀ] völlig identisch. Weder segmental noch suprasegmental ist festzustellen, wo die Wortgrenzen liegen und um wie viele Wörter es sich überhaupt handelt.[151]

mentalen Bereich, nämlich unterschiedlich starker Grade von Aspirierung im Deutschen und Englischen, in delimitativer Funktion s. Kap. 10 Junktur (u. 201 f.).

[150] Eine weitere Voraussetzung ist die ausgeprägte Homophonie im Französischen.

[151] Vgl. folgenden echten *calembour*: Quel est le paradoxe d'une religieuse? – Elle entre au couvent en vierge et en sort [ɑ̃'sɛ̃ːt]. Übersetzung: Welches ist das Paradox einer Nonne? – Sie betritt das Kloster als Jungfrau und verläßt es [ɑ̃'sɛ̃ːt]. Der phonetisch transkribierte Passus kann als *enceinte* 'schwanger' oder als *en sainte* 'als Heilige' verstanden werden.

10. JUNKTUR

'Junktur' ist eine Lehnübertragung aus engl. *juncture*, was objektsprachlich soviel wie 'Verbindungsstelle, Naht' bedeutet. Neben 'Junktur' sind im Deutschen auch die Begriffe 'Grenzsignal' oder 'Grenzmerkmal' gebräuchlich. Da 'Grenzsignal' auch in einem anderen Sinne verwendet wird (vgl. Kap. 9.5), ist es empfehlenswert, die beiden letzteren Begriffe als Synonyma von 'Junktur' ganz fallenzulassen. Der Begriff 'Grenzsignal' trifft die im Kap. 9.5 beschriebene Erscheinung sehr gut. Dagegen kommt das Wesen der im vorliegenden Kapitel behandelten Erscheinung besser in der Vorstellung von 'Verbindung' zum Ausdruck als in der von 'Grenze'. Daher die durchaus treffenden deutschen Bezeichnungen *Übergangsart* oder *Anschlußart*. Weiterhin gibt es im Deutschen auch die Bezeichnungen 'Segmentierungsmerkmal' oder 'Gliederungsmerkmal'. Auch hier trifft die Vorstellung von 'segmentieren' oder 'gliedern' im Sinne von 'in Teile zerlegen' nicht den Kern der Sache. Es wäre zu empfehlen, der terminologischen Vielfalt durch die ausschließliche Verwendung von *Junktur* (in der Aussprache [jʊŋk'tu:r]) ein Ende zu bereiten.

Junktur im allgemeinsten Sinne kann man definieren als *die Art der Verbindung oder des Übergangs zwischen den einzelnen Phonemen in ihrer syntagmatischen Aufeinanderfolge*. Daher gehört die Behandlung dieser Erscheinung zum Bereich der syntagmatischen Phonologie.[152] Damit das Phänomen der Junktur überhaupt eine Rolle spielen kann im Rahmen der phonologischen Analyse

[152] In der Literatur wird die Junktur meist als suprasegmentale Eigenschaft bezeichnet. Dies ist nicht gerechtfertigt. Es ist zwar richtig, daß Junkturphänomene durch suprasegmentale Erscheinungen wie Intonation und Wort- oder Satzakzent ausgedrückt werden *können*. Nicht weniger häufig finden sie ihren Ausdruck jedoch auch in segmentalen Erscheinungen wie unterschiedlichen Graden von Aspiration, Sonorisierung oder Entsonorisierung, Assimilation oder Dissimilation, Einschub oder Schwund von Lautsegmenten u. a. Vgl. u. 201 ff.

einer Sprache, muß es bei der Aufeinanderfolge der Phoneme mindestens zwei verschiedene Arten des Übergangs im Kontrast zueinander geben.

Der offensichtlichste Unterschied besteht zunächst darin, ob ein Sprecher an einer bestimmten Stelle weiterspricht oder aufhört zu sprechen. Dies festzustellen erscheint trivial, ist aber gleichwohl nicht überflüssig. Die Formel von dem 'aus dem Zusammenhang gerissenen Zitat' ist nur allzu geläufig. Diese Vorstellung bezieht sich auf inhaltliche Zusammenhänge. Aber auch für rein lautliche Untersuchungen ist es von Bedeutung, ob eine Passage die Äußerung als Ganzes oder einen Auszug aus einer längeren Rede darstellt. Eine dreiminütige Gelegenheitsansprache (z. B. bei einer Familienfeier) wird auch phonetisch anders zu beurteilen sein als eine fünfstündige Regierungserklärung. Weiterhin kann es auch rein phonetisch zum Ausdruck kommen, ob ein Auszug vom Anfang oder vom Ende einer längeren Rede stammt, usw. In Anlehnung an die Textlinguistik könnte man hier von 'Textphonetik' sprechen, deren spezifische Fragestellungen bisher allerdings höchstens ansatzweise erkannt wurden. In der experimentellen Phonetik, wo Versuchspersonen unter Laborbedingungen möglichst 'natürlich' sprechen sollen, ist man sich dieser Problematik durchaus bewußt. Wenn z. B. die Aussprache von *Haus* [hau̯s] und *Maus* [mau̯s] apparativ ausgewertet und verglichen werden soll, dann läßt man die Versuchsperson(en) meist nicht einfach „Haus, Maus“ sprechen, sondern kleidet die zu untersuchenden Wörter in einen kurzen Kontext ein, z. B. „Ich sage Haus; ich sage Maus“. Natürlich sind mit dieser 'künstlich geschaffenen Natürlichkeit' weitere Probleme verbunden, die hier nicht diskutiert werden können.

Auf einer niedrigeren Stufe bestehen verschiedene Arten von Übergängen zwischen einer in sich geschlossenen Redeeinheit (traditionell als 'Satz' bezeichnet) zur nächsten Redeeinheit, zwischen zusammenhängenden Teilen einer solchen Redeeinheit ('Satzteile' oder 'Syntagmen' im engeren Sinn, z. B. *das große Haus*) und zwischen noch kleineren Teilen innerhalb der Redeeinheit ('Wörter'). Die unterschiedliche Art von Junktur drückt sich z. B. darin aus, daß am Ende eines Satzes eine größere Pause gemacht wird als am Ende eines Wortes innerhalb des Satzes. Die

Orthographie kennt verschiedene Zeichen, um Junkturen unterschiedlicher Art auszudrücken, z. B. Punkt, Komma, Gedankenstrich. Allerdings sind diese Zeichen nicht klar definierten Junkturphänomenen zuzuordnen, da sie z. T. auch anders (z. B. grammatisch) definiert sind. Daher trägt ein Redner oder Rezitator, wenn er sich intensiv vorbereitet, in seine Vorlage zusätzliche Zeichen ein, mit denen er Pausen verschiedener Art (z. B. durch einfache oder doppelte, dünne oder dicke senkrechte Striche), Beschleunigung oder Verzögerung u. dgl. kennzeichnet. Solche Zeichen drücken nichts anderes aus als Junkturphänomene, wobei im Moment offenbleiben kann, welche Phänomene im einzelnen phonologisch distinktiv und welche nur Ausdruck der phonetischen Realisierung sind. Auf jeden Fall besteht Übereinstimmung darüber, daß verschiedene Satztypen (Aussagesatz – Fragesatz, Hauptsatz – Nebensatz – Einschub usw.) distinktiv sind und im Prinzip durch unterschiedliche Junkturen gekennzeichnet sein können. Daß Einheiten dieser Art häufig mit bestimmten Intonationskurven, rhythmischen Merkmalen o. dgl. identifiziert werden, hat möglicherweise zu der Ansicht beigetragen, Junkturphänomene gehörten generell zum suprasegmentalen Bereich. Sie können aber ebensogut rein segmental zum Ausdruck kommen. So kann z. B. eine nachdrückliche Aufforderung (mit folgender Pause) durch eine überstarke Aspiration gekennzeichnet sein: [ge:th] *geht!!*, [ge: 'vɛkh] *geh weg!!*. Häufig wird eine Verbindung von segmentalen und suprasegmentalen Erscheinungen festzustellen sein.

Auf der Ebene des *Wortes* wollen wir einige Junkturphänomene etwas detaillierter betrachten. Während es offensichtlich ist, daß zwischen Satzteilen, Sätzen und ganzen Texten unterschiedliche Junkturen in Form verschiedener Pausen o. ä. bestehen, leuchtet es nicht so unmittelbar ein, daß auch innerhalb eines Wortes verschiedene Bindungsgrade zwischen den aufeinanderfolgenden Phonemen existieren können. Ein Wort ist (u. a.) gerade dadurch gekennzeichnet, daß es normalerweise ohne Pause gesprochen wird. Die Junkturphänomene müssen also anders als durch Pausen zum Ausdruck kommen.

Nun sind einige Sprachen gerade dadurch charakterisiert, daß sie tatsächlich keine unterschiedlichen Junkturphänomene innerhalb des Wortes kennen. Die Phoneme folgen einfach nach den in der Phonotaktik beschriebenen Gesetzen aufeinander. In manchen Sprachen gilt dies sogar für mehrere aufeinanderfolgende Wörter, so daß nicht einmal die Wortgrenze durch ein besonderes Junkturphänomen gekennzeichnet ist. Wir haben schon erwähnt, daß Französisch eine Sprache dieses Typs ist (vgl. o. 194). Da Französisch wahrscheinlich die bekannteste Sprache dieser Art ist, hat sich ein französischer Terminus für diese Situation eingebürgert, nämlich *mot phonétique*. Ein solches 'phonetisches Wort' ist zu unterscheiden von einem grammatisch oder lexikalisch definierten Wort. Ein phonetisches Wort kann aus mehreren Wörtern im grammatischen oder lexikalischen Sinn bestehen, ohne daß die grammatischen oder lexikalischen Grenzen phonetisch irgendwie erkennbar wären. In einer solchen Sprache existieren – abgesehen von syntaktischen und textlinguistischen Erscheinungen – nur zwei Arten von Junkturen: 1. Die gewöhnliche Aufeinanderfolge der Phoneme, die als *geschlossene Junktur* (engl. *close juncture*) bezeichnet wird. Sie benötigt kein besonderes Notationssymbol, da sie in der linearen Aufeinanderfolge der Phonemsymbole automatisch zum Ausdruck kommt. 2. Die *präpausale Junktur* (engl. *prepausal juncture*) vor einer Sprechpause. Letztere wird häufig durch das Zeichen # markiert. Je nach den Notationskonventionen des betreffenden Textes (die ja auch ein in sich geschlossenes System bilden) kann die präpausale Junktur (oder einfach *Pause*) auch durch Punkt, andere Satzzeichen oder einfach durch die Lücke zwischen zwei Wörtern zum Ausdruck kommen. Im letzteren Fall würde man ein *mot phonétique* ohne Lücke schreiben, auch wenn es grammatisch oder lexikalisch aus mehreren Wörtern besteht, vgl. frz. [ilɛtu'vɛːʀ] *il est tout vert*.

Wir haben oben (194) schon darauf hingewiesen, daß diese Erscheinung die Basis für einen bestimmten Typ von Wortspielen abgibt. Neben dem Französischen sind auch die übrigen romanischen Sprachen mehr oder weniger stark durch diese Erscheinung charakterisiert. So sind z. B. im Italienischen die Folgen *col lago* 'mit dem See' und *coll'ago* 'mit der Nadel' (von *lago* 'See' bzw. *ago* 'Nadel') vollständig homophon in der Form [kol'la:go], phonologisch /kollágo/. Im Spanischen sind *las aves* 'die Vögel' und *la sabes* 'du weißt sie' in der Form /lasábes/ homophon. Auch die keltischen Sprachen weisen diese Eigenschaft auf. So ergibt sich im Bretonischen der Insel Groix (Ternes 1970) die kuriose Situation, daß 'zwei Sommer' und 'zwei Winter' homophon sind in der Form /dewaŋaḛx/. Grammatisch ist 'zwei Sommer' als /dew/ plus /aŋaḛx/, 'zwei Winter' als /de/ plus /waŋaḛx/ zu analysieren, aber phonetisch/phonologisch findet diese Unterscheidung keinen Ausdruck.[153]

Deutsch und Englisch verhalten sich anders als die zuvor erwähnten Sprachen. Wir hatten festgestellt (vgl. o. 77), daß im Deutschen das Phonem /x/ zwei stellungsbedingte Allophone hat: [x] nach hinteren Vokalen, [ç] nach vorderen Vokalen und nach Konsonanten. Von dieser Regel lassen sich jedoch Ausnahmen finden, z. B. ['fʀaṷçən] *Frauchen* (kleine Frau), [ma'ma:çən] *Mamachen* (kleine Mama), [ha'lo:çən] *hallochen* (vertrauliches hallo). Formen dieser Art sind in der gesprochenen Sprache geläufiger als in der geschriebenen Sprache, nicht nur aus stilistischen Gründen, sondern auch, weil die deutsche Orthographie auf der oben angegebenen allophonischen Distributionsregel basiert und Schreibweisen wie *Mamachen*, *hallochen*, *Opachen* ['o:paçən] auf den ersten Blick etwas befremdlich wirken. Gesprochen sind diese Formen keineswegs ungewöhnlich. Wenn wir ['ʀaṷxən] *rauchen* mit ['fʀaṷçən] *Frauchen* vergleichen, haben wir sogar ein fast-minimales Paar, welches die Distinktivität von [x] und [ç] nachzuweisen scheint. Soll man tatsächlich neben /x/ auch ein Phonem */ç/ annehmen? Da die aufgeführten Beispiele offensichtlich einen Sondercharakter haben, wäre dies nicht nur sehr unökonomisch, sondern widerspräche auch dem Sprachgefühl. Der Sondercharakter besteht darin, daß alle aufgeführten Beispiele mit dem Diminutivsuffix *-chen* gebildet sind. Zwischen Stamm und Diminutivsuffix befindet sich eine Morphemgrenze. Diese Morphemgrenze bewirkt, daß der Übergang von dem Phonem vor der Morphemgrenze zu dem Phonem nach der Morphemgrenze ein anderer ist als zwischen zwei Phonemen ohne

[153] Im Zweifelsfall werden diese beiden Ausdrücke metasprachlich oder umschreibend differenziert. Die Grundformen lauten /dew/ 'zwei', /aŋ/ 'Sommer', /gwaŋ/ 'Winter'. Eine genaue grammatische Analyse findet sich bei Ternes (1970: 68).

Morphemgrenze. Für zwei aufeinanderfolgende Phoneme ohne Morphemgrenze gilt die genannte allophonische Regel. Für zwei aufeinanderfolgende Phoneme, zwischen denen sich eine Morphemgrenze befindet, gilt die Regel scheinbar nicht.

Wir lösen dieses Problem, indem wir feststellen, daß bei Vorliegen einer Morphemgrenze die Junktur (d. h. der Übergang von einem Phonem zum folgenden Phonem) eine andere ist als die gewöhnliche Aufeinanderfolge von Phonemen (letztere haben wir bereits als *geschlossene Junktur* bezeichnet). Da nunmehr eine Opposition zwischen zwei verschiedenen Arten von Junkturen innerhalb des Wortes besteht, muß wenigstens eine der beiden durch ein besonderes Symbol gekennzeichnet werden. Da die geschlossene Junktur als der Normalfall unbezeichnet bleibt, benötigen wir ein Zeichen für die andere Art von Junktur. Man verwendet gewöhnlich das Zeichen +, weswegen diese Junktur mitunter auch als *Plus-Junktur* bezeichnet wird. Die präzisere Bezeichnung aber ist *offene Junktur* (engl. *open juncture*).

Um auch die scheinbaren Ausnahmen zu erfassen, formulieren wir die Distributionsregel jetzt folgendermaßen: [x] steht nach hinteren Vokalen, [ç] steht nach vorderen Vokalen, nach Konsonanten und nach offener Junktur (abgekürzt /+/). Die Existenz von /+/ schafft also eine neue lautliche Umgebung: Im Falle von [fʀaṷçən] steht [ç] nicht mehr nach [aṷ] (wie in *rauchen*), sondern phonologisch gesehen nach /+/. Dieses Junkturphonem braucht aus Gründen der Ökonomie nur dann geschrieben zu werden, wenn es tatsächlich distinktiv ist. Fälle wie ['mɛnçən] *Männchen*, ['bo:tçən] *Bootchen* bedürfen keiner besonderen Kennzeichnung, da sie bereits von der Regel '[ç] steht nach Konsonant' erfaßt werden. Wir schreiben also /menxən/ *Männchen*, /bo:txən/ *Bootchen*, aber /fraṷ+xən/ *Frauchen*.

Die Bezeichnung 'offene' Junktur deutet bereits darauf hin, daß Fälle wie [fʀaṷçən] *Frauchen* in Wirklichkeit nicht eine Ausnahme von der Regel oder eine Sonderregel darstellen, sondern sich durchaus mit den übrigen Gegebenheiten sinngemäß vereinbaren lassen. Die Bezeichnung 'offen' zeigt an, daß der Übergang von Phonem zu Phonem in einem solchen Fall weniger 'eng' ist als im Falle der 'geschlossenen' Junktur. Zwischen [aṷ] und [çən] in [fʀaṷçən] besteht also eine Art von Lücke, die sich phonetisch allerdings nicht in einer Pause, sondern in einer anderen allophonischen Bedingtheit äußert. Diese Bedingtheit entspricht derjenigen, die wir auch in bisher nicht berücksichtigten Fremdwörtern wie ['çi:na] *China*, [çe'mi:] *Chemie* finden. Wenn wir unsere allophonische Regel auf diese Fremdwörter ausdehnen, müssen wir sagen, daß das Allophon [ç] u. a. auch am Wortanfang steht. 'Wortanfang' ist gleichbedeutend mit 'nach Wortgrenze'. Im Deutschen ist, wie auch die sog. Auslautverhärtung belegt (vgl. Kap. 12.2), die Wortgrenze phonetisch markiert. Daher liegt im Deutschen – im Gegensatz etwa zum Französischen – an der grammatischen oder lexikalischen Wortgrenze auch phonetisch eine Junktur vor, die 'offener' ist als die gewöhnliche 'geschlossene Junktur'. Wir können diese Junktur an der Wortgrenze mit der offenen Junktur in /frau̯+xən/ identifizieren.[154] Wir schreiben also phonologisch /xi:na/ *China*. Zur Vervollständigung der Regel stellen wir fest, daß der absolute Wortanfang im Deutschen ebenfalls einen Fall von offener Junktur darstellt. Die offene Junktur ist eine Art *grammatische* Lücke oder Pause. Da das Allophon [ç] sowohl nach Konsonant als auch nach offener Junktur auftritt, kann man sagen, daß die Pause sozusagen eine spezielle Art von Konsonant ist.

Manche Sprecher des Deutschen machen bei der orthographischen Form *Eichen* einen Ausspracheunterschied zwischen den Bedeutungen 'Baumart (Pl.)' und 'kleines Ei': ['ai̯çən] gegenüber ['ai̯·çən]. Vor dem Diminutivsuffix *-chen* erscheint der Diphthong etwas gelängt. Es wäre wiederum sehr unökonomisch und dem intuitiven Gefühl widerstrebend, einen phonologischen Unterschied zwischen kürzeren und längeren Diphthongen anzunehmen, also /ai̯/ vs. */ai̯·/. Mit dem offenen Junkturphonem /+/ läßt sich auch dieser Fall leicht lösen: Vor dem Suffix *-chen* steht /+/, wovor wiederum der Diphthong /ai̯/ ein etwas gelängtes Allophon [ai̯·] hat. Bei *Eichen* (Baumart) liegt kein Suffix *-chen* und damit auch kein offenes Junkturphonem vor. Daher steht hier das gewöhnliche Allophon [ai̯].

Ein weiteres klassisches Beispiel für offene Junktur stammt aus

154 Vor *-chen* tritt ebenfalls Auslautverhärtung ein, vgl. ['kɪntçən] *Kindchen*.

dem Englischen: Die orthographischen Formen *nitrate* 'Nitrat' und *night rate* 'Nachttarif' lassen sich, so könnte es scheinen, beide als ['naɪ̯treɪ̯t] transkribieren. Dies ist aber nicht ganz korrekt. Die beiden Bedeutungen sind in der Aussprache durchaus zu unterscheiden. In einer engeren phonetischen Transkription lassen sich diese Unterschiede wiedergeben: ['naɪ̯tʰr̥eɪ̯t] *nitrate* gegenüber ['naɪ̯t'reɪ̯t] *night rate*. In *nitrate* ist das *t* stark aspiriert, es explodiert in die folgende Silbe hinein,[155] das *r* ist teilweise entsonorisiert. In *night rate* ist das *t* schwächer aspiriert, es schließt mit seiner Explosion die Silbe,[156] das *r* ist voll stimmhaft. Dieser Unterschied beruht darauf, daß in *nitrate* nur geschlossene Junkturen vorliegen (unbezeichnet), während *night rate* eine offene Junktur enthält: /náɪ̯treɪ̯t/ *nitrate* – /náɪ̯t+reɪ̯t/ *night rate*. Die Schreibweise /náɪ̯t reɪ̯t/ *night rate* (mit Lücke) ist nur ein anderes graphisches Mittel für denselben Tatbestand: Die Lücke steht für offene Junktur.[157]

Ähnliche Fälle wie engl. *nitrate – night rate* gibt es auch im Deutschen: Die orthographische Form *Wachtraum* kann zweierlei bedeuten: 1. ['vaxtʰr̥aʊ̯m] 'ein Traum im Wachen', 2. ['vaxt'raʊ̯m] 'Raum, in dem sich eine Wache aufhält'. Wir bringen diesen Unterschied in der phonologischen Schreibweise durch unterschiedliche Setzung der offenen Junktur zum Ausdruck: 1. /vax+traʊ̯m/, 2./vaxt+raʊ̯m/. Wenn in der Orthographie zur Disambiguierung solcher Komposita gelegentlich ein Bindestrich gesetzt wird (1. *Wach-Traum*, 2. *Wacht-Raum*), dann ist auch dies nichts anderes als die Wiedergabe der offenen Junktur mit anderen graphischen Mitteln.

[155] Manche Phonetiker verwenden die Begriffe 'explosives *t*' (wie in *nitrate*) und 'implosives *t*' (wie in *night rate*). Die Begriffe 'explosiv' und 'implosiv' sind allerdings auch anderweitig besetzt und daher mehrdeutig.

[156] Vgl. Anm. 155.

[157] Dies darf nicht dazu verleiten, die offene Junktur grundsätzlich mit einer *orthographischen* Wortgrenze gleichzusetzen. Die Orthographie verhält sich teilweise sehr willkürlich. Vgl. das in *einem* Wort geschriebene *nightdress* 'Nachthemd' mit offener Junktur /náɪ̯t+dres/ gegenüber *find her* in der Aussprache /fáɪ̯ndə/ ohne offene Junktur. Engl. *aboard* 'an Bord' und *a board* 'ein Brett' sind homophon in der Form /əbód/ (ohne offene Junktur).

Der Glottalverschlußlaut [ʔ] des Deutschen wird durch die Annahme einer offenen Junktur weitgehend vorhersagbar. Überall, wo eine offene Junktur vorliegt, ist vor einem Vokal [ʔ] zu sprechen, z. B. am Wortanfang: [ʔam'ʔanfaŋ] = /am+anfaŋ/ *am Anfang*. Im Wortinnern: [bə'ʔaxtən] = /bə+axtən/ *beachten*. Auf diese Weise läßt sich auch die übliche Aussprache [bə'ʔo:baxtən] = /bə+o:baxtən/ *beobachten* von der bes. in Norddeutschland vorkommenden Aussprache [bə'ʔo:pʔaxtən] = /bə+o:p+axtən/ unterscheiden. In der gleichen Weise sind orthographische Dubletten wie *Staubecken* zu behandeln: 1. ['ʃtau̯bɛkən] = /ʃtau̯+bekən/ 'Becken, in dem Wasser gestaut wird', 2. ['ʃtau̯pʔɛkən] = /ʃtau̯p+ekən/ 'Ecken, in denen sich Staub angesammelt hat'. Um Mißverständnissen oder falschen Lesungen vorzubeugen, wird die Junktur in der deutschen Orthographie mitunter *ad hoc* deutlich gemacht, z. B. *be-inhalten*, *Re-Import*, *Ur-Instinkt*, *hin-übersetzen* 'aus der Muttersprache in die Fremdsprache übersetzen'.[158]

Damit ist klar, daß im Deutschen Homophonien (und darauf beruhende Wortspiele) wie ital. *col lago = coll'ago* oder Groix-Breton. /de waŋae̯x/ = /dew aŋae̯x/ (vgl. o. 198f.) aufgrund der andersartigen phonologischen Struktur nicht möglich sind. Im Deutschen gibt es dagegen einen Typ von Wortspielen, der gerade auf der Existenz der Junktur beruht: Durch Verschiebung der Junkturgrenzen werden triviale Äußerungen nahezu unverständlich gemacht, z. B. *die* ['ku:li 'fʊmdənze:] für *die Kuh lief um den See* oder *die* [ku'rantə 'bɪsɪfi:l] für *die Kuh rannte, bis sie fiel*. Orthographisch könnten diese letzteren Formen folgendes Aussehen haben: *(die) *Kuli Fummdensee*, *(die) *Kurante Bissifiel*. Dieser Unterschied in der Sprachstruktur z. B. zwischen Deutsch und Französisch wird allein durch die Existenz bzw. Nichtexistenz des offenen Junkturphonems /+/ bewirkt. Durch den Ansatz dieses *einen* zusätzlichen Junkturphonems können ganz verschiedenartige Erscheinungen in verschiedenen Sprachen in eleganter und aussagekräftiger Weise erklärt werden.

[158] Nach wie vor unbefriedigend ist aber die Behandlung von Fremdwörtern wie *Theater* [te'ʔa:tər]. Die Analyse als /te:+á:tər/ (mit offener Junktur) erscheint künstlich.

11. ARCHIPHONEM UND NEUTRALISIERUNG

Ein besonderer Fall von Distributionsbeschränkung ist unter der Bezeichnung *Archiphonem* bekannt.[159]

Wir haben schon mehrfach festgestellt, daß im Deutschen die Phoneme /b, d, g, v, z/ im Wortauslaut nicht vorkommen. Nur die Phoneme /p, t, k, f, s/ sind möglich. Dies ist die sog. 'Auslautverhärtung'. Die Wörter *Rat* und *Rad* sind also homophon, und zwar in der Form /ra:t/. Wenn wir den gleichen Sachverhalt anders ausdrücken, können wir sagen: Die Opposition zwischen den Phonemen /p/ – /b/, /t/ – /d/, /k/ – /g/, /f/ – /v/ und /s/ – /z/ ist im Wortauslaut *aufgehoben* oder – um den eigentlichen Fachterminus zu gebrauchen – *neutralisiert*. Minimalpaare, welche sich nur durch den Unterschied von /p/ – /b/ usw. in dieser Stellung unterscheiden, sind also nicht möglich. Da wir die phonologische Distinktivität der betreffenden Oppositionen in anderen Stellungen bereits nachgewiesen haben und außerdem die im Auslaut vorkommenden Phone *phonetisch* ohne weiteres mit den entsprechenden stimmlosen Konsonanten identifizieren können, sind wir berechtigt festzustellen, daß die betreffenden Oppositionen *zugunsten* der entsprechenden stimmlosen Konsonanten aufgehoben (oder neutralisiert) sind. Wir schreiben also /li:p/ *lieb*, /li:t/ *Lied* usw.

Wir können uns jedoch auch auf einen etwas anderen logischen Standpunkt stellen, indem wir folgendermaßen argumentieren: Der Phonemstatus wird in erster Linie durch Oppositionen nachgewiesen. Wegen der Opposition [tɔʀf] – [dɔʀf] *Torf* – *Dorf* und der damit verbundenen Bedeutungsveränderung sind wir berech-

[159] Der Begriff 'Archiphonem' wurde im Jahre 1929 von Roman Jakobson geprägt. Die spätere und bis heute gültige Verwendungsweise dieses Begriffs geht allerdings eher auf N. S. Trubetzkoy zurück. Zur Entstehung und Geschichte des Begriffs 'Archiphonem' s. Davidsen-Nielsen (1978).

tigt, die Phoneme /t/ und /d/ anzusetzen. Für den Auslaut können wir zwar ein Minimalpaar wie [li:p] – [li:t] *lieb – Lied* aufstellen, aber keines, bei dem [p] – [b] oder [t] – [d] usw. kontrastieren. Die Tatsache, daß im Auslaut auftretende Verschlußlaute und Frikative zwangsläufig stimmlos sind, ist (in dieser Position!) eine redundante phonetische Eigenschaft. Was in der Aufhebungs- oder besser Neutralisierungsstellung tatsächlich vorkommt, ist also ein Phonem 'labialer Verschlußlaut', 'dentaler Verschlußlaut' usw., unspezifiziert in bezug auf die Stimmbeteiligungskorrelation. Es ist also strenggenommen weder */p/ noch */b/, weder */t/ noch */d/, sondern jeweils ein Phonem, welches /p/ *und* /b/, /t/ *und* /d/ usw. in sich schließt. Ein solches gewissermaßen allgemeineres oder umfassenderes Phonem wird als *Archiphonem* bezeichnet. Ein Archiphonem ist also eine phonologische Einheit, die zwei (oder mehr) Phoneme in sich schließt, deren Opposition in einer bestimmten Stellung *neutralisiert* ist.

Es handelt sich also um Phoneme einer anderen (höheren oder abstrakteren) hierarchischen Stufe als die 'gewöhnlichen' Phoneme. Wir bringen dies graphisch zum Ausdruck, indem wir Archiphoneme im Gegensatz zu 'gewöhnlichen' Phonemen mit Großbuchstaben (Majuskeln) schreiben, z. B. /li:P/ *lieb*, /ra:T/ *Rat* und *Rad*. Eine besondere Klammerkonvention für die archiphonemische Schreibweise existiert nicht. Als graphischen Vertreter des Archiphonems wählt man das *unmarkierte* Glied der Opposition, welche in der betreffenden Stellung aufgehoben ist. /p/ – /b/, /t/ – /d/ usw. unterscheiden sich nur durch die Stimmbeteiligung. Dabei besitzen /b, d/ das Merkmal 'Stimmhaftigkeit', während /p, t/ dieses nicht besitzen. Die beiden ersteren sind *merkmalhaft* oder *markiert*, die beiden letzteren *merkmallos* oder *unmarkiert*. Die Schreibung /P, T/ und nicht */B, D/ usw. erscheint konsequent, da das unmarkierte Glied als 'allgemeiner' angesehen werden kann, während das markierte Glied demgegenüber eine Besonderheit aufweist.

Allerdings ergibt nicht jede Aufhebung einer Opposition ein Archiphonem. Dazu muß eine weitere Bedingung erfüllt sein: Die phonologischen Merkmale, welche den beiden Phonemen, deren Opposition aufgehoben ist, gemeinsam sind, dürfen in keinem anderen Phonem der betreffenden Sprache enthalten sein (d. h., sie müssen *exklusiv* sein).[160] Nur in diesem besonderen Fall spricht man von Neutralisierung der Opposition. Den Phonemen /t/ und /d/ sind gemeinsam die Merkmale 'dental' und 'Verschlußlaut'. Weitere dentale Verschlußlaute gibt es im Deutschen nicht; die Bedingung ist also erfüllt. Entsprechend sind /p/ und /b/ die einzigen labialen, /k/ und /g/ die einzigen velaren Verschlußlaute des Deutschen. Gegenbeispiel: Das Phonem /h/ kommt im Deutschen im Auslaut ebenfalls nicht vor. Es bildet jedoch kein Archiphonem mit /b/, /d/ oder /g/, da es mit keinem dieser Phoneme ein exklusives phonologisches Merkmal besitzt. Gemeinsam (größter gemeinsamer Teiler) ist ihnen nur die Eigenschaft 'Konsonant', die sie mit allen anderen Konsonanten teilen. Auch mit /v/ oder /z/ bildet /h/ kein Archiphonem, da die weiteste gemeinsame Eigenschaft 'Frikativ' ebenfalls mit anderen Phonemen geteilt wird.

Das Spanische besitzt die Phoneme /m/, /n/ und /ɲ/, vgl. die minimale Dreiergruppe /ámo/ *amo* 'Herr' – /áno/ *ano* 'After' – /áɲo/ *año* 'Jahr'. Im Auslaut kommt von diesen drei Phonemen nur /n/ vor, z. B. /son/ *son* 'Laut, Klang', /afán/ *afán* 'Mühe', /álbun/ *álbum* (sic) 'Album'. Es existiert also im Auslaut ein Archiphonem, welches die drei genannten Phoneme umfaßt. Außer diesen dreien kommt keinem anderen spanischen Phonem die gemeinsame Eigenschaft 'Nasalkonsonant' zu. Wir schreiben das Archiphonem mit dem Symbol des mittleren der drei Phoneme (als Majuskel) /N/[161]: /soN/, /afáN/, /álbuN/. Das gleiche Archi-

[160] Diese Bedingung entspricht derjenigen für die Allophone eines Phonems (vgl. o. 83). Während es dort um eine *phonetische* Bedingung ging, befinden wir uns hier auf der *phonologischen* Ebene. Der Merkmalkanon in der Phonologie ist für jede Sprache begrenzt (vgl. Kap. 13), während er in der Phonetik eine Begrenzung letztlich nur durch die Artikulationsfähigkeit des Menschen erfährt. Daher ist die vorliegende Bedingung im Zusammenhang mit dem Archiphonem eine präzise zu definierende Regel, von der Ausnahmen oder Abweichungen nicht zulässig sind. Demgegenüber hat die entsprechende Regel im Bereich der Allophonie lediglich den Wert eines ungefähren Anhaltspunktes.

[161] Genaugenommen kann man hier nicht von merkmalhaft – merkmallos sprechen, da es sich nicht um eine *privative Opposition* (nach Trubetzkoy) handelt, bei der *ein* Phonem durch das Vorhandensein, das an-

phonem steht auch vor /t, d/, wo die Opposition der drei Phoneme ebenfalls zugunsten von /n/ aufgehoben ist (/mónte/ bzw. in archiphonemischer Schreibweise /móNte/ *monte* 'Berg', /kónde/ bzw. /kóNde/ *conde* 'Graf') sowie vor /p, b/, wo die Opposition zugunsten von /m/ aufgehoben ist. Im letzteren Fall unterscheiden sich phonologische und archiphonemische Schreibweise nicht nur durch Minuskel bzw. Majuskel, sondern auch durch das Symbol stelbst: /kámpo/ bzw. /káNpo/ *campo* 'Feld', /nímbo/ bzw. /níNbo/ *nimbo* 'Heiligenschein'.

Beispiel für ein vokalisches Archiphonem: Im Französischen gibt es die Phoneme /e/ und /ɛ/: /epe/ *épée* 'Schwert' – /epɛ/ *épais* 'dick'. In geschlossener (d. h. auf einen Konsonanten ausgehender) Silbe kommt jedoch nur /ɛ/, niemals /e/ vor, z. B. /sɛk/ *sec* 'trocken', /mɛr/ *mer* 'Meer', /rɛd/ *raide* 'steif'. Es handelt sich um ein Archiphonem, da die Exklusivitätsbedingung erfüllt ist: /e/ und /ɛ/ sind die einzigen vorderen ungerundeten Oralvokale mittleren Öffnungsgrades des Französischen. Wir können also schreiben: /sEk/, /mEr/, /rEd/.

Die Konzeption des Archiphonems ist intellektuell anregend und kann zu mancherlei theoretischen Überlegungen Anlaß geben. Von daher erklären sich vielleicht der Bekanntheitsgrad dieses Begriffs und seine Rolle in der Wissenschaftsgeschichte. Wir sind jedoch der Meinung, daß er für die praktische Sprachbeschreibung (z. B. Beschreibung unbekannter Sprachen und Dialekte, Schaffung von Orthographien, Fremdsprachenunterricht, Rechtschreibunterricht) eine weniger wichtige Rolle spielt. Eine Beschreibung der Silbenstrukturen, der wichtigsten Konsonantengruppen und sonstiger Distributionsbeschränkungen (Kap. 9.2–9.4) ist zunächst informativer. Innerhalb der Distributionsbeschränkungen ist die Vorstellung von der *Neutralisierung* von Oppositionen in bestimmten Stellungen (o. 204) nützlich, da sich daraus ein bestimmter Typ morphophonologischer Veränderungen (z. B. Auslautverhärtung, Kap. 12.2) ergibt. Dabei wäre es

dere durch das Nichtvorhandensein eines bestimmten Merkmals ausgezeichnet ist. Wir wählen daher als Vertreter für das Archiphonem das mittlere Phonem, welches als das neutralste der in Neutralisierung stehenden Phoneme anzusehen ist.

empfehlenswert, den Unterschied (auch terminologisch) zwischen der *Aufhebung* einer beliebigen Opposition und der *Neutralisierung* einer der obigen Exklusivitätsbedingung genügenden Opposition zu beachten. Die Verwendung des Begriffs 'Archiphonem' und die Belastung der Transkription mit archiphonemischen Symbolen sind in solchen Fällen entbehrlich.

12. MORPHOPHONEM

Die Begriffe 'Morphophonem' und 'Morphophonologie' wurden von Trubetzkoy (1929) eingeführt. In Trubetzkoy (1931: 160) definiert er wie folgt: „Unter Morphophonologie oder Morphonologie verstehen wir … die Erforschung der morphologischen Ausnützung der phonologischen Mittel einer Sprache." Von Anfang an wurden übrigens die Begriffe *Morphophonem* und *Morphonem* bzw. *Morphophonologie* und *Morphonologie* (auch *Morphophonemik* und *Morphonemik*) gleichbedeutend und gleichrangig nebeneinander verwendet.[162] Dies gilt auch heute noch.

Wir haben schon früher betont, daß die einzelnen Kapitel einer Grammatik nicht hermetisch gegeneinander abgeschlossen sind, sondern vielmehr ein aufeinander abgestimmtes ganzheitliches System bilden, dessen einzelne Teile sich gegenseitig bedingen. Um die übliche und auch aus praktischen Gründen nicht zu vermeidende Aufteilung in einzelne Kapitel wie 'Phonetik/Phonologie – Morphologie – Syntax' aufzubrechen, hat man Übergänge geschaffen und terminologisch entsprechend bezeichnet: *Morphophonologie* als Übergang zwischen Phonologie und Morphologie, *Morphosyntax* als Übergang zwischen Morphologie und Syntax usw. Ein Kapitel 'Morphophonologie' gehört also – aus dem jeweiligen Blickwinkel betrachtet – sowohl in eine 'Einführung in die Phonologie' als auch in eine 'Einführung in die Morphologie'. Dabei wird die Behandlung im Rahmen einer 'Morphologie' wahrscheinlich umfassender sein, da die unentbehrlichen morphologischen Kategorien stärker präsent sind als in einer 'Phonologie'. Wir wollen im folgenden mit dem Begriff 'Morphophonem' aus der Sicht der Phonologie vertraut machen und den praktischen Nutzen, den er bei der Beschreibung einer Sprache

[162] Der jeweils zweite Begriff ist aus dem ersten durch Haplologie (Vereinfachung zweier gleicher aufeinanderstoßender Silben) entstanden, vgl. *Mineralogie*, eigentlich **Mineralologie*.

bringen kann, anhand einiger charakteristischer Beispiele demonstrieren.[163]

Die obige Definition von 'Morphophonologie' nach Trubetzkoy (1931) und viele sinngemäß ähnliche Definitionen der verschiedensten Autoren sind sachlich richtig, aber für die Praxis zu weit gefaßt. Man könnte daraus schließen, daß *alle* phonologischen Mittel, soweit sie in der Morphologie einer Sprache Verwendung finden, dem Bereich der Morphophonologie angehören. Eine solche Annahme wäre aber wenig sinnvoll. Die Bildung von Formen, wie sie in der Morphologie beschrieben werden, kann gar nicht anders als mit phonologischen Mitteln (d. h. Hinzufügung, Wegnahme oder Austausch von Phonemen) erfolgen. Aus dieser Überlegung würde sich konsequenterweise ergeben, daß Morphologie und Morphophonologie identisch sind.[164] Dann aber müßte man sich fragen, wozu überhaupt ein neuer Terminus geschaffen wurde. Morphologie und Morphophonologie sind jedoch keineswegs identisch. Vielmehr stellt letztere – wie schon mehrfach festgestellt – ein Bindeglied zwischen Phonologie und Morphologie dar. Dieses Bindeglied ist nicht so sehr theoretisch begründet. Es dient eher praktischen beschreibungstechnischen Zwecken.

Es möge erlaubt sein, dies an einem kleinen Vorkommnis aus der Unterrichtspraxis des Autors zu illustrieren. In einem Seminar über 'Morphologie' hatte die Studentin W. ein Referat über 'Verbalmorphologie des Türkischen' übernommen, der Student M. ein Referat über 'Vokalharmonie'. Als es darum ging, Termine für die einzelnen Referate festzulegen, sagte Frau W. spontan: „Es hat keinen Sinn, daß ich mein Referat *vor* dem von Herrn M. halte." Frau W. hatte durch diese spontane Äußerung den Nutzen – ja die Notwendigkeit – einer eigenen morphophonologischen Beschreibungsebene demonstriert.

163 Für die Behandlung der Morphophonologie im Rahmen einer 'Einführung in die Morphologie' siehe das empfehlenswerte Werk von Bergenholtz/Mugdan (1979). Monographien speziell zur Morphophonologie: Haslev (1972) und Kilbury (1976).

164 Diesem Irrtum erliegt Lilo Moessner, Morphonologie (Anglistische Arbeitshefte, 17), Tübingen 1978. Statt ›Morphonologie‹ sollte der Titel ›Morphologie des Englischen‹ lauten.

Wir definieren jetzt folgendermaßen: *Die Morphophonologie beschreibt regelmäßig wiederkehrende Alternationen von Phonemen in morphologischen Paradigmen.* Die morphologische Beschreibung wird entlastet, indem regelmäßig wiederkehrende Alternationen von Phonemen im Kapitel Morphophonologie *vorweg* beschrieben und erforderlichenfalls mit bestimmten Symbolen (= morphophonologischen Symbolen) versehen werden. In der eigentlichen morphologischen Beschreibung kann dann auf die zuvor festgestellten und in Regeln gefaßten morphophonologischen Gesetzmäßigkeiten jederzeit zurückgegriffen und verwiesen werden. Das Kapitel 'Morphophonologie' geht also dem Kapitel 'Morphologie' voraus. Die Verwendung morphophonologischer Symbole ergibt eine morphophonologische Schreibweise, die häufig durch doppelte Schrägstriche // ... // angezeigt wird. Diese Klammerkonvention wird allerdings nicht konsequent eingehalten, so daß eine morphophonologische Schreibweise häufig auch in einfachen Schrägstrichen /.../ erscheint.

Der Nutzen einer morphophonologischen Beschreibungsebene wird daran deutlich, daß für die praktische Handhabung eingerichtete Werke wie Fremdsprachenlehrbücher und Wörterbücher eigentlich schon immer morphophonologische Symbole – meist ohne Kenntnis des Begriffs – verwendet haben, auch schon in vorstrukturalistischer Zeit.

12.1 Vokalharmonie

Die *Vokalharmonie* bietet sich der morphophonologischen Beschreibungsweise als besonders charakteristischer Fall an. Wir behandeln daher zunächst dieses Phänomen am Beispiel des Türkischen.[165]

Im Türkischen bestimmt der Vokal der ersten Wortsilbe nach bestimmten Gesetzmäßigkeiten die Qualität aller folgenden Vokale des Wortes. Soweit sich dies innerhalb einer mehrsilbigen

[165] Der Typ von Vokalharmonie, wie ihn das Türkische zeigt, findet sich auch in vielen anderen Turksprachen (z. B. Kirgisisch, Tatarisch), außerdem z. B. im Finnischen, Ungarischen und Mongolischen.

Wurzel abspielt, ist es nicht Gegenstand der Beschreibung im Kap. Morphophonologie, sondern im Kap. Phonotaktik. Diese Gesetzmäßigkeiten stellen Distributionsbeschränkungen für die Aufeinanderfolge der Phoneme innerhalb der Wurzel dar. Sie sind den eigentlichen morphophonologischen Gesetzmäßigkeiten ähnlich, aber nicht mit ihnen identisch. Sie sollen hier nicht näher beschrieben werden.

Das Türkische ist eine suffigierende Sprache. Beim Anfügen eines Suffixes bestimmt der Vokal der letzten Wurzelsilbe die Vokalqualität des folgenden Suffixes oder der folgenden Suffixe. Diese Regeln, die fast ohne Ausnahmen sind, werden im folgenden beschrieben. Man unterscheidet eine sog. *große* und eine sog. *kleine Vokalharmonie*. Bei der großen Vokalharmonie alternieren die Vokalphoneme /i/ ~ /y/ ~ /ɯ/ ~ /u/, bei der kleinen die Vokalphoneme /e/ ~ /ɑ/. Beim Vergleich mit dem türkischen Vokalsystem (vgl. o. 167) wird man erkennen, daß die alternierenden Vokale der großen Vokalharmonie die jeweils geschlossenen Vertreter der vier Vokalklassen darstellen: 1. vordere ungerundete Vokale, 2. vordere gerundete, 3. hintere ungerundete, 4. hintere gerundete. Beide Vokale der kleinen Vokalharmonie sind offene Vokale; einer ist ein vorderer, der andere ein hinterer Vokal. Das Merkmal 'Rundung' ist in diesem Fall morphophonologisch gesehen redundant.

Jedes türkische Suffix, sofern es einen Vokal enthält, gehört entweder der großen oder der kleinen Vokalharmonie an.[166] Gehört es der großen Vokalharmonie an, dann ist dieser Vokal /i/, wenn der Vokal der vorausgehenden Silbe ein vorderer ungerundeter Vokal (d. h. /i/ oder /e/) ist. Der Vokal ist /y/, wenn der Vokal der vorausgehenden Silbe ein vorderer gerundeter (d. h. /y/ oder /ø/) ist. Der Vokal ist /ɯ/, wenn der Vokal der vorausgehenden Silbe ein hinterer ungerundeter (d. h. /ɯ/ oder /ɑ/) ist. Er ist /u/, wenn der Vokal der vorausgehenden Silbe ein hinterer gerundeter (d. h. /u/ oder /o/) ist. Als Beispiel wird das Possessivsuffix der 1. Sg. angeführt:

[166] Es gibt einige wenige Ausnahmen. Dabei handelt es sich um Suffixe mit einem festen Vokal, der aber seinerseits die Vokale der folgenden Suffixe nach den Regeln der Vokalharmonie bestimmt.

/ip/	*ip*	'Strick'	– /ipim/	*ipim*	'mein Strick'
/ev/	*ev*	'Haus'	– /evim/	*evim*	'mein Haus'
/gyl/	*gül*	'Rose'	– /gylym/	*gülüm*	'meine Rose'
/gøz/	*göz*	'Auge'	– /gøzym/	*gözüm*	'mein Auge'
/kɯz/	*kız*	'Tochter'	– /kɯzɯm/	*kızım*	'meine Tochter'
/ɑt/	*at*	'Pferd'	– /ɑtɯm/	*atım*	'mein Pferd'
/kuʃ/	*kuş*	'Vogel'	– /kuʃum/	*kuşum*	'mein Vogel'
/kol/	*kol*	'Arm'	– /kolum/	*kolum*	'mein Arm'

Gehört das Suffix der kleinen Vokalharmonie an, dann ist der Vokal /e/, wenn der Vokal der vorausgehenden Silbe ein vorderer Vokal (d. h. /i/, /y/, /e/ oder /ø/) ist. Der Vokal ist /ɑ/, wenn der Vokal der vorausgehenden Silbe ein hinterer Vokal (d. h. /ɯ/, /u/, /ɑ/ oder /o/) ist. Als Beispiel nehmen wir das Pluralsuffix. Die obigen Substantive (linke Spalte) lauten im Plural:

/ipler/	*ipler*	'Stricke'	/kɯzlɑr/	*kızlar*	'Töchter'
/evler/	*evler*	'Häuser'	/ɑtlɑr/	*atlar*	'Pferde'
/gyller/	*güller*	'Rosen'	/kuʃlɑr/	*kuşlar*	'Vögel'
/gøzler/	*gözler*	'Augen'	/kollɑr/	*kollar*	'Arme'

Wie sollen diese beiden als Beispiele angeführten Suffixe bezeichnet werden? Ohne die Annahme einer morphophonologischen Beschreibungsebene müßte man sagen: Das Possessivsuffix der 1. Sg. lautet /-im/ nach vorderen ungerundeten Vokalen, /-ym/ nach vorderen gerundeten Vokalen, /-ɯm/ nach hinteren ungerundeten Vokalen, /-um/ nach hinteren gerundeten Vokalen. Das Pluralsuffix lautet /-ler/ nach vorderen Vokalen, /-lɑr/ nach hinteren Vokalen. Eine diesen beiden Formulierungen entsprechende Wendung müßte man für nahezu 100 weitere Suffixe, die entweder der großen oder der kleinen Vokalharmonie angehören, verwenden. Jedesmal, wenn man in einer Grammatik oder in einem Lehrbuch eines dieser Suffixe erwähnt, müßte man vier bzw. zwei Formen anführen, z. B. /-im/ ~ /-ym/ ~ /-ɯm/ ~ /-um/ bzw. /-ler/ ~ /-lɑr/. Dies alles wäre äußerst umständlich. Keine türkische Grammatik, kein türkisches Lehrbuch oder Wörterbuch ist jemals so vorgegangen. In einem der ersten Kapitel bzw. in einer der ersten Lektionen werden die Gesetze der Vokalharmonie – wie oben beschrieben – ein für allemal erläutert. Später wird nur noch auf dieses Kapitel verwiesen. Dies bedeutet aber nichts anderes, als daß das betreffende Werk eine morphophonologische Beschreibungsebene angenommen hat, auch wenn es diesen Terminus nicht verwendet.

Die einzelnen Suffixe können dann auf verschiedene Weise wiedergegeben werden. Man kann insbesondere eine implizite und eine explizite morphophonologische Schreibweise unterscheiden. Beide Verfahren kann man in sprachwissenschaftlichen Werken über das Türkische finden. In beiden Fällen wählt man je einen Hauptvertreter unter den alternierenden Vokalen aus. Diese Wahl ist völlig willkürlich. Keiner der alternierenden Vokale ist signifikant häufiger oder sonst irgendwie 'typischer' als die anderen innerhalb derselben Gruppe. Es hat sich eingebürgert, /i/ als Vertreter der großen und /e/ als Vertreter der kleinen Vokalharmonie zu verwenden. Bei der impliziten Schreibweise schreibt man die beiden erwähnten Suffixe einfach als /-im/ *-im* bzw. /-ler/ *-ler* und vertraut im übrigen darauf, daß der Leser sich des Kapitels über Vokalharmonie erinnert.

Empfehlenswerter ist eine explizite Schreibweise. Dabei wird der Leser durch die Verwendung von *morphophonologischen Symbolen* direkt darauf aufmerksam gemacht, daß in einem bestimmten Fall eine morphophonologische Gesetzmäßigkeit zu beachten ist. Die konsequente Setzung des morphophonologischen Klammersymbols würde schon einen Fortschritt bedeuten, also //-im// bzw. //-ler//. Die doppelten Schrägstriche würden allerdings lediglich daran erinnern, daß hier *irgendeine* morphophonologische Gesetzmäßigkeit vorliegt. Sie würden nichts darüber aussagen, um was für eine Gesetzmäßigkeit es sich handelt. Noch expliziter ist daher ein Hinweis darauf, *welches* Phonem einem morphophonologischen Wechsel unterliegt. Zur Kennzeichnung solcher Phoneme verwendet man Großbuchstaben.[167] Unsere beiden Phoneme haben dann die Gestalt //-Im// bzw. //-lEr//. Eine andere Möglichkeit besteht darin, den morphophonologischen

[167] Diese Großbuchstaben dürfen nicht mit denjenigen zur Wiedergabe von Archiphonemen verwechselt werden (vgl. Kap. 11). Die konsequente Setzung von doppelten Schrägstrichen bei morphophonologischer gegenüber einfachen Schrägstrichen bei archiphonemischer Schreibweise kann hier erforderlichenfalls Klarheit schaffen.

Prozeß als solchen irgendwie durch ein morphophonologisches Symbol kenntlich zu machen, z. B. //-im^4// bzw. //-ler^2//.[168] Die Exponenten dienen als morphophonologische Symbole und weisen auf die vierfache Alternanz bei der großen bzw. auf die zweifache Alternanz bei der kleinen Vokalharmonie hin. Alle diese Schreibweisen sind in sprachwissenschaftlichen Arbeiten über das Türkische tatsächlich zu finden.

Um das Prinzip zu verdeutlichen, zeigen wir eine noch abstraktere Schreibweise, die uns in der Praxis bisher noch nicht begegnet ist. Wir haben schon festgestellt, daß die Annahme eines Vertreters für die jeweilige alternierende Vokalgruppe willkürlich ist. Wenn man willkürliche Entscheidungen vermeiden will, muß man das Possessivsuffix 1. Sg. so formulieren: {große Vokalharmonie +/m/}, das Pluralsuffix: {/l/ + kleine Vokalharmonie +/r/}. Dies könnte man z. B. folgendermaßen symbolisieren: //-^{4}m//, //-l^{2}r//. Dabei verweisen wiederum die Ziffern ^{4} und ^{2} auf die große bzw. kleine Vokalharmonie, diesmal aber unter Beseitigung von Redundanz und Willkür.

12.2 Auslautverhärtung

Wir haben bereits mehrfach festgestellt, daß im Deutschen die Opposition zwischen paarigen stimmlosen und stimmhaften Konsonanten im Wortauslaut zugunsten der stimmlosen Konsonanten aufgehoben (genauer: neutralisiert) ist (sog. 'Auslautverhärtung'), z. B. /ra:t/. Dagegen ist */ra:d/ unmöglich. Betrachten wir das morphologische Verhalten solcher Wörter, dann stellen wir fest, daß bei Anfügung eines vokalisch anlautenden Suffixes einige Wörter den stimmlosen Konsonanten (z. B. /t/) beibehalten, andere Wörter den stimmlosen Konsonanten in den entsprechenden stimmhaften Konsonanten (z. B. /d/) umwandeln. Wenn

[168] Bei Verwendung eines über die bloße Klammersymbolik hinausgehenden morphophonologischen Symbols sind die doppelten Schrägstriche eigentlich redundant, da die Verwendung eines solchen Symbols die Schreibweise automatisch zu einer morphophonologischen macht. Man könnte also auch schreiben: /-Im/ bzw. /-lEr/, /-im^4/ bzw. /-ler^2/.

wir jemanden bitten, zu dem Substantiv /ra:t/ unter Anfügung des Suffixes /-əs/ *-es* den Genitiv Sg. zu bilden, dann ist diese Aufgabe ohne weitere Angaben nicht lösbar. Es gibt nämlich zwei Wörter, deren Stammformen in der Lautgestalt /ra:t/ homophon sind. Das eine Wort behält das /t/ bei Anfügen des Suffixes bei: /ra:təs/ *(des) Rates*. Das andere verwandelt es in ein /d/: /ra:dəs/ *(des) Rades*.

Vor diesem Problem stehen wir bei jedem flektierbaren Wort, das auf einen stimmlosen Konsonant, zu welchem ein stimmhaftes Gegenstück existiert, endet. Hat der Plural zu /gelt/ die Form */geltər/ oder /geldər/? Hat der Plural zu /t͜selt/ die Form /t͜seltə/ oder */t͜seldə/? Hat das Verbum zu /zi:p/ im Infinitiv die Form */zi:pən/ oder /zi:bən/? Hat der Infinitiv zu /pi:p/ die Form /pi:pən/ oder */pi:bən/? Hat das Adjektiv zu /ai̯s/ die Form */ai̯six/ oder /ai̯zix/? Hat das Adjektiv zu /flai̯s/ die Form /flai̯six/ oder *flai̯zix/? Die deutschen Wörter mit paarigem stimmlosem Konsonanten im Auslaut zerfallen also in zwei Gruppen. Die eine Gruppe behält diesen Konsonanten bei, die andere Gruppe verwandelt ihn in den entsprechenden stimmhaften Konsonanten. Welcher Gruppe ein Wort angehört, ist aufgrund seiner lautlichen (phonetischen/phonologischen) Gestalt nicht vorhersagbar.

Es handelt sich hier also um einen phonologischen Wechsel (z. B. /t/ ~ /d/, /p/ ~ /b/), der morphologisch wirksam ist. Die Kenntnis der alternierenden Konsonanten allein reicht aber nicht aus. Man muß darüber hinaus wissen, ob ein Wort überhaupt an diesem Wechsel teilnimmt oder nicht. Da diese Erscheinung den gesamten deutschen Wortschatz durchzieht, bietet es sich an, hier mit Hilfe von morphophonologischen Symbolen Klarheit zu schaffen. Dies ist in der Tat mit sehr einfachen Mitteln möglich.

Wir schreiben in morphophonologischer Schreibweise eben jenen Konsonanten, der in der Morphologie bei Anfügung eines vokalisch anlautenden Suffixes erscheint. Um klarzumachen, welches Phonem von der morphophonologischen Alternanz betroffen ist, verwenden wir wiederum Großbuchstaben. Wir schreiben für die obigen Beispiele also //ra:T// bzw. //ra:D//, //gelD// bzw. //t͜selT//, //zi:B// bzw. //pi:P//, //ai̯Z// bzw. //flai̯S//.[169] Diese

[169] Man beachte den Unterschied zur archiphonemischen Schreib-

Formen zeigen eindeutig, wie die morphologische Ableitung lauten muß.

Es mag sein, daß dem deutschsprachigen Leser diese Diskussion unnötig ausführlich erscheint. Es wäre in der Tat eine lohnendere Aufgabe gewesen, diese Dinge einem intelligenten Analphabeten auseinanderzusetzen. Der Grund dafür ist, daß die deutsche Orthographie, die anzugeben wir bei den obigen Beispielen bewußt vermieden haben, sich genau *so* verhält, wie es unsere morphophonologische Schreibweise angibt. Wir schreiben *Rat*, weil es *(des) Rates, Räte* usw. heißt. Obwohl wir /ra:t/ sprechen, schreiben wir andererseits *Rad*, weil es *(des) Rades*, *Räder* usw. heißt. Entsprechend schreiben wir *Geld*, aber *Zelt*; *Sieb*, aber *Piep*; *Eis*, aber *Fleiß*. Die morphologischen Ableitungen zeigen dieselben Konsonanten: Pl. *Gelder*, *Zelte*; Inf. *sieben*, *piepen*; Adj. *eisig*, *fleißig*. Die deutsche Orthographie ist also in bezug auf diesen Punkt morphophonologisch. Dies hat den Nachteil, daß sie in Fällen wie *Rad*, *Sieb* usw. nicht genau der tatsächlichen Aussprache entspricht. Es hat aber den Vorteil, daß man in jedem Fall weiß, welche Form die morphologischen Ableitungen haben. Der Vorteil überwiegt den Nachteil bei weitem. Die phonotaktische Regel, welche besagt, daß im Auslaut deutscher Wörter nur stimmlose paarige Konsonanten auftreten, funktioniert ganz mechanisch und ist leicht zu merken. Umgekehrt gibt es aber keine Regel, welche bestimmen würde, ob ein phonologisches /t/ vor einem vokalischen Suffix /t/ bleibt oder zu /d/ wird. Dies müßte man sich für jedes Wort einzeln einprägen. In einem deutsch–fremdsprachigen Wörterbuch für die Benutzung von Deutsch lernenden Ausländern müßte dies bei jedem einzelnen Wort kenntlich gemacht werden. Der morphophonologische Charakter der deutschen Orthographie macht diese Angabe überflüssig oder besser gesagt: beinhaltet eben diese Angabe.

Im Gegensatz zum Neuhochdeutschen war die Orthographie des Mittelhochdeutschen nicht morphophonologisch, sondern phonologisch. Vgl. die entsprechenden Wörter:

weise. Archiphonemisch /ra:T/ entspricht morphophonologisch //ra:T// *und* //ra:D//. Die übrigen Formen in archiphonemischer Schreibweise: /gelT/, /t͡selT/, /Si:P/, /pi:P/, /ai̯S/, /flai̯S/.

Mhd.:	*rat,*	*rades*	Nhd.:	*Rad,*	*Rades*
	rât,	*râten*		*Rat,*	*raten*
	liep,	*liebe*		*lieb,*	*Liebe*
	tac,	*tages*		*Tag,*	*Tages*

Morphophonologische Erscheinungen, die der deutschen 'Auslautverhärtung' entsprechen, sind in vielen Sprachen verbreitet. Wie schon das Beispiel Mittelhochdeutsch–Neuhochdeutsch zeigt, können sich Orthographien in dieser Hinsicht unterschiedlich verhalten. Die russische Orthographie ist morphophonologisch, genau wie die neuhochdeutsche, vgl.:

/rot/	род	'Geschlecht'	– Pl.	/ródi/	роды
/rot/	рот	'Mund'	– Pl.	/rti/	рты

Demgegenüber ist die türkische Orthographie überwiegend phonologisch, vgl.:

/ɑrmut/	*armut*	'Birne'	–	/ɑrmudum/	*armudum*	'meine Birne'
/demet͡ʃ/	*demeç*	'Rede'	–	/demed͡ʒim/	*demecim*	'meine Rede'
/renk/	*renk*	'Farbe'	–	/rengim/	*rengim*	'meine Farbe'

Nur sporadisch wird zur Vermeidung von Homographien morphophonologisch geschrieben:

/ɑt/	*ad*	'Name'	–	/ɑdɯm/	*adım*	'mein Name'
/ɑt/	*at*	'Pferd'	–	/ɑtɯm/	*atım*	'mein Pferd'

Eine solche 'gemischte' Lösung ist inkonsequent und daher besonders ungeschickt.

12.3 Liaison und Verwandtes

Eine morphophonologische Erscheinung ganz anderer Natur soll am Beispiel des Französischen gezeigt werden. Der bestimmte Artikel im Singular lautet /lə/ *le* (mask.), /la/ *la* (fem.):

/pɔr/	*port*	(m.)	'Hafen'	–	/ləpɔr/	*le port*	'der Hafen'
/pɔrt/	*porte*	(f.)	'Tür'	–	/lapɔrt/	*la porte*	'die Tür'

Beide Artikel können den Vokal verlieren, wenn sie vor einem Substantiv stehen, das phonologisch mit Vokal beginnt:

/ãʒ/	*ange*	(m.)	'Engel'	– /lãʒ/	*l'ange*	'der Engel'
/œr/	*heure*	(f.)	'Stunde'	– /lœr/	*l'heure*	'die Stunde'

Es gibt jedoch eine gewisse Zahl von Wörtern, die phonologisch ebenfalls mit Vokal beginnen, ohne daß beim Artikel der Schwund des Vokals eintritt:

/œr/	*heurt*	(m.)	'Stoß'	– /ləœr/	*le heurt*	'der Stoß'
/ãʃ/	*hanche*	(f.)	'Hüfte'	– /laãʃ/	*la hanche*	'die Hüfte'

Es gibt keine Möglichkeit, die Wörter, die Vokalschwund bewirken, von denjenigen, die ihn nicht bewirken, phonetisch oder phonologisch zu unterscheiden.[170] Bei jedem einzelnen mit Vokal beginnenden Wort muß man sich einprägen, ob es zu der einen oder zu der anderen Gruppe gehört.

Die beiden Gruppen von Wörtern verhalten sich auch im Plural unterschiedlich. Der Pluralartikel lautet für beide Genera /le/ *les*:

/lepɔr/	*les ports*	'die Häfen'
/lepɔrt/	*les portes*	'die Türen'

Bei denjenigen Wörtern, die im Singular Vokalschwund bewirken, wird zwischen Pluralartikel und Substantiv ein /z/ eingeschoben. Diese Erscheinung ist in der französischen Grammatik als *liaison* bekannt[171]:

/lezãʒ/	*les anges*	'die Engel'
/lezœr/	*les heures*	'die Stunden'

Bei denjenigen Wörtern, vor denen der Vokal des Singularartikels erhalten bleibt, findet kein Einschub von /z/ statt:

/leœr/	*les heurts*	'die Stöße'
/leãʃ/	*les hanches*	'die Hüften'

Die beiden Verhaltensweisen sind also genau parallel. Auch bei der Konjugation des Verbs finden sich entsprechende Unterschie-

[170] Übrigens bietet auch die Orthographie keine Handhabe, um zu erkennen, zu welcher der beiden Gruppen ein Wort gehört. In beiden Gruppen gibt es Wörter mit initialem *h*- und solche ohne *h*-, vgl. /ləõzjɛm/ *le onzième* 'der elfte'.

[171] Dieser Terminus ist historisch bedingt und wird dem synchronen Status dieser Erscheinung nicht gerecht. Vgl. Ternes (1977 a) für eine Diskussion in einem weiteren Rahmen.

de. Das Personalkennzeichen der 1. Sg. /ʒə/ *je* verliert den Vokal vor bestimmten mit Vokal beginnenden Verben, vor anderen bleibt /ʒə/ unverändert. Dementsprechend schiebt das Personalkennzeichen der 1. Pl. /nu/ *nous* vor der ersten Gruppe von Verben ein /z/ ein, vor der zweiten Gruppe unterbleibt dieser Einschub:

/ɛme/	*aimer*	'lieben':	1. Sg.	/ʒɛm/	*j'aime*	'ich liebe'
			1. Pl.	/nuzɛmõ/	*nous aimons*	'wir lieben'
/œrte/	*heurter*	'stoßen':	1. Sg.	/ʒəœrt/	*je heurte*	'ich stoße'
			1. Pl.	/nuœrtõ/	*nous heurtons*	'wir stoßen'

Es handelt sich also um zwei Gruppen von Wörtern, die sich in der Morphologie unterschiedlich verhalten, ohne daß eine phonetische/phonologische Motivation vorläge. Auf irgendeine Weise soll aber beim Auftreten eines Wortes (z. B. in einem Wörterbuch oder in einem Lehrbuch) kenntlich gemacht werden, zu welcher Gruppe es gehört. Die ungeschickteste Vorgehensweise wäre es, bei jedem mit Vokal beginnenden Wort alle entsprechenden Eigenschaften der Reihe nach aufzuzählen, also 'Elision des Vokals beim Singularartikel, Einschub von /z/ beim Pluralartikel, Elision beim Personalkennzeichen 1. Sg., Einschub von /z/ beim Personalkennzeichen 1. Pl. ...'. Es wäre schon ein großer Fortschritt, nur eine der betreffenden Eigenschaften aufzuführen, also z. B. 'Elision des Vokals beim Singularartikel' bzw. 'keine Elision des Vokals'. Aus *einer* solchen Angabe würden alle anderen Eigenschaften zwangsläufig folgen. Irgendwo (z. B. in einer Grammatik) müßte natürlich festgestellt werden, welche weiteren Eigenschaften ein Wort besitzt, das 'Elision des Vokals beim Singularartikel' aufweist. Indem diese Eigenschaften zusammengefaßt und aufeinander bezogen werden, hat man bereits eine morphophonologische Beschreibungsebene geschaffen.

Man kann die beiden Wortgruppen natürlich noch viel knapper kennzeichnen als durch einen verbalisierten Zusatz, nämlich durch Verwendung eines morphophonologischen Symbols. Wenn man Redundanz vermeiden will, dann genügt es, eine der beiden Gruppen konsequent durch ein Symbol kenntlich zu machen und die andere ebenso konsequent unbezeichnet zu lassen. Man markiert gewöhnlich diejenige Gruppe, welche die Eigenschaft 'keine

Elision des Vokals, kein Einschub von /z/ ...' aufweist. Die Gruppe 'Elision des Vokals, Einschub von /z/ ...' bleibt unbezeichnet. Da die Eigenschaften jeder Gruppe recht heterogen sind, ist es wenig sinnvoll, ein morphophonologisches Symbol zu wählen, welches einen bestimmten Lautwert evoziert. Man verwendet daher ein ganz abstraktes Symbol, z. B. (wie in den Wörterbüchern des Hauses Langenscheidt) das Zeichen * oder (wie in den Wörterbüchern des Hauses Le Robert) das Zeichen '. Wir schreiben also //*œr// 'Stoß', //*ãʃ// 'Hüfte', //*œrte// 'stoßen'; dagegen //ãʒ// 'Engel', //œr// 'Stunde', //ɛme// 'lieben' ohne morphophonologisches Symbol. Der Schreibweise //*ãʃ// läßt sich entnehmen, daß die Form mit Singularartikel /laãʃ/, mit Pluralartikel /leãʃ/ heißt. Der Schreibweise //ãʒ// läßt sich entnehmen, daß die Form mit Singularartikel /lãʒ/, mit Pluralartikel /lezãʒ/ heißt. In Wörterbüchern, Grammatiken o. dgl. wird ein solches morphophonologisches Symbol häufig auch als Zusatz zur Orthographie verwendet, z. B. **heurt*, **hanche*, **heurter* (bei Langenscheidt).

Dieses morphophonologische Symbol unterscheidet sich von den zuvor behandelten insofern, als ihm selbst kein bestimmter Lautwert zukommt. Daher erscheint es nicht in der Form eines Großbuchstabens, sondern in einer nahezu beliebigen abstrakten Form. Seine Aufgabe besteht darin, zwei Wortklassen, die sich in bestimmten morphologischen Formen phonologisch unterschiedlich verhalten, durch eine *künstlich* geschaffene Markierung zu unterscheiden. Daß dieses Verfahren in auf die Praxis ausgerichteten Werken wie Wörterbüchern u. dgl. schon lange *avant la lettre* verwendet wurde, zeigt den Nutzen, ja die Notwendigkeit der morphophonologischen Beschreibungsebene.

12.4 Andere Erscheinungen

Es gibt in den Sprachen der Welt die unterschiedlichsten Erscheinungen, die sich für eine morphophonologische Behandlungsweise anbieten. Letztlich liegt es im Ermessen des Grammatikers abzuwägen, ob die Annahme eines Morphophonems einen beschreibungstechnischen oder didaktischen Vorteil mit sich bringt und gewisse Einsichten vermittelt oder nicht. Es wäre z. B. nicht sehr sinnvoll, die Suffixe der lateinischen *o*-Deklination (Sg. *-us*, *-i*, *-o*, *-um*, *-o*, *-e*; Pl. *-i*, *-orum*, *-is*, *-os*, *-is*) durch den Ansatz verschiedener Morphophoneme 'vereinfachen' zu wollen, auch wenn natürlich gewisse Regularitäten darin zu erkennen sind. Diese Suffixe müssen einfach als solche memoriert werden. Keine Technik kann sie regelmäßiger machen, als sie sind.

Wir nennen zum Abschluß dieses Kapitels summarisch noch einige typische Erscheinungen, die normalerweise morphophonologisch dargestellt werden:

1. *Ablaut* der Verben im Deutschen und in anderen germanischen Sprachen. Die Annahme einer bestimmten Zahl von Ablautreihen und deren fest zugeordnete Durchnumerierung (z. B. von I bis VI) ist eine morphophonologische Technik. Die den Ablautreihen zugeordneten Ziffern sind nichts anderes als morphophonologische Symbole, welche die schnelle Einordnung eines Verbums in eine Konjugationsklasse erlauben, z. B. I *ei – i – i*, III *i – a – u* usw. Dann bedeutet *greifen* (I), daß dieses Verb nach der ersten Ablautreihe konjugiert wird *(greifen – griff – gegriffen)*; *binden* (III) bedeutet, daß es der dritten Ablautreihe folgt *(binden – band – gebunden)* usw. Eine solche Darstellungsweise ist nicht nur in der historischen Grammatik der germanischen Sprachen üblich, sondern auch in synchronen Wörterbüchern und Grammatiken der Gegenwartssprachen.

2. In ähnlicher Weise läßt sich der *Umlaut* (in germanischen und anderen Sprachen) behandeln, z. B. in dt. *Land – Länder*, *sprechen – (er/sie) spricht*.

3. *Anlautmutationen* in den keltischen Sprachen (Ternes 1977 a), z. B. in bret. *penn* 'Kopf' – *va fenn* 'mein Kopf'.

4. *Stufenwechsel* im Finnischen, z. B. in *katu* 'Straße', Gen. *kadun* 'der Straße'. Vgl. z. B. die einzelnen Typen im grammatischen Anhang von Katara (1964) und die Ziffern, mit denen im Innern des Wörterbuchs auf diese Typen verwiesen wird.

13. MERKMALPHONOLOGIE

Wir haben das *Phonem* definiert als *kleinste bedeutungsunterscheidende Einheit* der Sprache (vgl. o. 61). Bei Trubetzkoy lautet diese Definition: „Phonologische Einheiten, die sich vom Standpunkt der betreffenden Sprache nicht in noch kürzere aufeinanderfolgende phonologische Einheiten zerlegen lassen, nennen wir Phoneme. Somit ist das Phonem die kleinste phonologische Einheit der gegebenen Sprache" (1989: 34). Wichtig ist an diesen Definitionen vor allem, daß sich das Phonem nicht weiter zerlegen läßt und damit die *kleinste* distinktive Einheit der Sprache ist. Dies war lange Zeit eine Art 'Schallgrenze', die nicht angetastet wurde. Richtig ist auch heute noch in jedem Fall, daß das Phonem nicht in noch kürzere *aufeinanderfolgende* Einheiten zerlegt werden kann. Daß es aber die kleinste distinktive Einheit der Sprache überhaupt ist, trifft heute nicht mehr ganz zu. Damit begeben wir uns allerdings in einen Grenzbereich der traditionellen Phonologie und stehen an der Schwelle einer ganz anderen Betrachtungsweise, nämlich der *generativen Phonologie*.

13.1 Oppositionstypen

Interessanterweise findet sich der Keim dieser Entwicklung schon in Trubetzkoys eigener Betrachtungsweise angelegt, ohne daß er allerdings die Folgen erkannte. Dies war einem anderen großen Vertreter der Prager Schule vorbehalten, nämlich Roman Jakobson (1896–1982). Wir wollen die gedankliche Entwicklung, die zur 'Aufspaltung' des Phonems führte, kurz nachvollziehen.

Wir wissen bereits, daß die durch bestimmte Verfahren (insbesondere Minimalpaarbildung) ermittelten Phoneme einer Sprache keine ungeordnete Menge, sondern ein wohlgeordnetes System bilden. Diese Anordnung der Phoneme zu einem *System* war das eigentliche Anliegen Trubetzkoys. Während wir für diesen Zweck von den bekannten artikulatorischen Parametern, allerdings von jeglicher phonetischen Redundanz befreit, ausgehen, beruhte die Anordnung der Phoneme bei Trubetzkoy auf strengen *logischen Prinzipien*.

Die Relevanz eines Phonems ergibt sich dadurch, daß es *in Opposition* zu mindestens *einem* anderen Phonem steht. Damit sind wir längst vertraut. Trubetzkoy unterschied dabei mehrere Arten von Oppositionen, und zwar nach logischen Kriterien:

1. *Privative Oppositionen*, Beispiel /p/ – /b/: „Privative Oppositionen sind solche, bei denen das eine Oppositionsglied durch das Vorhandensein, das andere durch das Nichtvorhandensein eines Merkmales gekennzeichnet sind, z. B. 'stimmhaft' – 'stimmlos', 'nasaliert' – 'unnasaliert', 'gerundet' – 'ungerundet' usw. Das Oppositionsglied, das durch das Vorhandensein eines Merkmals gekennzeichnet ist, heißt 'merkmaltragend', das durch das Fehlen des Merkmals gekennzeichnete Oppositionsglied 'merkmallos'" (1989: 67).

Damit ist eigentlich alles gesagt. Phonempaare wie /p/ – /b/, /t/ – /d/, /k/ – /g/, /s/ – /z/ usw. bilden privative Oppositionen. Die Glieder jedes Paares unterscheiden sich durch das *gleiche* Merkmal 'Stimmhaftigkeit' voneinander. /p, t, k, s/ sind merkmallos, /b, d, g, z/ sind merkmaltragend. Ebenso bilden Paare wie /b/ – /m/, /d/ – /n/ usw. privative Oppositionen, die sich alle durch das gleiche Merkmal 'Nasalität' unterscheiden. /b, d/ sind merkmallos, /m, n/ sind merkmaltragend. Das gleiche gilt für Paare von Vokalphonemen wie /ɑ/ – /ɑ̃/, /o/ – /õ/ usw. Graphisch läßt sich eine privative Opposition so darstellen:

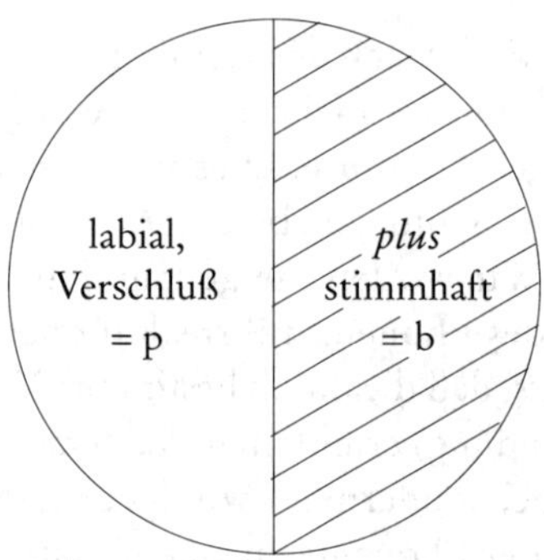

Abb. 13: Privative Opposition.

2. *Äquipollente Oppositionen*, z.B. /p/ – /t/: „Äquipollente Oppositionen sind solche, deren beide Glieder logisch gleichberechtigt sind" (1989: 67). Die beiden Glieder sind logisch gleichberechtigt, da weder das eine Phonem aus dem anderen durch Hinzufügung eines Merkmals gebildet wurde (= privative Opposition), noch das eine Phonem eine Abstufung in bezug auf das andere darstellt (= graduelle Opposition). Auch /p/ – /k/, /t/ – /k/ bilden äquipollente Oppositionen. Dies kommt in der häufig verwendeten graphischen Anordnung in Form eines Dreiecks zum Ausdruck:

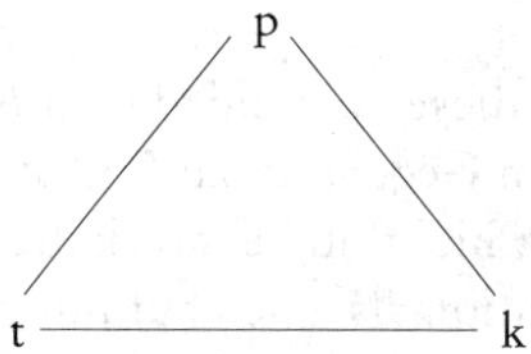

Abb. 14: Konsonantendreieck.

Eine äquipollente Opposition läßt sich graphisch folgendermaßen darstellen:

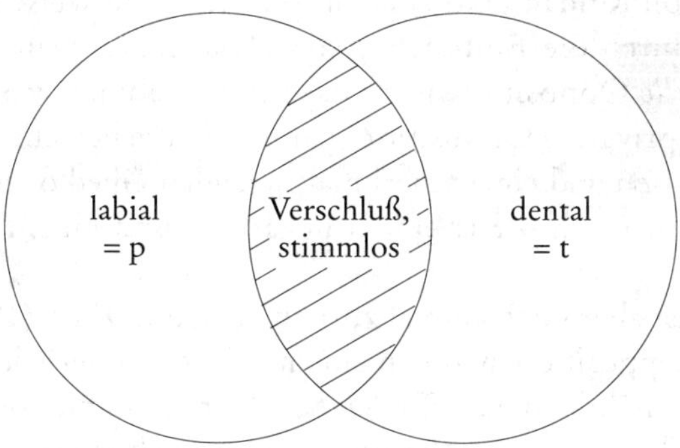

Abb. 15: Äquipollente Opposition.

3. *Graduelle Oppositionen*, z.B. /i/ – /e/ – /ɛ/: „Graduelle Oppositionen sind solche, deren Glieder durch verschiedene Grade oder Abstufungen derselben Eigenschaft gekennzeichnet sind" (1989: 67). Trubetzkoy bezeichnet diese Oppositionen als verhältnismäßig selten und nicht so wichtig wie die anderen beiden. Graphisch läßt sich eine solche Opposition folgendermaßen darstellen:

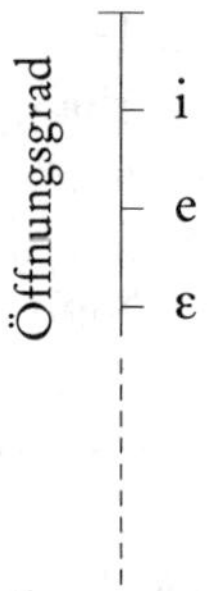

Abb. 16: Graduelle Opposition.

Die Unterscheidung dieser verschiedenen Arten von Oppositionen läßt sich aber – im Gegensatz zu Trubetzkoys Anspruch – gerade logisch gesehen nicht aufrechterhalten. So kann man z. B. eine privative Opposition als einen auf nur zwei Abstufungen beschränkten Sonderfall einer graduellen Opposition auffassen. Oder man könnte die äquipollenten Oppositionen /p/ – /t/ – /k/ (analog zum Öffnungsgrad der Vokale) als graduelle Oppositionen einer Achse 'vorne – hinten' betrachten. Diese Widersprüche wurden von Roman Jakobson auf sehr radikale Weise aufgelöst, nämlich durch die Einführung des *Binarismus*. Damit wurden letztlich *alle* Oppositionen auf das zurückgeführt, was Trubetzkoy eine 'privative Opposition' nannte. Diese besteht aus einem merkmallosen und einem merkmaltragenden Glied oder – binaristisch gesprochen – aus einem negativen und einem positiven Glied.

Zunächst aber noch einmal zurück zu Trubetzkoy (1989: 77 f.): Mehrere Oppositionen, die in einem privativen Verhältnis zueinander stehen, bilden eine *Korrelation* (z. B. Stimmhaftigkeitskorrelation, Rundungskorrelation, Aspirationskorrelation, Quantitätskorrelation). Die distinktive Eigenschaft, welche die Glieder einer Korrelation unterscheidet, ist das *Korrelationsmerkmal* (z. B. Stimmhaftigkeit, Rundung, Aspiration, Quantität). Hier taucht – wahrscheinlich zum ersten Mal – der Begriff 'Merkmal' in streng definierter metasprachlicher Verwendung auf. Zwei Phoneme, die im Rahmen einer Korrelation in Opposition zueinander stehen, bilden ein *Korrelationspaar*, z. B. /p/ – /b/, /i/ – /y/. Phoneme, die an einem Korrelationspaar beteiligt sind, heißen *paarige Phoneme*. Phoneme, die an keinem Korrelationspaar beteiligt sind, heißen *unpaarige Phoneme*. In dem Begriff 'Paar', der seinerseits auf den Begriff der 'privativen Opposition' zurückgeht, steckt natürlich im Ansatz auch schon der Binarismus, der dann von Roman Jakobson zum zentralen Prinzip erhoben wurde. Wenn ein Phonem an mehreren Korrelationen beteiligt ist, kommt es zur Bildung von *Korrelationsbündeln*. So können die Stimmhaftigkeitskorrelation und die Aspirationskorrelation ein viergliedriges Bündel bilden, z. B. im Altindischen:

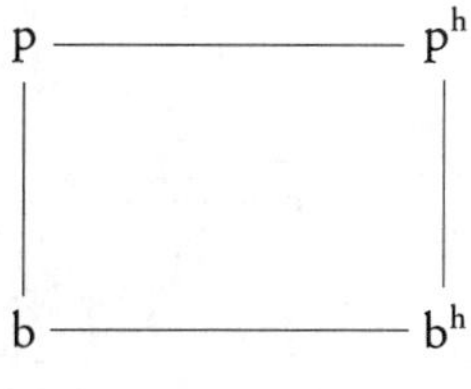

Abb. 17: Konsonantenviereck.

Zwei Korrelationen (= zwei privative Oppositionsreihen = in Jakobsonscher Terminologie zwei binäre Merkmale) unterscheiden maximal vier Phoneme. Diese Vorstellungen von der Bündelung von Merkmalen und der maximalen Ausnutzung von Korrelationen enthalten ebenfalls schon wesentliche Elemente der späteren Merkmalphonologie.

Hier wird erneut deutlich, weshalb eine Opposition wie z. B. /p/ – /ʒ/ verhältnismäßig uninteressant ist. Die beiden Phoneme bilden weder eine privative noch eine äquipollente, noch eine graduelle Opposition. Sie stehen nur dadurch in Verbindung, daß jedes der beiden Phoneme mit jeweils anderen Phonemen eine dieser Oppositionen bildet. Damit sind sie über mehrere Stufen hinweg letztlich in einem Gesamtsystem von Oppositionen integriert. Interessant und daher durch Minimalpaare nachzuweisen sind in erster Linie diejenigen Oppositionen, die direkt einem der genannten logischen Typen angehören.

Die Anordnung der Phoneme einer Sprache in einem zweidimensionalen System beruht auf eben diesen logischen Oppositionen und Korrelationen. Dabei werden i. allg. äquipollente Oppositionen in der Horizontalen, privative Oppositionen (= Korrelationen) und graduelle Oppositionen in der Vertikalen aufgetragen, wie z. B. in den folgenden hypothetischen Teilsystemen:

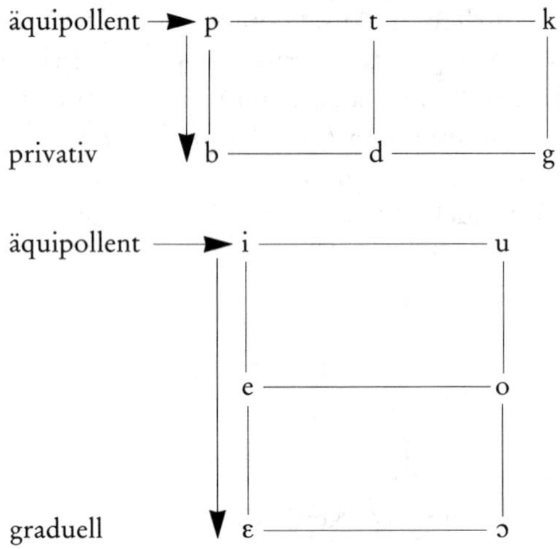

Abb. 18: Bündelung von je zwei Oppositionen.

Besitzt das obige Vokalsystem zusätzlich eine Rundungskorrelation, ergibt sich eine Schwierigkeit dadurch, daß graduelle *und* privative Oppositionen in der Vertikalen aufgetragen werden müßten. Man hat für diesen Fall eine graphische Gestaltung gewählt, wie sie in dem folgenden hypothetischen Teilsystem zum Ausdruck kommt:

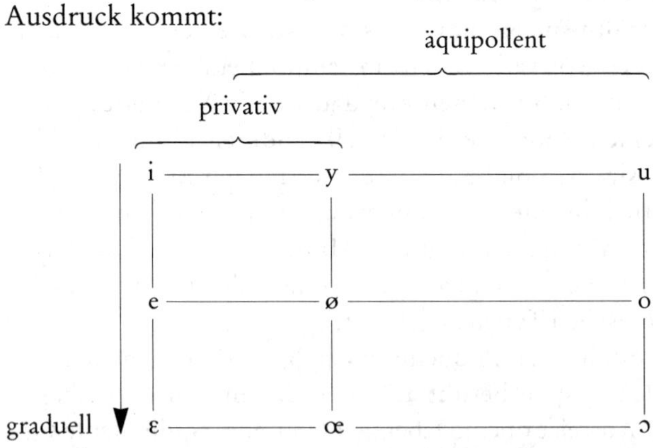

Abb. 19: Bündelung von drei Oppositionen.

Eine andere Möglichkeit wäre eine dreidimensionale Anordnung (vgl. Abb. 20).

Da Trubetzkoy die Merkmale zur Unterscheidung der verschiedenen Oppositionen überwiegend auf artikulatorischer Grundlage gewonnen hatte, führte seine Anordnung nach logischen Oppositionen letztlich zum selben Ergebnis wie unsere Anordnung nach redundanzfreien artikulatorischen Parametern. Dabei entspricht bei Konsonanten die horizontale Koordinate (= äquipollente Oppositionen) der Artikulationsstelle, die vertikale Koordinate (= privative Oppositionen) der Artikulationsart. Bei Vokalen entspricht die horizontale Koordinate (= äquipollente Oppositionen) der Zungenstellung (vorne – hinten), die vertikale Koordinate (= graduelle Oppositionen) dem Öffnungsgrad.

Wenn auch die logischen Oppositionstypen nach Trubetzkoy heute nur noch eine geringe Rolle spielen, so waren sie es doch, die eine streng-logische, redundanzfreie Anordnung der Phoneme zu einem Gesamtsystem wissenschaftsgeschichtlich zum ersten Mal ermöglicht haben.

Ein Vokalsystem, das vordere und hintere Vokale unterscheidet und zudem eine Rundungskorrelation aufweist, sollte eigentlich dreidimensional dargestellt werden, z. B. im Vokalsystem des Türkischen (Abb. 20, vgl. o. 167).

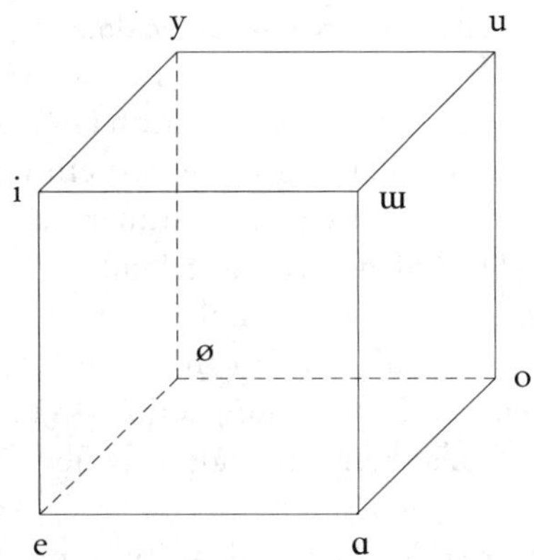

Abb. 20: Das Vokalsystem des Türkischen als Vokalklotz.

Man nennt diese Figur einen *Vokalklotz* oder *Vokalwürfel*. Wegen der graphischen Schwierigkeiten verzichtet man meist auf eine solche dreidimensionale Darstellungsweise und verwendet statt dessen eine Anordnung, bei der die dritte Dimension durch zweidimensionale Doppelkolonnen ersetzt wird (vgl. Abb. 19). Kommt zu einem Vokalsystem mit Rundungskorrelation noch eine weitere Korrelation hinzu, z. B. Nasalierungskorrelation, so ergäbe diese eine vierte Dimension. Es wird i. allg. kein Versuch gemacht, dies graphisch darzustellen. Was über drei Dimensionen hinausgeht, wird bei Vokalen am besten in einem getrennten System angeordnet, vgl. die nasalierten Vokale des Französischen, o. 151.

Auch bei Konsonanten wird gelegentlich eine dreidimensionale Darstellungsweise verwendet, z. B. in dem folgenden hypothetischen Teilsystem:

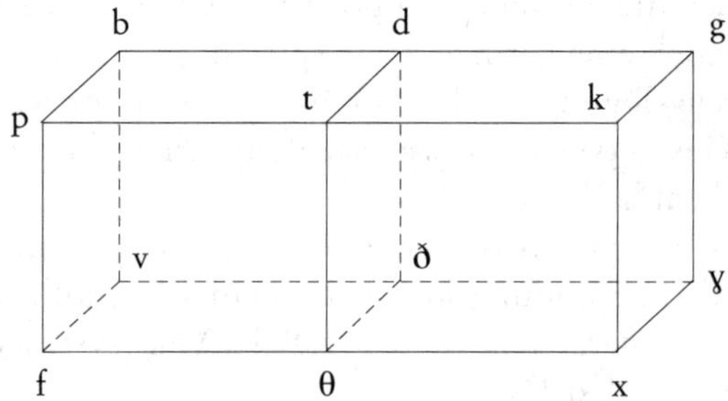

Abb. 21: Konsonantenklotz.

Kommt auch hier eine weitere Korrelation (z. B. Palatalisierungskorrelation) hinzu, so entsteht theoretisch ein vierdimensionales Gebilde. Dies wird in der Regel zweidimensional durch zusätzliche Kolonnen oder Zeilen wiedergegeben.

Bis hierhin sind wir im wesentlichen dem Vorgehen Trubetzkoys gefolgt, wenn wir auch schon an einigen Stellen auf Ansatzpunkte zu der weiteren Entwicklung aufmerksam gemacht haben. Ab jetzt geht der Gedankengang endgültig über Trubetzkoy hinaus.

Wenn wir, z. B. bei der Minimalpaarbildung, an die Stelle des Phonems /p/ das Phonem /b/ setzen, dann ersetzen wir nicht ein Phonem durch ein völlig anderes Phonem. Ganz im Gegenteil bleiben alle bei /p/ vorhandenen Eigenschaften, nämlich 'Verschlußlaut' und 'labial', unverändert. Wir fügen lediglich *eine*

Eigenschaft hinzu, nämlich 'Stimmhaftigkeit'. Bei der sog. Auslautverhärtung im Deutschen (und in anderen Sprachen) handelt es sich also eigentlich nicht darum, daß die Opposition zwischen zwei verschiedenen Konsonantenphonemen aufgehoben ist. Nur eine einzige Eigenschaft, nämlich die Stimmhaftigkeitskorrelation, ist in ihrer Distinktivität neutralisiert. Alle übrigen Eigenschaften bleiben unangetastet, z. B. 'Verschlußlaut', 'Frikativ', 'labial', 'dental' usw. Wenn wir vom Phonem /p/ z. B. zum Phonem /v/ übergehen, müssen wir zwei Schritte vollziehen: 1. 'Stimmhaftigkeit' hinzufügen, 2. 'Verschlußlaut' durch 'Frikativ' ersetzen. Nur die Eigenschaft 'labial' bleibt unverändert. Wenn wir schließlich vom Phonem /p/ z. B. zum Phonem /ʒ/ übergehen, dann verändert sich praktisch alles. Gleich bleibt nur, daß es sich um einen Konsonanten handelt. Die Veränderung in Schritten: 1. Es wird 'Stimmhaftigkeit' hinzugefügt, 2. 'Verschlußlaut' wird zu 'Frikativ', 3. 'labial' wird zu 'palatal'.

Die Anzahl der Schritte, die wir vornehmen müssen, um ein Phonem in ein anderes umzuwandeln, entspricht genau der Anzahl der *Merkmale*, durch die sich die beiden Phoneme unterscheiden. Jetzt können wir auch genauer formulieren, welche Oppositionen die interessanteren und daher vordringlich durch Minimalpaare nachzuweisen sind (vgl. o. 109f.): Eine Opposition von zwei Phonemen ist um so 'interessanter', je geringer die Anzahl der Merkmale ist, durch die sich die beiden Phoneme unterscheiden. Sie ist um so weniger interessant, je größer die Anzahl der unterscheidenden Merkmale ist.

13.2 Distinktive Merkmale

Genau an diesem Punkt setzte Roman Jakobson an. Er hatte ebenfalls beobachtet, wie sich Phoneme durch gewisse wiederkehrende Eigenschaften von anderen Phonemen unterscheiden. Während diese Eigenschaften von Trubetzkoy dazu benutzt wurden, die Phoneme einer Sprache nach logischen Kriterien zu einem System anzuordnen, dienten sie Jakobson zur Charakterisierung der einzelnen Phoneme selbst. Diese Eigenschaften werden *distinktive Merkmale* (engl. *dinstinctive features*, frz. *traits pertinents*) genannt. Es handelt sich wohlgemerkt um *phonologische*, nicht um phonetische Merkmale, also um Eigenschaften, die zur Bildung phonologisch relevanter Oppositionen dienen. Redundante phonetische Eigenschaften bleiben unberücksichtigt.

Mit der Annahme der distinktiven Merkmale war so etwas wie die Spaltung des Atomkerns vollzogen. Nicht mehr das Phonem war jetzt die kleinste distinktive Einheit, sondern das distinktive Merkmal. Jedes Phonem setzt sich aus einem Bündel von mehreren distinktiven Merkmalen zusammen. Andererseits ist die Zahl der Merkmale, die zur Charakterisierung aller Phoneme des Phonemsystems einer Sprache insgesamt notwendig ist, in der Regel wesentlich geringer als die Zahl der Phoneme dieses Systems. Um einen ungefähren Anhaltspunkt zu geben: Zur Differenzierung von 20–30 Phonemen benötigt man ca. 6–10 distinktive Merkmale. Insofern ist die Zerlegung des Phonems in distinktive Merkmale ökonomischer als die Verwendung 'ungeteilter' Phoneme.

Bei der Ermittlung der distinktiven Merkmale werden zwei Prämissen zugrunde gelegt:

1. Die distinktiven Merkmale haben *universalen* Charakter. Eine *begrenzte* Zahl von Merkmalen (ca. 30 Merkmale) reicht aus, um alle segmentalen Phoneme aller Sprachen der Welt zu differenzieren.[172] Diese distinktiven Merkmale werden in einem Katalog zusammengestellt. Bei der Beschreibung einer bestimmten Sprache können dann die jeweils relevanten Merkmale diesem Katalog entnommen werden.

2. Die distinktiven Merkmale bilden *binäre* Oppositionen.[173] Damit wird das Problem der verschiedenartigen logischen Oppositionen bei Trubetzkoy vermieden. Bei binären Oppositionen geht es nur noch um das Vorhandensein oder Nichtvorhandensein einer bestimmten lautlichen Eigenschaft. Im positiven Fall wird das Phonem durch ein + (plus) in bezug auf das betreffende Merkmal gekennzeichnet, z. B. /b/ ist [+ stimmhaft]. Im negativen

[172] Die suprasegmentalen Eigenschaften bereiten größere Schwierigkeiten. Bis heute existiert für sie kein allgemein anerkannter Merkmalkanon.

[173] Jakobson hat damit den Binarismus der elektrischen Datenverarbeitung in genialer Voraussicht vorweggenommen.

Fall wird das Phonem durch ein – (minus) gekennzeichnet, z. B. /p/ ist [– stimmhaft].[174] Innerhalb eines Phonemsystems ist jedes Phonem durch eine Reihe von positiv oder negativ spezifizierten Merkmalen gekennzeichnet, z. B. (die folgenden Merkmale sind bewußt *ad hoc* konstruiert):

$$/p/ = \begin{bmatrix} + \text{ Verschlußlaut} \\ - \text{ stimmhaft} \\ + \text{ labial} \\ - \text{ nasal} \end{bmatrix}, \quad /n/ = \begin{bmatrix} + \text{ Verschlußlaut} \\ + \text{ stimmhaft} \\ - \text{ labial} \\ + \text{ nasal} \end{bmatrix}$$

Rein rechnerisch kann man mit n binären Merkmalen 2^n Phoneme spezifizieren. Bei Beseitigung jeglicher Redundanz kann man z. B. mit 5 distinktiven Merkmalen 32 Phoneme differenzieren, mit 6 Merkmalen bereits 64 Phoneme usw. In Wirklichkeit sind die Zahlenverhältnisse etwas weniger günstig, da fast jedes Phonemsystem eine gewisse Redundanz aufweist. Meist werden nicht alle Kombinationsmöglichkeiten maximal ausgenutzt, z. B. ist die Zahl der Lateralkonsonanten in einem Phonemsystem in der Regel geringer als die der Verschlußlaute.

Die Diskussion, ob die distinktiven Merkmale wirklich binär sein sollen, ist immer wieder aufgeflammt. Insbesondere wurden für bestimmte Eigenschaften gelegentlich n-äre Merkmale vorgeschlagen (die ungefähr Trubetzkoys graduellen Oppositionen entsprechen würden). Im großen und ganzen ist jedoch der binäre Charakter der distinktiven Merkmale nicht ernstlich in Frage gestellt worden.[175]

Die Forderung, Sprache mit Hilfe binärer Oppositionen zu beschreiben, wurde von Jakobson zum ersten Mal bereits im Jahre 1928 erhoben (Jakobson 1928). Eine umfassendere Darstellung dieses Gedankens findet sich dann allerdings erst in einem Vortrag von 1938 (publiziert als Jakobson 1939). Es dauerte ein weiteres

[174] Es hat sich eingebürgert, Merkmale immer zwischen eckige Klammern [...] zu setzen, auch dann, wenn sie phonologisch distinktiv sind.

[175] Allerdings kam es immer wieder vor, daß von manchen Autoren aus reiner mathematischer Unkenntnis unbewußt *ternäre* Merkmale verwendet wurden, indem sie ein Merkmal z. B. mit positiv (+), negativ (–) und unentschieden (0) spezifizierten.

Jahrzehnt, bis die erste vollständige Merkmalsmatrix für das Phonemsystem einer bestimmten Sprache vorgelegt wurde: Jakobson/Lotz (1949) für Französisch und Jakobson (1949) für Serbokroatisch.

Wir haben bisher noch nicht erwähnt, wie die einzelnen Merkmale für eine Sprache ermittelt werden und wie der erwähnte Merkmalkatalog, der für alle Sprachen der Welt gültig sein soll, aussieht. Eine solche Beschreibung wäre Gegenstand einer eigenen Monographie. Wir können daher nur Stichworte geben und auf die entsprechenden Standardwerke verweisen.

Die Ermittlung der Merkmale kann auf drei prinzipiell verschiedene Arten erfolgen: Entsprechend den drei Teilbereichen der Phonetik kann man artikulatorische, akustische und auditive Merkmale unterscheiden. Wissenschaftsgeschichtlich gesehen wurde das erste umfassende Merkmalsystem auf *akustischer* Grundlage gewonnen. Unter maßgeblicher Beteiligung von Roman Jakobson ist es in Jakobson/Fant/Halle (1952) vorgestellt. Dieses Merkmalsystem war lange Zeit bestimmend, bis das in Chomsky/Halle (1968) vorgestellte Merkmalsystem hinzukam. Das Chomsky/Hallesche System ist im Gegensatz zu dem Jakobsonschen auf *artikulatorischer* Grundlage gewonnen.[176] Es hat das Jakobsonsche weitgehend verdrängt und ist bis heute beherrschend geblieben. Zu erwähnen ist allerdings Jakobson/Waugh (1979), worin Jakobson nach vielen Jahren noch einmal auf sein System zurückkommt und es in einem weiten theoretischen Rahmen untermauert. Unter den späteren Alternativvorschlägen, denen insgesamt kein großer Erfolg beschieden war, verdient am ehesten Ladefoged (1971) der Erwähnung. Dieses Merkmalsystem wendet sich direkt gegen Chomsky/Halle und beruht wie dieses

[176] Der Titel ›The sound pattern of English‹ ist etwas irreführend. In Part IV ›Phonological theory‹ (S. 293ff.) wird ein allgemeines, für alle Sprachen der Welt bestimmtes Merkmalsystem entworfen. Interessanterweise war Morris Halle an der Entwicklung beider Merkmalsysteme beteiligt. Chomsky/Halle (1968) trägt die Widmung "To Roman Jakobson" (S. V). Wenn man bedenkt, daß das Chomsky/Hallesche System das Jakobsonsche fast völlig verdrängt hat, kann man diese Widmung auch als (gezielte?) Ironie verstehen.

auf artikulatorischer Grundlage (mit einigen akustischen Komponenten).

Im Grunde ist es verfehlt, das Jakobsonsche und das Chomsky/Hallesche System in erster Linie als Konkurrenten zu betrachten. Da beide Systeme auf ganz unterschiedlicher (akustischer *vs.* artikulatorischer) Grundlage gewonnen wurden, können sie sehr wohl nebeneinander bestehen. Sie beschreiben denselben Sachverhalt aus unterschiedlicher Perspektive und ergänzen sich daher in vorteilhafter Weise. Es wäre sogar wünschenswert, daß beiden Systemen ein drittes, auf *auditiver* Basis gewonnenes, an die Seite gestellt würde. Obwohl Vorarbeiten für einzelne Sprachen unternommen wurden (z. B. Wüthrich 1974 für Deutsch), erlaubt es der gegenwärtige Stand der Forschung noch nicht, ein universales System von distinktiven Merkmalen auf auditiver Basis zu entwickeln.

Es folgt eine Merkmalsmatrix für die Vokalphoneme des Deutschen unter Verwendung der Merkmale von Chomsky/Halle (modifiziert nach Wurzel 1970: 3; vgl. auch Martens 1977: 36):

	i	i:	e	e:	ɛ:	y	y:	ø	ø:	u	u:	o	o:	a	a:
1. hoch	+	+	–	–	(–)	+	+	–	–	+	+	–	–	(–)	(–)
2. niedrig	(–)	(–)	–	–	+	(–)	(–)	–	–	(–)	(–)	–	–	+	+
3. hinten	–	–	–	–	–	–	–	–	–	+	+	+	+	+	+
4. rund	–	–	–	–	(–)	+	+	+	+	(+)	(+)	(+)	(+)	(–)	(–)
5. lang	–	+	–	+	(+)	–	+	–	+	–	+	–	+	–	+

Die Bezeichnungen der einzelnen Merkmale erklären sich von selbst. Die Matrix enthält 15 verschiedene Phoneme. Wir haben schon festgestellt, daß eine Sprache die theoretisch möglichen Merkmalskombinationen nicht immer optimal ausnützt. Daher sind meist mehr Merkmale notwendig, als rein rechnerisch zu erwarten ist. Für die 15 Vokalphoneme des Deutschen benötigen wir 5 Merkmale. Da mit 5 Merkmalen theoretisch (nach der Formel 2^n) $2^5 = 32$ Phoneme differenziert werden könnten, muß die obige Matrix Redundanz enthalten. Solche redundanten Merkmalspezifizierungen sind eingeklammert.[177] Wir haben schon bei

[177] Dadurch wird die Matrix *nicht* ternär. Bei der Klammer handelt es

der Beschreibung des Vokalsystems des Deutschen (vgl. o. 96) darauf hingewiesen, daß bei dem Phonem /ɛ:/ der Doppelpunkt eigentlich weggelassen werden sollte, da kein kurzes Gegenstück zu diesem Phonem existiert. Daher ist auch in der obigen Matrix die Spezifizierung des Merkmals [lang] für dieses Phonem redundant. Ebenso ist die Spezifizierung des Merkmals [rund] für die Phoneme /u, u:, o, o:/ redundant, da zu diesen Phonemen keine ungerundeten Gegenstücke existieren usw.

Jedes Phonem wird durch die von redundanten Angaben befreite Reihe seiner Merkmalspezifikationen wiedergegeben, z. B.

$$/\text{i}/ = \begin{bmatrix} + \text{hoch} \\ - \text{hinten} \\ - \text{rund} \\ - \text{lang} \end{bmatrix}, \quad /\text{o:}/ = \begin{bmatrix} - \text{hoch} \\ - \text{niedrig} \\ + \text{hinten} \\ + \text{lang} \end{bmatrix}$$

Dieses Verfahren erlaubt es, ganze *Lautklassen* knapp und aussagekräftig zu charakterisieren. So faßt die Formel [+ hoch] alle maximal geschlossenen Vokalphoneme des Deutschen zusammen, also /i, i:, y, y:, u, u:/. Die Formel $\begin{bmatrix} - \text{hinten} \\ + \text{rund} \end{bmatrix}$ faßt alle vorderen gerundeten Vokalphoneme zusammen, also /y, y:, ø, ø:/, usw.

Ein Beispiel für den eher seltenen Fall der völlig redundanzfreien Ausnutzung der benötigten Merkmale ist das Vokalsystem des Türkischen (vgl. o. 167):

	i	e	y	ø	ɯ	ɑ	u	o
1. hoch	+	–	+	–	+	–	+	–
2. hinten	–	–	–	–	+	+	+	+
3. rund	–	–	+	+	–	–	+	+

Es folgt eine Merkmalsmatrix für die Konsonantenphoneme des Deutschen, ebenfalls unter Verwendung der Merkmale von

sich nicht um eine eigene Spezifizierung, sondern lediglich um einen Hinweis darauf, daß die betreffenden Spezifizierungen bei einer redundanzfreien Beschreibung der betreffenden Phoneme weggelassen werden können.

Chomsky/Halle (modifiziert nach Wurzel 1970: 2, vgl. auch Martens 1977: 63). Dabei wird das Phonem /r/ für die artikulatorischen Werte der Variante [ʀ] spezifiziert:

	p	t	k	b	d	g	p͜f	t͜s	f	s	ʃ	x	h	v	z	m	n	ŋ	l	r	j
1. konsonantisch	(+)	(+)	(+)	(+)	(+)	(+)	(+)	(+)	(+)	(+)	(+)	+	–	(+)	(+)	(+)	(+)	(+)	(+)	+	–
2. dauernd	–	–	–	–	–	–	(–)	(–)	+	+	(+)	+	(+)	+	+	(–)	(–)	(–)	+	+	(+)
3. anterior	+	+	–	+	+	–	(+)	(+)	+	+	–	–	(–)	+	+	+	+	–	+	–	(–)
4. koronal	–	+	–	–	+	–	–	+	–	+	+	–	(–)	–	+	–	+	–	+	–	(–)
5. nasal	–	–	–	–	–	–	(–)	(–)	(–)	(–)	(–)	(–)	(–)	(–)	(–)	+	+	+	(–)	(–)	(–)
6. lateral	(–)	(–)	(–)	(–)	(–)	(–)	(–)	(–)	(–)	(–)	(–)	(–)	(–)	(–)	(–)	(–)	(–)	(–)	+	–	(–)
7. stimmhaft	–	–	–	+	+	+	(–)	(–)	–	–	(–)	–	–	+	+	(+)	(+)	(+)	+	+	+
8. verzögert	–	–	–	–	–	–	+	+								(–)	(–)	(–)			

Merkmalsmatrix der Konsonantenphoneme des Deutschen.

Einige der Merkmale bedürfen einer Erklärung:

1. [konsonantisch]: Wir haben bisher immer Vokalphoneme und Konsonantenphoneme in getrennten Systemen behandelt. Das Ziel der Merkmalphonologie ist es letztlich aber, *alle* Phoneme einer Sprache in einem einzigen System zu beschreiben. Daher werden Merkmale angesetzt, die Vokale, Konsonanten und andere *Hauptklassen* oder *Oberklassen* (engl. *major classes*) von Lauten voneinander unterscheiden. Eines dieser Merkmale (*Hauptklassenmerkmale*, engl. *major class features*) ist [konsonantisch]. Innerhalb dieser Hauptklassen stellen die Obstruenten das eine Extrem dar, indem sie als die 'konsonantischsten' Laute gelten, die Vokale als die 'vokalischsten' Laute das andere Extrem. Zwischen diesen Extremen gibt es andere Hauptklassen, z. B. Liquide, Gleitlaute (engl. *glides*). [h] gehört zusammen mit [ʔ] (das im Deutschen gewöhnlich nicht als Phonem betrachtet wird) zur Klasse der glottalen Gleitlaute. Auch wenn wir die deutschen Konsonanten als ein in sich geschlossenes System betrachten, benötigen wir das Merkmal [konsonantisch], um die Phoneme /x/ – /h/, /r/ – /j/ zu unterscheiden. Bis auf das Merkmal [konsonantisch] haben diese beiden Phonempaare jeweils die gleiche Merkmalspezifikation.

2. [anterior]: Dieses Merkmal teilt das Ansatzrohr in zwei Hälften. Befindet sich das Hindernis in der vorderen Hälfte

(alveolar und weiter vorne), ist der Laut [+ anterior]. Befindet sich das Hindernis in der hinteren Hälfte (postalveolar und weiter hinten), ist der Laut [– anterior].

3. [koronal]: Laute, die mit dem vorderen Zungenrücken gebildet werden ('Vorderzungenlaute'), sind [+ koronal]. Alle anderen sind [– koronal].

4. [dauernd]: Bei diesem Merkmal ist zu beachten, daß Nasalkonsonanten eine negative Spezifizierung erhalten. Die Definition von [+ dauernd] bezieht sich nicht auf die Möglichkeit, den Laut anzuhalten, sondern auf das Fehlen eines Verschlusses im Ansatzrohr. Da Nasalkonsonanten aber nichts anderes als nasalierte Verschlußlaute sind, werden sie mit [– dauernd] spezifiziert.

5. [verzögert]: Die vollständige Bezeichnung dieses Merkmals ist 'verzögerte Lösung' (engl. *delayed release*). Im Gegensatz dazu steht 'augenblickliche Lösung' (engl. *instantaneous release*). Dieses Merkmal dient dazu, Affrikaten mit [+ verzögert] von gewöhnlichen Verschlußlauten mit [– verzögert] zu unterscheiden.[178] Da es nur auf Affrikaten und Verschlußlaute angewendet wird, bleibt es in bezug auf die übrigen Konsonantenklassen unspezifiziert.

Für die 21 Konsonantenphoneme des Deutschen benötigen wir 8 Merkmale. Mit 8 binären Merkmalen könnte man theoretisch $2^8 = 256$ Phoneme differenzieren. Daher enthält die obige Matrix viel Redundanz. Redundante Spezifizierungen sind wiederum eingeklammert.

Eine Beschreibung der Phoneme des Deutschen unter Verwendung der Jakobsonschen Merkmale findet sich bei Heike (1961), vgl. auch Martens (1977). In beiden Werken wird auch exemplifiziert, wie eine binäre Merkmalsmatrix in Form eines *Baumdiagrammes* (Verzweigungsdiagrammes) dargestellt werden kann.

Die Merkmalphonologie (zunächst nach Jakobson/Fant/Halle) zog eine Entwicklung nach sich, die von Jakobson sicher nicht vorhergesehen wurde und wahrscheinlich auch nicht gewünscht worden wäre, hätte er sie vorhergesehen[179]: die *generative Phono-*

[178] Dieses Merkmal kommt bei Wurzel (1970) nicht vor. Statt dessen verwendet er das Merkmal [frikativ], welches nicht zum Merkmalkanon von Chomsky/Halle gehört.

[179] Vgl. hierzu die sehr interessante Rezension von Liberman (1981).

logie. In die Regeln der generativen Phonologie werden die Phoneme nicht in ihrer traditionellen 'ungeteilten' Form eingespeist, sondern in der Form von Merkmalkomplexen. Die generative Phonologie liegt jedoch außerhalb des Betrachtungsrahmens der vorliegenden Einführung. Als brauchbare Anleitungen können Schane (1973) und Mayerthaler (1974) dienen.[180]

[180] Von der Empfehlung für Mayerthaler (1974) muß allerdings gerade das Kapitel ›Merkmalstheorie‹ (S. 8–23) ausdrücklich ausgenommen werden. Vgl. die Rezension bei Ternes (1977).

14. DIACHRONE PHONOLOGIE

In diachronisch orientierten Untersuchungen zur Lautsubstanz einer Sprache findet man meist Feststellungen wie die folgenden: (1) Germanisches rekonstruiertes */p/ wird im Wortanlaut zu hochdeutsch /p͜f/ (vgl. engl. *pound* : dt. *Pfund*), oder (2) lateinisches /t/ in intervokalischer Stellung schwindet im Französischen (vgl. lat. *vita* > frz. *vie* 'Leben'). Feststellungen dieser Art sind *syntagmatischer* Natur. Sie besagen, (1) daß im Wortanlaut anstelle des in anderen germanischen Sprachen erhaltenen /p/ im Hochdeutschen ein /p͜f/ erscheint oder (2) daß anstelle des lateinischen intervokalischen /t/ im Französischen gar nichts steht. Beschreibungen von Lautentwicklungen dieser Art sagen nichts über das phonologische Paradigma (das Phonemsystem) aus. Weder besagt die Entwicklung (1), daß es im Hochdeutschen kein /p/ gibt, noch die Entwicklung (2), daß im Französischen das Phonem /t/ fehlt. Vielmehr gibt es sowohl im Hochdeutschen das Phonem /p/ als auch im Französischen das Phonem /t/.

Auch Beschreibungen von Lautentwicklungen, die nicht an eine bestimmte Stellung gebunden sind, haben syntagmatischen Charakter, z. B. (3) lateinisch /u:/ wird zu frz. /y/ (vgl. lat. /lu:na/ *luna* > frz. /lyn/ *lune* 'Mond'). Dies besagt nichts anderes, als daß überall dort, wo im Lateinischen ein /u:/ auftritt, im Französischen dafür ein /y/ einzusetzen ist. Auch diese lautliche Entwicklung besagt keineswegs, daß dem Französischen das Phonem /u/ fehlt. Vielmehr ist /u/ ein voll integrierter und sehr häufig auftretender Bestandteil des französischen Phonemsystems.

Wenn alle lautlichen Entwicklungen dieser Art (die sog. 'Lautgesetze') bekannt sind, ließe sich jedes lateinische Wort, ja ließen sich Folgen lateinischer Wörter und ganze Texte Laut für Laut ins 'Französische' transponieren, gewissermaßen als Linearübertragung. Wenn ein solches Verfahren kein korrektes Französisch ergibt, so liegt dies natürlich daran, daß sich bei der Entwicklung vom Lateinischen zum Französischen auch Morphologie, Syntax und Lexikon gewandelt haben. Jedenfalls zeigt diese Vorstellung, daß allen sog. Lautgesetzen eine syntagmatische Betrachtungsweise zugrunde liegt.

Historische Lautlehren enthalten fast ausschließlich Aussagen der oben exemplifizierten Art. Da solche Lautlehren für die verschiedensten Sprachen in großer Zahl existieren, brauchen sie hier nicht weiter behandelt zu werden. Sehr viel seltener sind dagegen diachrone phonologische Darstellungen *paradigmatischer* Natur. Eine solche Darstellung hat zu beschreiben, wie sich das Phonemsystem als Ganzes (als *Paradigma*) von einer älteren zu einer jüngeren Sprachstufe entwickelt hat, unabhängig vom Verhalten bestimmter Phoneme in bestimmten Stellungen oder in bestimmten Wörtern. Wir wollen ein solches Vorgehen exemplarisch an der Entwicklung vom Latein zum heutigen (europäischen) Spanisch darstellen.

14.1 Vom Latein zum Spanischen

Das Phonemsystem des *klassischen Latein* (klassische Aussprache des Augusteischen Zeitalters, um Christi Geburt) hatte folgendes Aussehen[181]:

Vokale (Stufe I):

i			u	
	e	o		± /:/
	a			

Diphthonge: /ai̯, oi̯, au̯/.

Das Latein besitzt also das gleiche, in allen Teilen der Welt verbreitete 5er-System, das uns schon mehrfach begegnet ist (vgl. o. 153f.). Vom Spanischen (o. 153) unterscheidet es sich nur dadurch, daß es zusätzlich eine Quantitätskorrelation besitzt. Die Entwicklung vom Latein zum Spanischen besteht allerdings nicht einfach im Verlust dieser Quantitätsopposition. Vielmehr führte der Weg

[181] Es handelt sich natürlich um die Originalaussprache der damaligen Zeit, soweit sie rekonstruierbar ist (vgl. Allen 1978), nicht um die heute geläufige Aussprache in Schule oder Kirche, für die ebenfalls eine Art Standard existiert, der von der Originalaussprache ziemlich stark abweicht.

über mehrere Zwischenstufen. Außerdem hatte der Verlust der Vokalquantität Auswirkungen auf den Wortakzent, die ebenfalls zu berücksichtigen sind (Kap. 14.1.2).

Konsonanten (Stufe I):

	labial	dental	velar/glottal	
stimmlose Verschlußlaute	p	t	k	± /:/ (außer für /h, w, j/)
stimmhafte Verschlußlaute	b	d	g	
Frikative	f	s	h	
Nasalkonsonanten	m	n		
Lateral		l		
Vibrant		r		
Approximanten	w	j		

Einige umstrittene Fragen brauchen in diesem Zusammenhang nicht näher zu interessieren. Dazu gehören:

1. Sind die Graphemfolgen *qu*, *gu* (z. B. in *quinque* 'fünf', *lingua* 'Zunge, Sprache') monophonematisch als /k^w, g^w/ (labialisierte *k* und *g*) oder biphonematisch als /kw, gw/ zu interpretieren?
2. Gab es zusätzlich ein Phonem /ŋ/, z. B. in *agnus* 'Lamm', falls die angenommene Aussprache ['aŋnus] tatsächlich korrekt ist?
3. Sind die Approximanten /w, j/ tatsächlich als eigene Phoneme zu werten oder als Allophone der Vokalphoneme /u, i/?

Wenn man von den ohnehin umstrittenen Approximanten absieht, ist die Ähnlichkeit zwischen dem Konsonantensystem des Lateinischen und dem des Spanischen (vgl. o. 154) recht groß. Der Hauptunterschied besteht in dem Vorhandensein einer zusätzlichen palatalen Artikulationsreihe im Spanischen. Auffällig ist, daß das in Europa eher seltene Fehlen stimmhafter Frikative beiden Sprachen gemeinsam ist. Wir werden aber auch hier feststellen, daß die Entwicklung vom Latein zum heutigen Spanisch keineswegs so direkt verlief, wie ein unmittelbarer Vergleich beider Konsonantenparadigmen vermuten lassen könnte. Die Entwicklung führte über verschiedene Zwischenstufen, die dem Ausgangs- und Endpunkt der Entwicklung jeweils weniger ähnlich sind, als diese beiden es untereinander sind. Dabei ist auch zu berücksichtigen, daß die Quantitätsopposition bei den lateinischen Konsonanten im Spanischen fehlt.

Der *Wortakzent* ist im Lateinischen phonologisch nicht-distinktiv, da er aufgrund der lautlichen Gestalt des Wortes vorhersagbar ist: Er fällt auf die vorletzte Silbe, wenn diese lang ist. Anderenfalls fällt er auf die drittletzte Silbe (vgl. o. 125).

Das spanische Phonemsystem haben wir oben in Kap. 8.2 behandelt. Im folgenden beschreiben wir die Etappen, in denen sich das lateinische Paradigma zu dem des heutigen Spanisch entwickelte, und zwar getrennt für Vokale, Wortakzent und Konsonanten. Die Entwicklung kann allerdings nur in ihren entscheidenden Zügen geschildert werden, ohne auf Einzelheiten und problematische Fälle einzugehen.

14.1.1 Vokalsystem

Wie aus dem obigen Schema hervorgeht, bestand für alle Vokalphoneme des Lateinischen eine Quantitätsopposition kurz – lang. Wir dürfen annehmen, daß zunächst lange und kurze Vokale die gleiche Qualität hatten. Im Laufe der Zeit entwickelte sich jedoch zusätzlich ein Unterschied bezüglich der Vokalqualität dergestalt, daß lange Vokale geschlossener und kurze Vokale offener gesprochen wurden, also /i:/ = [i:], /i/ = [ɪ], /e:/ = [e:], /e/ = [ɛ], /u:/ = [u:], /u/ = [ʊ], /o:/ = [o:], /o/ = [ɔ]. Dies gleicht den Verhältnissen im Vokalsystem des heutigen Deutsch (vgl. o. 94, 96). Die Entwicklung im Latein ging jedoch weiter: Die Quantitätsopposition wurde ganz aufgegeben, so daß die Vokalqualität allein distinktiv wurde. Daraus ergab sich ein Vokalsystem mit 9 distinktiven Qualitäten in folgender Anordnung:

Stufe II: i u
ɪ ʊ
e o
ɛ ɔ
a

Dieses System kann als die Grundlage aller romanischen Sprachen angesehen werden, sozusagen als protoromanisches Vokalsystem. In der traditionellen romanistischen Literatur wird diese Sprachstufe als *Vulgärlatein* bezeichnet.

Dieses Vokalsystem mit fünf Öffnungsgraden hat sich nicht lange gehalten. Durch Zusammenfall von zwei (stellenweise auch drei) Öffnungsgraden wurde es bald auf ein System mit vier (bzw. drei) Öffnungsgraden reduziert. Wie viele und welche Öffnungsgrade zusammenfielen, differierte sehr stark innerhalb der damaligen lateinsprachlichen Welt, so daß sich auf diese Weise erste regionale Unterschiede im Phonemsystem herausbildeten. Im Hinblick auf das Spanische war eine Entwicklung maßgebend, die als diejenige mit der größten geographischen Verbreitung angesehen werden darf. Neben dem Spanischen liegt sie auch dem Portugiesischen, Katalanischen, Französischen, Okzitanischen und Rätoromanischen zugrunde, außerdem dem größten Teil des italienischen Sprachgebiets (darunter auch dem Standarditalienischen). Bei dieser Entwicklung fielen der zweite (halb-geschlossene) und der dritte (mittlere) Öffnungsgrad zusammen, also

/ɪ/, /e/ > /e/, /ʊ/, /o/ > /o/

Daraus ergibt sich folgendes Vokalsystem mit vier Öffnungsgraden:

Stufe III:

i						u
	e				o	
		ɛ		ɔ		
			a			

Außerdem wurden die klassisch-lateinischen Diphthonge in verschiedenen Etappen monophthongiert, und zwar /ai̯/ > /ɛ/, /oi̯/ > /e/ und /au̯/ > /ɔ/. Die so entstandenen Monophthonge fügen sich vollständig in das obige Vokalsystem ein.

Dieses Phonemsystem liegt allen iberoromanischen, galloromanischen und alpenromanischen Sprachen, außerdem dem größten Teil des italoromanischen Sprachgebiets zugrunde. Man kann es als protowest- und protozentralromanisch bezeichnen, in der traditionellen romanistischen Terminologie als das System des westlichen und zentralen Vulgärlateins. Man darf annehmen, daß dieses System bereits im 4. Jh. n. Chr. ausgebildet war.

Während in den meisten Sprachen die Entwicklung weiterging, hat sich das obige Vokalsystem im Katalanischen bis auf den heutigen Tag unverändert erhalten. Für das Spanische kommt nur noch *eine* weitere Entwicklungsstufe hinzu, um den heutigen Zustand zu erreichen: Die Vokale des halb-offenen Öffnungsgrades wurden diphthongiert, und zwar /ɛ/ > [i̯e], /ɔ/ > [u̯o], das seinerseits später zu [u̯e] wurde, vgl.

kat.[182]	*terra*	/tɛ́rə/	– span.	*tierra*	/tiéra/	'Erde'
	foc	/fɔk/	–	*fuego*	/fuégo/	'Feuer'

Die phonetischen Diphthonge [i̯e], [u̯e] werden im heutigen Spanisch biphonematisch als die Vokalfolgen /ié/, /ué/ interpretiert, so daß durch die Diphthongierung keine neuen phonologischen Einheiten entstanden sind. Durch eben diese Diphthongierung ist aber ein Öffnungsgrad verlorengegangen, so daß ab dem Zeitpunkt der Diphthongierung das Vokalsystem des Spanischen nur noch drei Öffnungsgrade besitzt und folgendes Aussehen hat:

Stufe IV:

i u
e o
a

Die Diphthongierung fand vor der Periode des Altspanischen (12. bis 14. Jh.) statt, so daß das obige Vokalsystem bereits für das Altspanische gilt und seitdem unverändert bis heute fortbesteht.

14.1.2 Wortakzent

Wegen der engen Verflechtung segmentaler und suprasegmentaler Eigenschaften in der diachronen Entwicklung behandeln wir den Wortakzent unmittelbar nach den Vokalen. Wir hatten schon im vorigen Kapitel gesehen, wie der Verlust einer anderen suprasegmentalen Eigenschaft – der Vokalquantität – mit einer Veränderung in Zahl und Anordnung der Vokalsegmente einherging. In ähnlicher Weise hatte der Verlust der Vokalquantität eine Veränderung für den phonologischen Status des Wortakzents unmittel-

[182] Das Katalanische repräsentiert bis heute den Zustand ohne Diphthongierung.

bar zur Folge. Im Lateinischen war – wie schon mehrfach festgestellt – der Wortakzent phonologisch nicht-distinktiv. Er war vorhersagbar aufgrund einer Regel, welche die Existenz der Vokalquantität voraussetzte.[183] Nachdem die Vokalquantität bereits im ersten Schritt der Vokalentwicklung geschwunden war, hatte die genannte Regel ihre Grundlage verloren. Man betrachte die beiden folgenden lateinischen Wörter:

(1) *cecidi* /kekidi:/ ['kekidi:] 'ich bin gefallen' (zu lat. *cadere* 'fallen'),
(2) *cecidi* /keki:di:/ [ke'ki:di:] 'ich habe gefällt' (zu lat. *caedere* 'fällen').

Der Vokalismus dieser beiden Formen macht folgende Entwicklungsstufen mit:

	(1) *cecidi*	(2) *cecidi*
I Klass. Latein	e – i – i: [◡́ ◡ –]	e – i: – i: [◡ –́ –]

Die Lage des Wortakzents beruht auf der Verteilung von Längen und Kürzen.

II Protoroman.	έ – ɪ – i	ε –í – i
III Protowestroman.	έ – e – i	ε – í – i

Ab dem Stadium II (Protoromanisch) kann die Regel, welche die Position des Wortakzents aufgrund der Vokalquantität festlegt, nicht mehr greifen. Die Vokal*qualitäten* sagen nichts über die Position des Wortakzents aus. Daraus folgt, daß der Wortakzent bereits im Stadium II (Protoromanisch) nicht mehr vorhersagbar ist. Von diesem Stadium an haben wir im Romanischen einen phonologisch distinktiven Akzent /´/. Diesen Status hat der Wortakzent in der Entwicklung bis zum heutigen Spanisch unverändert beibehalten.[184]

[183] Wir vernachlässigen hier den Unterschied zwischen *naturlangen* und *positionslangen* Silben des Lateinischen, vgl. o. 120.

[184] Das gleiche gilt im Prinzip für alle romanischen Sprachen mit Ausnahme nur des Französischen, wo die Distinktivität später zugunsten eines vorhersagbaren Wortakzents wieder verlorenging.

14.1.3 Konsonantensystem

Die Entwicklung vom klassischen Latein zur vulgärlateinischen Vorstufe des Spanischen drückt sich in folgenden Veränderungen aus[185]:

1. Die wichtigste Neuerung ist die Herausbildung palataler Konsonanten. Zum einen entstehen aus einem Verschmelzungsprozeß der Phoneme /n/ und /l/ mit einem folgenden [i̯][186] in Wörtern wie lat. *vinea* ['wi:nea] > ['wi:ni̯a] 'Weinstock', *filius* ['fi:li̯us] 'Sohn' die Phoneme /ɲ/ und /ʎ/. Zum andern entstehen die palatalen Verschlußlaute /c, ɟ/ aus der Verbindung von /t, d/ und /k, g/ mit [i̯] in Wörtern wie *ratio* ['rati̯o:] 'Rechnung', *diurnus* ['di̯urnus] 'täglich', *calceus* ['kalkeus] > ['kalki̯us] 'Schuh'. Dabei fallen die Ergebnisse von /t, d/ plus [i̯] und /k, g/ plus [i̯] in /c, ɟ/ zusammen. Dies läßt sich schematisch folgendermaßen darstellen:

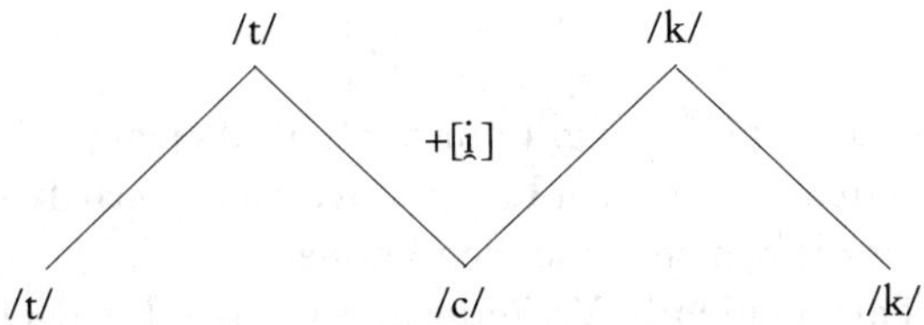

In die so entstandenen neuen Phoneme /c, ɟ/ fließen auch die Entwicklungen von /k, g/ vor vorderen Vokalen (d.h. /i, e, ɛ/) ein. Der genaue Lautwert dessen, was wir phonologisch /c, ɟ/ schreiben, ist nicht ganz klar. Es kann sich um die eigentlichen palatalen Verschlußlaute [c, ɟ] gehandelt haben, aber auch um Affrikaten verschiedener phonetischer Ausprägung, etwa [t͡s] o.ä.

2. Herausbildung stimmhafter Frikative: Während die phonologische Interpretation der Lautwerte [i̯] und [u̯] im klassischen Latein umstritten ist (Approximanten oder vokalische Allophone),

[185] Das protoromanische Gesamtsystem ist mit dem des klassischen Latein bis auf das Fehlen von /h/, das sich nirgendwo bewahrt hat, identisch. Danach differiert die Entwicklung sehr schnell nach den einzelnen Sprachregionen.

[186] Für die diachrone Entwicklung spielt es keine Rolle, ob der Lautwert [i̯] (unsilbisches *i*), der phonetisch als gesichert gelten kann, phonologisch als /i/ oder als /j/ interpretiert wird.

entstehen jetzt aus eben diesen Lautwerten echte stimmhafte Frikative. Dabei wird [i̯] zu /j/ und [u̯] unter Verlust des bilabialen und velaren Anteils zu /v/.

3. Das lateinische Phonem /h/ schwindet, ohne irgendwelche Spuren zu hinterlassen.

Unter Berücksichtigung der beschriebenen Veränderungen ergibt sich als vulgärlateinische Vorstufe des Iberoromanischen folgendes konsonantisches System:

Stufe II:

	labial	dental	palatal	velar	
stimmlose Verschlußlaute	p	t	c	k	±/:/
stimmhafte Verschlußlaute	b	d	ɟ	g	
stimmlose Frikative	f	s			
stimmhafte Frikative	v		j		
Nasalkonsonanten	m	n	ɲ		
Laterale		l	ʎ		
Vibrant		r			

Die Quantitätsopposition gilt nur noch für diejenigen Konsonanten, die aus dem klassischen Latein unverändert erhalten sind. Sie gilt nicht für die neu entstandenen Phoneme.

1. Die entscheidende Veränderung bei der Entwicklung zur nächsten Stufe ist der vollständige Verlust der Quantitätsopposition ('Degeminierung'). In diesen Prozeß eingebunden ist die Entstehung zusätzlicher stimmhafter Frikative. Nur beim bilabialen Nasal äußert sich der Verlust der Quantität in einem einfachen Zusammenfall des kurzen mit dem langen Konsonanten:

/m/ /mm/

/m/

Bei allen anderen Konsonanten ist der Zusammenfall der Quantitäten mit einer gleichzeitigen qualitativen Aufspaltung verbunden. Dabei entstehen Phoneme, die z. T. mit bereits vorhandenen zusammenfallen, z. T. aber ganz neu sind. Diese Aufspaltung beruht darauf, daß sich die Entwicklung ein und desselben Phonems je nach seiner Stellung im Wort unterschiedlich vollzieht. Dabei kann man eine 'starke' Stellung und eine 'schwache' Stellung unterscheiden. 'Stark' ist u. a. die Stellung im Wortanlaut, 'schwach' ist u. a. die intervokalische Stellung. Die kurzen Phoneme in 'starker' Stellung fallen dabei mit den degeminierten und qualitativ z. T. veränderten Fortsetzern der ehemals langen Phoneme zusammen, während die kurzen Phoneme in 'schwacher' Stellung ein eigenes Phonem ergeben. Diese Vorgänge lassen sich folgendermaßen darstellen[187]:

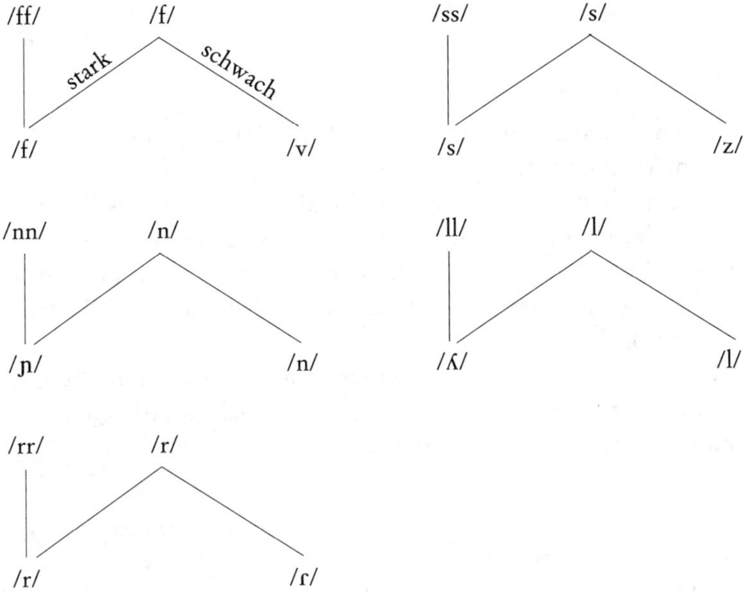

Völlig neu ist das Phonem /z/. Die auf der vorigen Stufe entstandenen Phoneme /v/, /ɲ/ und /ʎ/ werden in ihrem Vorkommen gestärkt. Neu ist auch der *qualitative* Gegensatz zweier *r*-Phoneme /r/ und /ɾ/.

Bei den Verschlußlauten lassen sich stimmlose und stimmhafte zusammen in einem Schema betrachten. Dabei können kurze und lange stimmhafte Verschlußlaute zusammengefaßt werden, da lange stimmhafte Verschlußlaute schon im Latein selten waren:

187 Bei der von dem einfachen Konsonanten ausgehenden Verzweigung zeigt der linke Zweig die Entwicklung in 'starker' Stellung, der rechte Zweig diejenige in 'schwacher' Stellung.

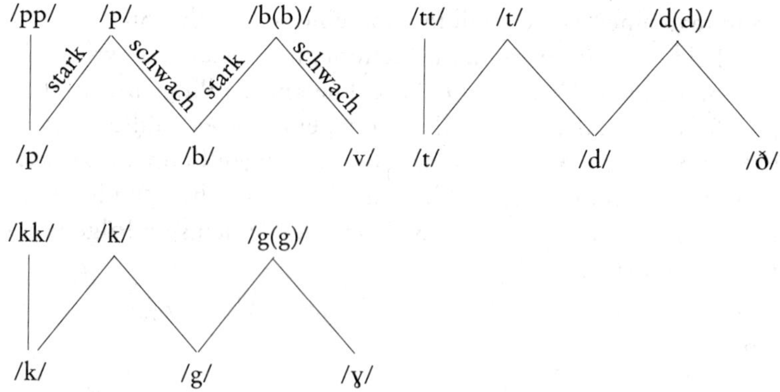

Völlig neu sind die Phoneme /ð/ und /ɣ/. Das Phonem /v/ wird in seinem Vorkommen weiter gestärkt.

2. Unabhängig von dieser Entwicklung entsteht das Phonem /ʃ/ aus der lateinischen Konsonantenverbindung /ks/ wie in lat. *fixus* /fi:ksus/ 'fest', außerdem aus der Verbindung /ss/ plus unsilbisches [i̯] wie in lat. *russeus* ['russeus] > ['russi̯us] 'rot' (Nebenform zu *russus*).

Unter Berücksichtigung dieser einschneidenden Veränderungen ergibt sich folgendes Konsonantensystem, bei dem die Quantität erstmals nicht mehr distinktiv ist:

Stufe III:

	labial	dental	palatal	velar
stimmlose Verschlußlaute	p	t	c	k
stimmhafte Verschlußlaute	b	d	ɟ	g
stimmlose Frikative	f	s	ʃ	
stimmhafte Frikative	v	ð, z	j	ɣ
Nasalkonsonanten	m	n	ɲ	
Laterale		l	ʎ	
Vibranten		r, ɾ		

Dieses Konsonantensystem kann nicht mehr als vulgärlateinisch bezeichnet werden, sondern ist schon ausgeprägt iberoromanisch. Die oben beschriebenen Vorgänge gelten in dieser Form für eine gemeinsame Vorstufe des Spanischen und Katalanischen, während der Vorläufer des Portugiesischen bereits hier einen etwas anderen Weg gegangen ist.

Die nächste Entwicklungsstufe führt zur ältesten literarischen Ausprägung des Spanischen, dem Altspanischen (12.–14. Jh.). Sie ist zum einen gekennzeichnet durch die Herausbildung der für alle iberoromanischen Sprachen noch heute so charakteristischen allophonischen Variation der stimmhaften Verschlußlaute, zum anderen durch die Entstehung von Affrikaten.

1. Der stellungsbedingte allophonische Wechsel zwischen stimmhaften Verschlußlauten und stimmhaften Frikativen (vgl. o. 80f.) setzt sich für die dentalen und velaren Konsonanten sofort uneingeschränkt durch. Bei den labialen Konsonanten bildet er sich zunächst nur im Anlaut heraus, im Inlaut bleibt die Opposition /b/ – /v/ vorerst noch bestehen. Das Vorkommen des Phonems /v/ wird aber schon geschwächt. Schematisch dargestellt:

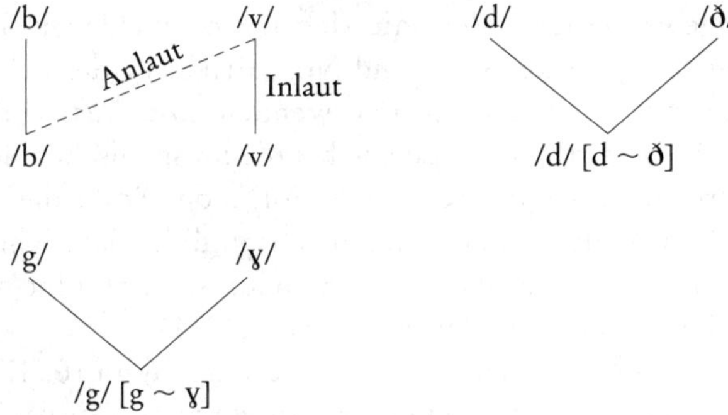

2. Entstehung von Affrikaten: Die bisher als /c, ɟ/ geschriebenen Phoneme (palatale Verschlußlaute) werden zu den dentalen Affrikaten /t͜s, d͜z/. Das bisherige Phonem /j/ fällt teilweise mit /d͜z/ zusammen, teilweise (besonders vor /u, o/) entwickelt es sich zu einem neuen Phonem /d͜ʒ/. Dieses Phonem /d͜ʒ/ hat die Allophone [d͜ʒ] und [ʒ], welche eine ähnliche stellungsbedingte Distribution aufweisen wie [d] ~ [ð], [g] ~ [ɣ]. Außerdem entsteht ein neues Phonem /t͜ʃ/ aus sehr unterschiedlichen Quellen, z. B. aus der Verschmelzung von /t/ mit einem vorausgehenden vorderen unsilbischen Vokal (z. B. lat. *octo* > */óito/ > /ót͜ʃo/ 'acht') oder der Verschmelzung verschiedener Konsonantengruppen (z. B. /pl/ über /pʎ/ > /t͜ʃ/, vgl. lat. *amplum* > /ánt͜ʃo/ 'breit').

Unter Berücksichtigung dieser Änderungen ergibt sich folgendes System:

Stufe IV:

	labial	dental	palatal	velar
stimmlose Verschlußlaute	p	t		k
stimmhafte Verschlußlaute	b	d		g
stimmlose Affrikaten		t͜s	t͜ʃ	
stimmhafte Affrikaten		d͜z	d͜ʒ	
stimmlose Frikative	f	s	ʃ	
stimmhafte Frikative	v	z		
Nasalkonsonanten	m	n	ɲ	
Laterale		l	ʎ	
Vibranten		r, ɾ		

Dies ist das Konsonantensystem des *Altspanischen* des 12. Jahrhunderts. In ähnlicher Form findet sich dieses System noch heute im *Judenspanischen* (Sephardischen). Dies ist die Sprache aus Spanien ausgewanderter Juden, die sich in verschiedenen Städten Südosteuropas, Vorderasiens und Nordafrikas niederließen und diese Sprache z.T. heute noch verwenden. Die Auswanderung fand im 15. Jh. statt. Diese Sprache hat die im spanischen Stammland eintretenden Veränderungen der folgenden Stufe, die sich im 16./17. Jh. abspielten, nicht mitgemacht und den lautlichen Zustand des Altspanischen daher praktisch konserviert. Eine phonologische Beschreibung findet sich bei Sala (1971).

Die Entwicklungen der folgenden Stufe treten im 16./17. Jahrhundert ein *(Siglo de Oro)* und führen direkt zum Neuspanischen. Sie bringen noch einmal einschneidende Veränderungen mit sich.

1. Das beherrschende Ereignis ist der Zusammenfall stimmhafter und stimmloser Frikative und Affrikaten. In allen Fällen entstehen durch den Zusammenfall stimmlose Phoneme, so daß das Spanische generell ärmer an stimmhaften Konsonanten wird. Mit dem Zusammenfall ist in zwei von drei Fällen auch eine radikale Änderung der Qualität verbunden. Zuvor tritt aber noch eine punktuelle Sonderentwicklung ein: Das Phonem /d͜ʒ/ mit seinen Allophonen [d͜ʒ] ~ [ʒ] verliert das dentale Element und wird in *allen* Positionen zu /ʒ/ [ʒ]. Danach setzt der im folgenden schematisch dargestellte Zusammenfall stimmloser und stimmhafter Konsonantenpaare ein (siehe 253 oben).

Durch diese Entwicklung verschwinden die Phoneme /z, ʃ, ʒ, t͜s, d͜z/; neu sind statt dessen /x/ und /θ/.

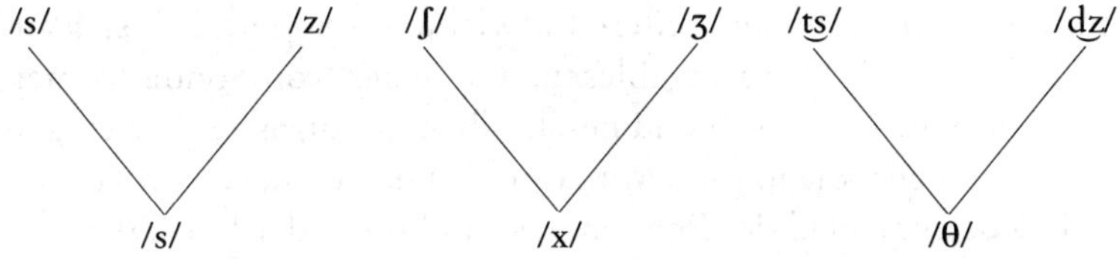

2. Die schon seit der vorigen Stufe sich allmählich herausbildende allophonische Distribution von stimmhaften Verschlußlauten und stimmhaften Frikativen wird jetzt auch für die labialen Konsonanten endgültig durchgeführt und damit zum Abschluß gebracht:

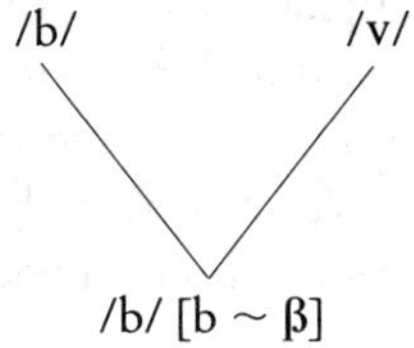

Die Umwälzungen im System, die durch diese lautlichen Veränderungen hervorgerufen werden, sind in der folgenden Skizze deutlich gemacht:

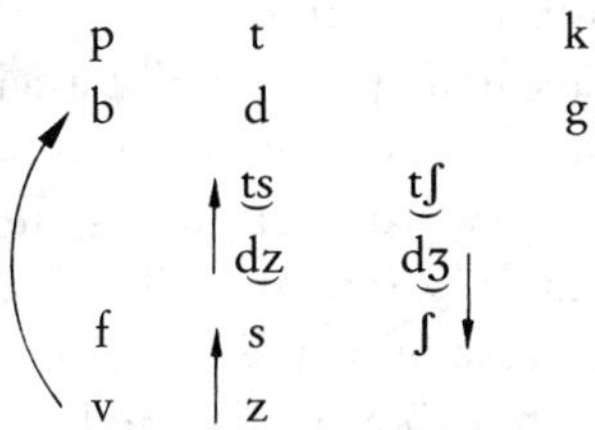

Das Phonem /t͜ʃ/ steht als Affrikate nunmehr ganz isoliert da und erfährt dadurch eine ganz andere Einordnung als zuvor. Nach Berücksichtigung dieser Veränderungen erhalten wir das Konsonantensystem des heutigen europäischen Spanisch:

Stufe V:

	labial	dental	palatal	velar
stimmlose Verschlußlaute	p	t	t͜ʃ	k
stimmhafte Verschlußlaute	b	d		g
Frikative	f	θ	s	x
Nasalkonsonanten	m	n	ɲ	
Laterale		l	ʎ	
Vibranten		r, ɾ		

In welche Richtung die weitere Entwicklung tendiert, läßt sich am amerikanischen Spanisch ablesen. Wir sehen von Sonderformen (z.B. in Argentinien) ab und beschreiben im folgenden diejenigen Erscheinungen, die in ganz Mittel- und Südamerika verbreitet sind.

1. Zusammenfall der Phoneme /s/ und /θ/ in der Form /s/:

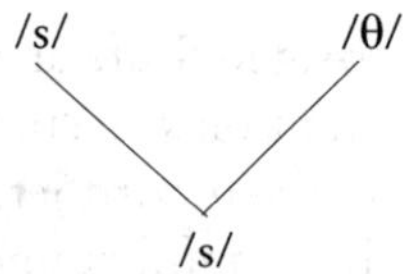

Dadurch werden Minimalpaare wie europ. span. /kása/ 'Haus' – /káθa/ 'Jagd' homophon unter der Form /kása/. Diese Erscheinung ist in der spanischen Dialektologie als *seseo* bekannt. Durch den Verlust von /θ/ erhält /s/ phonetisch einen dentaleren Charakter und ist daher auch phonologisch wieder in die dentale Spalte einzuordnen.

2. Der palatale Lateral /ʎ/ wird zu [j]. Dieses [j] ist seinem phonetischen Charakter nach kein Approximant, sondern ein echter stimmhafter (palataler) Frikativ. Es verbindet sich mit der unter (3) geschilderten Entwicklung.

3. Schon im europäischen Spanisch gibt es ein phonologisches Problem, das wir bisher unerwähnt gelassen haben: Die unsilbischen Vokale [i̯] und [u̯] werden eindeutig den entsprechenden Vokalphonemen /i/ und /u/ zugeordnet. Es gibt jedoch bestimmte Gründe, die es geraten erscheinen lassen, von den erwähnten [i̯] und [u̯] echte stimmhafte Frikative [j] und [w] zu unterscheiden. Diese Gründe lassen es zumindest als eine Lösungsmöglichkeit erscheinen, diesen Kontrast auch als phonologisch distinktiv zu betrachten, so daß für die beiden letzteren Phone zusätzlich die Phoneme /j/ und /w/ angesetzt werden könnten. Weiter ist festzustellen, daß die erwähnten Frikative [j] und [w] stellungsbedingt mit den Verschlußlauten [ɟ] und [g^{u}] korrespondieren können. Letztere treten besonders im Wortanlaut auf, z.B. ['ɟɛrɔ] *hierro* 'Eisen', ['g^{u}eβo] *huevo* 'Ei'. Wir haben es also hier mit nichts anderem als dem im Spanischen immer wieder zu beobachtenden allophonischen Wechsel von stimmhaftem Verschlußlaut im Wortanlaut mit stimmhaftem Frikativ in intervokalischer Stellung zu tun (vgl. auch altspan. /d͜ʒ/ [d͜ʒ] ~ [ʒ]). Folgen wir diesem

Gedankengang, sollten wir die eventuell anzunehmenden neuen Phoneme nicht /j/ und /w/, sondern vielmehr /ɟ/ und /g^{u}/ (letzteres monophonematisch) schreiben, z. B. /ɟéro/ ‘Eisen’, /g^{u}ébo/ ‘Ei’.

Wir haben dieses Problem bisher offengelassen. Die Entwicklung von /ʎ/ zu [j] im südamerikanischen Spanisch zwingt uns aber ohnehin dazu, ein entsprechendes Phonem vorzusehen. Da kein Zweifel mehr an der Existenz eines solchen Phonems für die palatale Spalte besteht, müssen wir konsequenterweise auch ein Phonem für die Alternation [g^{u}] ~ [w] ansetzen. Diese Phoneme zeigen die gleiche allophonische Alternation wie die stimmhaften Verschlußlaute /b, d, g/ und sind daher diesen zuzuordnen. Wir verwenden – wie schon vorher angedeutet – die Schreibweise /ɟ, g^{u}/.

Damit kommen wir zu einem Phonemsystem, welches als das in Mittel- und Südamerika am weitesten verbreitete angesehen werden kann. Darüber hinaus findet es sich regional auch schon im europäischen Spanisch, besonders in Andalusien.

Stufe VI:

	labial	dental	palatal	velar	labiovelar
stimmlose Verschlußlaute	p	t	t͜ʃ	k	
stimmhafte Verschlußlaute	b	d	ɟ	g	g^{u}
Frikative	f	s		x	
Nasalkonsonanten	m	n	ɲ		
Lateral		l			
Vibranten		r, ɾ			

ZITIERTE LITERATUR

Allen, W. Sidney ([2]1978): Vox latina. A guide to the pronunciation of Classical Latin. Cambridge.

Baudouin de Courtenay, Jan (1895): Versuch einer Theorie phonetischer Alternationen. Straßburg. Wiederabdr. in Mugdan 1984a, S. 51–180.

Bendor-Samuel, John T. (1960): Some problems of segmentation in the phonological analysis of Terena. Word 16, S. 348–355. Nachdr. in: Palmer (1970), S. 214–221.

Bergenholtz, Henning, u. Joachim Mugdan (1979): Einführung in die Morphologie. Stuttgart u. a.

Chomsky, Noam, u. Morris Halle (1968): The sound pattern of English. New York u. a.

Conrad, Rudi (Hrsg.) ([2]1978): Kleines Wörterbuch sprachwissenschaftlicher Termini. Leipzig.

Dante Alighieri: Über das Dichten in der Muttersprache (De vulgari eloquentia). Aus dem Lat. übers. und erl. von Franz Dornseiff und Joseph Balogh. 1925. Reprogr. Nachdr. Darmstadt 1966.

Davidsen-Nielsen, Niels (1978): Neutralization and archiphoneme. Two phonological concepts and their history. Copenhagen.

Durie, Mark (1985): A Grammar of Acehnese. On the basis of a dialect of North Aceh. Dordrecht u. Cinnaminson.

Ferguson, Charles A. (1956): The emphatic *l* in Arabic. Language 32, S.446–452.

– (1957): Word stress in Persian. Language 33, S. 123–135.

Fischer-Jørgensen, Eli (1975): Trends in phonological theory. A historical introduction. Copenhagen.

Fromkin, Victoria A. (Hrsg.) (1978): Tone. A linguistic survey. New York u. a.

Garbell, Irene (1965): The Jewish Neo-Aramaic dialect of Persian Azerbaijan. The Hague.

Garde, Paul (1968): L'accent. Paris.

Gregores, Emma, u. Jorge A. Suárez (1967): A description of colloquial Guaraní. The Hague.

Haslev, Marianne (1972): Morfo-fonemikk. Synkrone og diakrone aspekter. Oslo u. a.

Haugen, Einar (Hrsg.) ([2]1972): First Grammatical Treatise. The earliest Germanic phonology. London.

Heike, Georg (1961): Das phonologische System des Deutschen als binäres Distinktionssystem. Phonetica 6, S. 162–176. Nachdr. in: Steger (1970), S. 454–467.

Hockett, Charles F. (1967): The quantification of functional load. Word 23, S. 300–320.

Jacobi, Heidi (1973): Grammatik des thumischen Neuaramäisch (Nordostsyrien). Wiesbaden.

Jakobson, Roman (1928): Proposition au Premier Congrès International de Linguistes: Quelles sont les méthodes les mieux appropriées à un exposé complet et pratique de la phonologie d'une langue quelconque? Actes du Ier Congrès International de Linguistes du 10–15 avril. Nachdr. in: Jakobson (1962), S. 3–6.

– (1939): Observations sur le classement phonologique des consonnes. Proceedings of the Third International Congress of Phonetic Sciences, Ghent. Nachdr. in: Jakobson (1962), S. 272–279.

– (1949): On the identification of phonemic entities. Travaux du Cercle Linguistique de Copenhague 5, S. 205–213. Nachdr. in: Jakobson (1962), S. 418–425.

– (1962): Selected Writings I. Phonological Studies. 's-Gravenhage.

–, C. Gunnar M. Fant u. Morris Halle (1952): Preliminaries to speech analysis. The distinctive features and their correlates. Cambridge, Mass.

–, u. J. Lotz (1949): Notes on the French phonemic pattern. Word 5, S. 151–158. Nachdr. in: Jakobson (1962), S. 426–434.

–, u. Linda Waugh (1979): The sound shape of language. Bloomington u. London [vgl. Liberman 1981].

Jastrow, Otto (1973): Daragözü – eine arabische Mundart der Kozluk-Sason-Gruppe (Südostanatolien). Nürnberg.

– (1978): Die mesopotamisch-arabischen Qəltu-Dialekte. Band I: Phonologie und Morphologie. Wiesbaden.

Jungraithmayr, Herrmann, u. Wilhelm J. G. Möhlig (Hrsg.) (1983): Lexikon der Afrikanistik. Afrikanische Sprachen und ihre Erforschung. Berlin.

Katara, Pekka ([4]1964): Suomalais-saksalainen sanakirja. Finnisch-deutsches Wörterbuch. Porvoo u. Helsinki.

Kertész, András (1993): Heuristik der deutschen Phonologie. Eine elementare Einführung in Strategien der Problemlösung. Budapest.

Kilbury, James (1976): The development of morphophonemic theory. Amsterdam.

Koerner, E. F. K. (1976): A minor figure in 19th-century French linguistics: A. Dufriche-Desgenettes. Phonetica 33, S. 222–231.

Kohrt, Manfred (1984): Phonetik, Phonologie und die „Relativität der Verhältnisse". Zur Stellung Jost Wintelers in der Geschichte der Wissenschaft. Stuttgart (Zeitschrift für Dialektologie und Linguistik, Beihefte 47).

Krámský, Jiří (1974): The phoneme. Introduction to the history and theories of a concept. München.

Ladefoged, Peter (1971): Preliminaries to linguistic phonetics. Chicago u. London.

–, u. Ian Maddieson (1996): The sounds of the world's languages. Oxford.

Liberman, Anatoly (1981): Rez. zu Jakobson u. Waugh (1979). In: Linguistics 19, S. 531–540.

Mangold, Max (o. J.): Sprachwissenschaft. Darmstadt [1973].

– ([3]1990): Duden Aussprachewörterbuch. Wörterbuch der deutschen Standardaussprache. Mannheim u. a. (Der Große Duden, 6).

Martens, Carl, u. Peter Martens ([2]1965): Phonetik der deutschen Sprache. Praktische Aussprachelehre. München.

Martens, Peter (1977): Verfahren zur Darstellung des deutschen Lautsystems. In: Sprechwissenschaft und Deutschdidaktik. Festschrift für Wilhelm L. Höffe. Hrsg. v. Eberhard Ockel. Kastellaun, S. 11–89.

Mayerthaler, Willi (1974): Einführung in die generative Phonologie. Tübingen (Romanistische Arbeitshefte, 11) [vgl. Ternes 1977].

Meier, Georg Friedrich (1961): Das Zéro-Problem in der Linguistik. Berlin.

Meinhold, Gottfried, u. Eberhard Stock ([2]1982): Phonologie der deutschen Gegenwartssprache. Leipzig.

Menzerath, Paul (1954): Die Architektonik des deutschen Wortschatzes. Bonn u. a.

–, u. A. de Lacerda (1933): Koartikulation, Steuerung und Lautabgrenzung. Eine experimentelle Untersuchung. Berlin u. Bonn.

Meyerstein, R. S. (1970): Functional load. The Hague.

Mugdan, Joachim (1984): Jan Baudouin de Courtenay (1845–1929). Leben und Werk. München.

– (Hrsg.) (1984 a): Jan Baudouin de Courtenay. Ausgewählte Werke in deutscher Sprache. München.

Oksaar, Els (1988): Kulturemtheorie. Ein Beitrag zur Sprachverwendungsforschung. Hamburg (in Kommission Göttingen).

Palmer, F. R. (Hrsg.) (1970): Prosodic analysis. London.

Philipp, Marthe (1970): Phonologie de l'allemand. Paris. Deutsche Übers.: Phonologie des Deutschen. Stuttgart u. a. 1974.

Pike, Kenneth L. (1948): Tone languages. Ann Arbor, Mich.
– (²1967): Language in relation to a unified theory of the structure of human behavior. The Hague.
– (1982): Linguistic concepts. An introduction to tagmemics. Lincoln, Nebr. u. London.
Principles (1949): The Principles of the International Phonetic Association. London.
Ramers, Karl-Heinz (1998): Einführung in die Phonologie. München.
Sala, Marius (1971): Phonétique et phonologie du judéo-espagnol de Bucarest. The Hague u. Paris.
Sasse, Hans-Jürgen (1971): Linguistische Analyse des arabischen Dialekts der Mḥallamīye in der Provinz Mardin (Südosttürkei). Diss. München.
Saussure, Ferdinand de (1967): Cours de linguistique générale. Paris. Deutsche Übers.: Grundfragen der allgemeinen Sprachwissenschaft. Berlin ²1967.
Schane, Sanford A. (1973): Generative phonology. Englewood Cliffs, N.J.
Seiler, Hansjakob (1962): Laut und Sinn: Zur Struktur der deutschen Einsilbler. Lingua 11, S. 375–387. Nachdr. in: Steger (1970), S. 414–428.
Steger, Hugo (Hrsg.) (1970): Vorschläge für eine strukturale Grammatik des Deutschen. Darmstadt.
Ternes, Elmar (1970): Grammaire structurale du breton de l'Ile de Groix. Heidelberg.
– (1976): Probleme der kontrastiven Phonetik. Hamburg (Forum Phoneticum, 13).
– (1977): Rez. zu Mayerthaler (1974). In: Zeitschrift für romanische Philologie 93, S. 350–353.
– (1977 a): Konsonantische Anlautveränderungen in den keltischen und romanischen Sprachen. Romanistisches Jahrbuch 28, S. 19–53.
– (1978): Der Einfluß der Silbenstruktur auf die lautliche Interferenz. In: Frankfurter Phonetische Beiträge II. Hrsg. v. Hans Walter Wodarz. Hamburg, S. 93–119 (Forum Phoneticum, 16).
– (1979): Das schwere Erbe der Lateinschrift. Ein Beitrag zum Verhältnis von Phonologie und Graphemik. In: Sprache in Unterricht und Forschung. Schwerpunkt Romanistik. H. H. Christmann zum 50. Geburtstag. Hrsg. v. Richard Baum u. a. Tübingen, S. 137–174.
– (1980): Scottish Gaelic phonemics viewed in a typological perspective. Lingua 52, S. 73–88.
– (1981): Über Herkunft und Verbreitung der Überlänge in deutschen Dialekten. In: Phonologica 1980. Akten der Vierten Internationalen Phonologie-Tagung, Wien 29. 6. – 2. 7. 1980. Hrsg. v. Wolfgang U. Dressler u. a. Innsbruck, S. 379–386.

– (1983): Gaelic: phonemic structure. In: The Companion to Gaelic Scotland. Hrsg. v. Derick S. Thomson. Oxford, S. 101–104.
– (1983 a): Einleitung zu: Martin Heepe (Red.), Lautzeichen und ihre Anwendung in verschiedenen Sprachgebieten. Nachdruck der Ausgabe Berlin 1928, mit einem einleitenden Kapitel herausgegeben von Elmar Ternes. Hamburg (Forum Phoneticum, 27), S. VII–XXVIII.
– (²1989): The phonemic analysis of Scottish Gaelic. Based on the dialect of Applecross, Ross-shire. Hamburg (Forum Phoneticum, 1).
– (i. Dr.): Phonemik. In: G. Holtus/M. Metzeltin/Ch. Schmitt (Hrsg.), Lexikon der Romanistischen Linguistik (LRL). Tübingen, Bd. I, 24.
Trubetzkoy, N. S. (1929): Sur la «morphonologie». Travaux du Cercle Linguistique de Prague 1, S. 85–88.
– (1931): Gedanken über Morphonologie. Travaux du Cercle Linguistique de Prague 4, S. 160–163. Nachdr. in: Trubetzkoy (1989), S. 268–271.
– (²1958): Anleitung zu phonologischen Beschreibungen. Göttingen [1. Aufl. Brno 1935].
– (⁷1989): Grundzüge der Phonologie. Göttingen [1. Aufl.: Travaux du Cercle Linguistique de Prague 7 (1939)].
Vennemann, Theo (1986): Neuere Entwicklungen in der Phonologie. Berlin u. a.
Wagner, Arthur (1982): Das Minimalpaar. Hamburg (Forum Phoneticum, 23).
Weidert, Alfons (1981): Tonologie. Ergebnisse, Analysen, Vermutungen. Tübingen.
Welmers, William E. (1973): African language structures. Berkeley u. a.
Welte, Werner (1974): Moderne Linguistik: Terminologie/Bibliographie. 2 Bde. München.
Werner, Otmar (1972): Phonemik des Deutschen. Stuttgart.
Winteler, Jost (1876): Die Kerenzer Mundart des Kantons Glarus in ihren Grundzügen dargestellt. Leipzig u. Heidelberg. Nachdr. Walluf bei Wiesbaden 1972.
Wocher, Max (1841): Allgemeine Phonologie, oder natürliche Grammatik der menschlichen Sprache. Stuttgart u. Tübingen.
Wörterbuch (1982): Großes Wörterbuch der deutschen Aussprache. Leipzig.
Wurzel, Wolfgang Ullrich (1970): Studien zur deutschen Lautstruktur. Berlin 1970 (Studia Grammatica, 8).
Wüthrich, Hans (1974): Das Konsonantensystem der deutschen Hochsprache. Eine auditiv-phonetische Klassifizierung. Berlin u. New York.
Zwirner, Eberhard, u. Kurt Zwirner (³1982): Grundfragen der phonometrischen Linguistik. Basel u. a. [identisch mit: Grundfragen der Phonometrie. Basel ²1966].

SACHINDEX

SPRACHENINDEX